新手会计岗位实训

——出纳实务

杨　南　主编

黄河水利出版社

·郑州·

图书在版编目 (CIP) 数据

新手会计岗位实训.1，出纳实务 / 杨南主编. —郑州：黄河水利出版社，2020.10

ISBN 978－7－5509－2817－6

Ⅰ.①新… Ⅱ.①杨… Ⅲ.①出纳-会计实务 Ⅳ.①F230

中国版本图书馆CIP数据核字（2020）第180801号

策划编辑：张倩　　电话：0371-66026755　　QQ：995858488

出 版 社：黄河水利出版社　　网址：www.yrcp.com

地址：河南省郑州市顺河路黄委会综合楼14层　　邮编：450003

发行单位：黄河水利出版社

发行部电话：0371－66026940、66020550、66028024、66022620（传真）

E-mail：hhslcbs@126.com

承印单位：河南匠心印刷有限公司

开本：787 mm×1 092 mm　1 / 16

印张：6

字数：140千字　　印数：1—1 000

版次：2020年10月第1版　　印次：2020年10月第1次印刷

定价（全三册）：198.00元

前　言

出纳工作是会计核算工作的基础和重要组成部分。为什么这么说呢？我们常说："会计是管账的，出纳是管钱的。"从这种说法上总体反映出二者分工的不同。出纳人员不仅担负着保管现金、票据和有价证券的职责，还需办理各种款项的收付和银行结算业务。因此，出纳工作的好坏，直接关系到整个企业会计核算的质量和效率。

但是面对复杂的票据、大笔的资金及烦琐的对账业务，如：如何对账；收到货款如何开票；怎样开具支票；什么是日清月结，如何进行；什么是短款、长款，出现了短款、长款如何处理；怎样辨别钱的真假，收到假钱怎样处理等，这些都是出纳现实中无法回避的问题，新入职的出纳可能会感到晕头转向。

为了使新手出纳尽快地了解出纳工作、热爱出纳工作，逐步胜任出纳这一重要岗位，我们编写了《新手会计岗位实训——出纳实务》这本书。本书以图文并茂的方式诠释了出纳岗位所涉及的工作内容，配备了大量的票样与案例，具有很强的可读性、实用性和操作性。由理论到实践，力求以最短的时间使新手出纳人员掌握该岗位的核心账务处理与核算方法，快速提升其专业技能，轻松驾驭出纳岗位。

本书是依据《企业会计准则》及相关法规并参考相关书籍编制而成。限于我们的水平，书中难免有疏漏或不当之处，敬请广大读者批评指正。

会计实操研发中心

目　录

第一章　认识出纳岗位 ……（1）

第一节　了解出纳及其岗位职责 ……（1）

第二节　熟悉工作相关内容 ……（3）

第三节　出纳工作交接 ……（4）

第四节　出纳与会计岗位之间的联系 ……（8）

第二章　出纳需要具备的专业技能 ……（10）

第一节　票据书写 ……（10）

第二节　点钞与验钞 ……（12）

第三节　保险柜的使用 ……（17）

第四节　印鉴的使用和保管 ……（18）

第五节　其他技能 ……（22）

第三章　现金结算业务 ……（25）

第一节　现金收入管理 ……（25）

第二节　现金支出管理 ……（29）

第四章　传统银行结算业务 ……（38）

第一节　银行账户分类 ……（38）

第二节　支票结算业务 ……（39）

第三节　银行汇票结算业务 ……（49）

第四节　银行承兑汇票结算业务 ……（55）

第五章　现代银行结算业务 ……（68）

第一节　单位结算卡业务 ……（68）

第二节　网银业务 ……（69）

第六章　现金及银行其他业务 ……（80）

第一节　登记现金日记账 ……（80）

第二节　登记银行存款日记账 ……（84）

第三节　结　账 ……（87）

第四节　资金日报表的编制 ……（88）

第一章 认识出纳岗位

第一节 了解出纳及其岗位职责

一、出纳的定义

出纳是指按照有关规定和制度，办理本单位的现金收付、银行结算及有关账务，保管库存现金、有价证券、财务印章及有关票据等工作的总称。

从广义上讲，只要涉及票据、货币资金和有价证券的收付、保管、核算，就都属于出纳的工作范畴。从狭义的内容方面看，出纳应包含三层意思：

（1）出纳工作，即按照有关规定和制度，对本单位现金的收付及保管、银行结算、有价证券的整理和保管、有关票据的整理和保管以及财务印章的保管等工作。

（2）出纳核算，即对出纳工作进行的计量、记录及账务处理等业务活动。

（3）出纳人员，即担任出纳核算，从事出纳工作的会计人员，这是狭义上的出纳人员。从广义上讲，出纳人员不仅仅包括会计部门的出纳工作人员，还包括单位业务部门的各类收款员。本书主要讲的是狭义的出纳人员，即各单位会计部门专设的出纳人员。

案例拓展一：出纳岗位的场景故事，见图1–1。

图1–1 出纳岗位的重要性

二、出纳的岗位职责

根据《中华人民共和国会计法》(以下简称《会计法》)、《会计基础工作规范》等要求，出纳人员应具有以下职责。

(一)办理资金收付结算业务

这里指按照国家有关现金管理和银行结算制度的规定，办理现金收付和银行结算业务。出纳员应严格遵守现金开支范围，非现金结算范围不得用现金收付；遵守库存限额，超限额的现金按规定及时送存银行；及时核对银行存款日记账与银行对账单，如有不符，应立即通知银行调整。

(二)审核原始凭证，登记日记账

这里指根据会计制度的规定，在办理现金和银行存款收付业务时，要严格核对有关原始凭证，再据此编制收付款凭证，然后根据所编制的收付款凭证按时间先后顺序逐日逐笔地登记现金日记账和银行存款日记账，并结出余额。

(三)实时掌握资金动态

这里指应掌握银行存款余额，不准签发空头支票，不准出租、出借银行账户为其他单位办理经济结算。

(四)保管现金及有价证券

这里指应保管库存现金和各种有价证券的安全与完整。要建立适合本单位情况的现金和有价证券保管责任机制，如发生短缺，属于出纳员责任的要进行赔偿。

(五)保管财务印鉴

这里指应保管有关印章、空白收据和空白支票。印章、空白票据的安全保管十分重要，出纳员必须高度重视，建立严格的管理办法。通常，单位财务公章和出纳名章要实行分管，交由出纳员保管的出纳印章要严格规定使用用途，各种票据均要办理领用和注销手续。

三、出纳工作的特点

出纳岗位作为一个专门的岗位，既具有会计工作的一般属性，同时也具有其专门的工作特点。

(一)社会性

出纳工作担负着一个单位货币资金的收付、存取任务，而这些任务的完成是置身于整个社会经济活动的大环境之中的，是和整个社会的经济运转相联系的。只要这个单位发生经济活动，就必然要求出纳与之发生经济关系。例如，出纳要了解国家有关财会政策法规并参加这方面的学习和培训，出纳员要经常跑银行等。因此，出纳工作具有广泛的社会性。

(二)专业性

出纳工作作为会计工作的一个重要岗位，有着专门的操作技术和工作规则。凭证如何填、日记账怎样登记都很有学问，就连保险柜的使用与管理也是很讲究的。因此，要做好出纳工作，一方面要求经过一定的职业教育，另一方面也需要在实践工作中不断积累经验，掌握其工作要领，熟练使用现代化办公工具。

（三）政策性

出纳工作是一项政策性很强的工作，其工作的每一环节都必须依照国家规定进行。例如，办理现金收付要按照国家现金管理规定进行，办理银行结算业务要根据国家银行结算办法进行。《会计法》《会计基础工作规范》等都把出纳工作并入会计工作中，并对出纳工作提出具体规定和要求。出纳不掌握这些政策法规，就做不好出纳工作；不按这些政策法规办事，就违反了财政纪律。

（四）时间性

出纳工作具有很强的时间性，何时发放职工工资，何时核对银行对账单等，都有严格的时间要求，一天都不能延误。因此，出纳心里应有个时间表，及时办理各项工作，保证出纳工作质量。

第二节　熟悉工作相关内容

一、出纳岗位人员的配备

每一个拥有独立资金的企业单位都必须设置出纳岗位。一般来讲，实行独立核算的企业单位，在银行开户的行政、事业单位，有经常性现金收入和支出业务的企业、行政事业单位都应配备专职或兼职出纳人员，担任本企业的出纳工作。出纳人员的配备可根据单位实际需要，一般可采用一人一岗、一人多岗、一岗多人等几种形式，如表1-1所示。

表1-1　企业出纳岗位形式

岗位形式	职责划分	适用企业
一人一岗	一个人担当出纳职务（专职出纳）	适用规模不大、出纳工作量少的企业单位
一人多岗	一个人担任出纳职务并同时兼职其他职务，如行政单位、后勤部门人员，但出纳人员一定不得兼任稽核、会计档案保管和收入、支出、费用、债权债务账目登记工作（兼职出纳）	适合规模小、出纳工作业务量小的企业单位
一岗多人	一个出纳岗位上对出纳人员的工作进行明确分工，如现金出纳、银行结算出纳。实行出纳部门岗位责任制，使得每一项出纳工作都有专人负责，让两个或两个以上的人分别管理出纳业务，明确出纳人员的职责	适合规模较大、出纳工作量较多的企业单位

二、出纳工作的内容

出纳岗位主要涉及的是企业货币资金核算、往来结算、工资结算这三方面的内容。

（一）货币资金核算

出纳岗位涉及的货币资金核算内容主要包括: ①办理现金收付，严格按规定收付款项。

②办理银行结算，规范使用支票，严格控制签发空白支票。③登记日记账，保证日清月结。根据已经办理完毕的收付款凭证，逐笔登记现金日记账和银行存款日记账，并结出余额。④保证库存现金和有价证券。对于现金和各种有价证券，要确保其安全和完整无缺。⑤保管有关印章，登记注销支票。

（二）往来结算

出纳岗位涉及的往来核算内容主要包括：①办理往来结算，建立清算制度。②核算其他往来款项，防止坏账损失。

（三）工资结算

出纳岗位涉及的工资结算主要包括：①执行工资计划，监督工资使用。②审核工资单据，发放工资奖金。③负责工资核算，提供工资数据。按照工资总额的组成和工资的领取对象，进行明细核算。根据管理部门的要求，编制有关工资总额报表。

案例拓展二：

北京惠民商贸有限公司出纳岗位变化

北京惠民商贸有限公司2005年成立，刚成立不久时，是一家小规模纳税人企业，主要从事助听器销售，业务也在拓展中，平时发生的各项经济业务量相对较少，公司人员只有10个人，财务室只有主管会计和出纳李妍两人，出纳李妍除负责财务部分现金、银行存款的管理，各类印章的管理，日记账的登记外，还负责公司部分内勤事务，如拟写合同、收发快件、联系客户。公司为了节源开流，实行一人多岗制。

随着公司的发展，公司业务高效拓展，经济业务量增多，公司内部岗位随之增多，出纳小李就开始专门负责财务相关事宜，如货币资金的管理、各项业务的核算等。此时，公司实行一人一岗制。

截止到2019年，北京惠民商贸有限公司经营范围开始扩大，不仅销售助听器并开始从事助听器的生产，也从小规模纳税人转为一般纳税人企业。财务部门相关工作日益繁重，特别是对于本就工作繁忙的出纳岗位，因此公司新增3名出纳人员，分别负责管理公司现金、银行存款、票据、有价证券的管理。明确了各个出纳人员的职责，也提高了出纳岗位的工作效率。此时，公司实行的是一岗多人制。

第三节　出纳工作交接

一、出纳工作岗位交接要求

根据《会计基础工作规范》的规定，出纳人员（含临时代理出纳工作的人员），凡因故不能在原出纳岗位工作时，均应向接管人员（含原被代理人员）办理移交手续；没有办理交接手续的，不得调动或者离职。这是出纳人员对工作应尽的职责，也是分清移交人员和接管人员责任的重要措施。

《会计法》有明确规定：会计人员调动工作或者离职，必须与接管人员办清交接手续。一般会计人员办理交接手续，由会计机构负责人（会计主管人员）监交，会计机构负责人（会计主管人员）办理交接手续，由单位负责人监交，必要时主管单位可以派人会同监交。这是对会计人员工作交接问题做出的法律规定。

做好会计交接工作，可以使会计工作前后衔接，保证会计工作连续进行；做好会计交接工作，可以防止因会计人员的更换出现账目不清、财务混乱等现象。出纳工作的交接，属于会计交接的一部分，这个交接，不是可有可无的，而是出纳的移交、接交和监交三方必须履行的法定程序，并将承担相应的法律责任。

出纳交接时应做到两点：一是移交人员和接管人员要办清手续；二是交接过程中须由专人负责监交。交接时，要进行财产清查，做到账账核对、账款核对。交接清楚后，应填写移交表，将所有移交的票、款、物编制详细的移交清册，按册向接交人点清。交接核对无误后，由交、接、监三方签字盖章。

二、出纳工作岗位交接内容

出纳工作岗位交接内容包括以下方面：

（1）对于库存现金、有价证券（证券、股票、商业汇票等）、其他贵重物品，要根据会计账簿的有关记录逐一点交。

（2）移交支票（空白现金支票、作废现金支票、转账支票等）、发票（空白发票、已用或者作废发票存根联或作废发票其他联等），支票、发票的号码必须是相连的，交接时要注意清点。

（3）出纳凭证（原始凭证、记账凭证）、收款收据（空白收据、已用或作废收据存根联或作废收据其他联）、支票簿接收时要查看清楚，并妥善保管。

（4）出纳账簿（现金日记账、银行存款日记账等）移交时，接交人应该核对账账、账实是否相符、完整，并在启用表上填写移交日期，加盖个人私章。现金日记账余额与实际库存现金核对一致；银行存款日记账余额与银行对账单核对一致。银行存款账户要与银行对账单核对，并编制银行存款余额调节表。

（5）企业证件及密码，主要包括企业的营业执照正、副本，单位结算卡，支付密码器，U 盾等。移交人应将企业网银登录、密码器密码、保险柜密码及钥匙、办公室钥匙、办公桌钥匙、门卡、计算机开机密码等一一移交给接交人。交接后应立即更换密码和有关锁具。

（6）印鉴的交接。财务专用章、银行预留印鉴、印章和印鉴卡以及“现金付讫”“现金收讫”“银行付讫”“银行收讫”等业务印鉴，同时由接交人更换预留在银行的印鉴。

（7）其他有关会计资料（银行对账单，应由出纳人员保管的合同、协议等），有关会计文件、会计用品移交时列出清单，认真记载。尚未登记的收、付业务登记完毕，并在最后一笔余额后加盖个人私章。整理应移交的各种资料，对未了事项做出书面说明。

三、出纳工作岗位交接程序

出纳工作岗位交接程序如表 1–2 所示。

表1–2　出纳工作岗位交接程序

交接程序	交接内容
第一阶段 交接准备	第一步，将已经受理的业务处理完毕； 第二步，将出纳账簿登记完毕，结出余额，并在最后一笔余额后加盖出纳人员名章； 第三步，整理应该移交的各种资料，对于未完事项和遗留问题，要写书面材料； 第四步，编制移交清册，将要办理移交的账簿、印鉴、现金、有价证券、支票簿、发票、文件、其他物品等列清。在实行电算化的企业，移交人员还应在移交清册上列明会计软件及密码、数据 U 盘等内容； 第五步，出纳应与现金和银行存款总账核对相符，现金日记账余额要与库存现金一致，银行存款日记账金额要与银行对账单一致； 第六步，在现金和银行存款日记账扉页的启用表上填写移交日期，并加盖名章
第二阶段 移交过程	第一步，库存现金要根据日记账余额当面点交，不得短缺。接替人员发现不一致或“白条抵库”现象时，移交人员应在规定的期限内负责查清； 第二步，有价证券要根据备查账余额进行点收，若发现有价证券面额与发行价不一致时，要按账面金额交接； 第三步，银行存款账户与银行对账单核对一致，出纳人员在办理交接前，须向银行申请打印对账单。如存在未达账项，还需编制银行存款余额调节表，调整相符； 第四步，交接人员应按移交清册点收应由出纳人员保管的其他财产物资，如财务章、人名章、收据、空白支票、科目印章、支票专用章等； 第五步，交接双方和监交人员要在移交清册上签名盖章，并在移交清册上注明企业名称，交接日期，交接双方和监交人的职位、姓名、移交清册页数及需要说明的问题和意见等
第三阶段 交接完毕	第一步，接交人员应继续使用移交前的账簿，不得擅自另立账簿，以保证会计记录前后衔接，内容完整； 第二步，移交清册须一式三份，交接双方各持一份，存档一份

案例拓展三：出纳工作移交清单展示如图1–2所示。

出纳移交工作明细表

原出纳人员张燕因工作调动，财务部已决定将出纳工作移交给赵研接管。现办理如下交接：

交接日期：20××年06月01日

一、具体业务的移交

库存现金：6月1日账面余额1002.00元，借支单5张6000.00元（借支人员确认表附1），实存相符，日记账余额与总账相符。

银行存款余额明细如下：

项次	币种	银行账户名称	账号	银行存款余额	开户行	备注
1	人民币	××有限公司	110000××0111	180000.00	中国银行北京海淀区支行	基本户
2	人民币	××有限公司	4304××1185	200000.00	建设银行北京海淀	一般户

以上数据与20××年06月01日银行提供的银行对账单余额表核对相符。

二、移交的会计凭证、账簿、文件

1.本年度现金日记账叁本。

2.本年度银行存款日记账叁本。

3.空白现金支票贰张（1040113008536317号至1040113008536318号），作废现金支票壹张（号码1040113008536315），空白转账支票无。

4.空白收据壹本（52000001号至52000050号）

5.银行承兑汇票一张，金额302000.00元（票号6121561306622135）

三、保险柜、银行物品交接

1.保险柜壹个，钥匙壹把。

2.网上银行U盘叁个，支付密码器壹个。

3.银行预留印鉴卡壹张。

4.支票购买证壹本。

5.银行开户许可证壹本。

6.电子回单柜卡壹张。

7.单位结算卡壹张。

四、印鉴、印章交接

1.公司财务印章壹枚。2.私章壹枚。3.公司公章壹枚。

五、交接前后工作责任的划分

20××年06月01日前的出纳责任事项由赵研负责；20××年6月1日起的出纳工作张燕负责。以上移交项均经交接双方认定无误。

本交接书一式三份，双方各执一份，存档一份。

公司财务（章）

移交人：张燕

接管人：赵研

监交人：刘亮

20××年06月01日

图1–2 出纳移交工作清单

第四节　出纳与会计岗位之间的联系

出纳与会计同属企业会计部门，出纳既是会计的助手，同时又和会计相互监督，以确保会计部门工作的效率及质量。

一、职责不同

根据“钱账分管”原则，出纳主要负责货币资金的收付、现金的保管、原始凭证的审核等业务，同时出纳只能登记现金日记账以及银行存款日记账。而会计是以货币作为主要计量单位，采用专门方法，对经济活动进行连续、系统、全面、综合的核算和监督，并在此基础上进行分析、预测和控制的一种管理活动。出纳工作是会计工作的一部分，两者既互相依赖又互相牵制，出纳工作不仅是一个单位对外的服务窗口，而且也是会计工作不可缺少的部分，它是经济工作的第一线，因此做好出纳工作对规范整个会计制度具有极其重要的现实意义。

二、分工不同

（一）各有各的分工

总账会计、明细账会计和出纳，在财务管理工作中各有各的分工。总账会计负责企业经济业务的总括核算，为企业经济管理和经营决策提供全面的核算资料；明细分类账会计分管企业的明细账，为企业经济管理和经营决策提供明细分类核算资料；出纳则分管企业票据、货币资金，以及有价证券等的收付、保管、核算工作，为企业经济管理和经营决策提供各种金融信息。总体上讲，必须实行钱账分管，出纳不得兼管稽核和会计档案保管，不得负责收入、费用、债权债务等账目的登记工作。总账会计和明细账会计则不得管钱管物。

（二）互相依赖又互相牵制

在财务管理工作中会计和出纳之间有着密切的联系，既互相依赖又互相牵制。出纳与明细分类账会计、总账会计之间，有着很强的依赖性。它们核算的依据是相同的，都是会计原始凭证和会计记账凭证。这些作为记账凭据的会计凭证必须在出纳、明细账会计、总账会计之间按照一定的顺序传递；它们相互利用对方的核算资料；它们共同完成会计任务，不可或缺。同时，它们之间又互相牵制与控制。出纳的现金和银行存款日记账与总账会计的现金和银行存款总分类账，总分类账与其所属的明细分类账，明细账中的有价证券账与出纳账中相应的有价证券账，有金额上的等量关系。这样，出纳、明细账会计、总账会计三者之间就构成了相互牵制的关系，三者之间必须相互核对保持一致。

（三）出纳核算是特殊的明细核算

出纳核算也是一种特殊的明细核算。出纳核算要求分别按照现金和银行存款设置日记账，银行存款还要按照存入的不同户头分别设置日记账，逐笔序时地进行明细核算。“现金日记账”要每天结出余额，并与库存数进行核对。“银行存款日记账”也要每天结出余额，与开户银行进行核对。月末都必须按规定进行结账。月内还要多次出具报告单，核算报告结果，并与现金和银行存款总分类账进行核对。

（四）出纳工作是一种账实兼管的工作

财务管理工作中，出纳工作是一种账实兼管的工作。现金和有价证券放在出纳的保险柜中保管，银行存款由出纳办理收支结算手续。既要进行出纳账务处理，又要进行现金、有价证券等实物的保管和银行存款收付业务的管理。在这一点上和其他财会工作有着显著的区别。除了出纳，其他财会人员是管账不管钱、管账不管物的。对出纳工作的这种分工，并不违背财务“钱账分管”的原则，由于出纳账是一种特殊的明细账，总账会计还要设置“现金”“银行存款”“长期投资”等相应的总分类账对出纳保管和核算的现金、银行存款、有价证券等进行总金额的控制。其中，有价证券还应有出纳核算以外的其他形式的明细分类核算。

（五）出纳工作直接参与经济活动过程

出纳工作直接参与经济活动过程中货物的购销，必须经过两个过程，货物移交和货款的结算。其中货款结算，即货物价款的收入与支付就必须通过出纳工作来完成。往来款项的收付，各种有价证券的经营以及其他金融业务的办理，更是离不开出纳人员的参与。这也是出纳工作的一个显著特点，其他财务工作，一般不直接参与经济活动过程，而只对其进行反映和监督。

案例拓展四：出纳工作与会计工作关系的场景故事，如图1–3所示。

图1–3 出纳与会计岗位的关系

第二章　出纳需要具备的专业技能

第一节　票据书写

出纳作为一个专业的财务岗位，不仅要具有较高的品质，还需要具备一定的专业技能。这些技能会使出纳的工作更有效率，使出纳与其他各部门的联系更加顺畅，使出纳与企业内外的沟通和互动更安全可靠。出纳在日常工作中要经常填写支票、汇票等票据，在填写的过程中必须按照规定来书写。账、证、表的文字以及数字书写是出纳必须具备的基本功。一张书写工整、填写齐全、摘要精练的票据也能从侧面表现出一个出纳的工作能力。

一、金额数字书写

（一）小写数字

小写数字有：0、1、2、3、4、5、6、7、8、9。

（二）中文大写数字

中文大写金额数字应用正楷或行书填写，大写金额数字有零、壹、贰、叁、肆、伍、陆、柒、捌、玖、拾、佰、仟、万、亿、元、角、分、整（正）等。不得自造简化字，不得使用一、二（两）、三、四、五、六、七、八、九、十、廿、毛、另填写。填写大写金额时，使用繁体字，如貳、陸、萬、圓，也是正确的。

二、金额书写要求

（一）小写规范

阿拉伯数字金额前，均应填写人民币符号“¥”，阿拉伯数字不得连写。工作中银行拒绝受理的支票，很多都是因为书写不规范。

（二）大写规范

1.“人民币”字样

中文大写金额前应标有“人民币”字样。大写金额应紧接“人民币”填写，不得留有空白。未印有“人民币”的，应加填“人民币”。

2. 金额到“元位”

中文大写金额到“元”以上的，必须在“元”之后写“整”或“正”，如“¥ 2333.00”应写为“人民币贰仟叁佰叁拾叁元整”。

3. 金额到“角”位

写金额到“角”的，可在“角”之后写“整”或“正”，也可不写。例如￥2333.30可写为“人民币贰仟叁佰叁拾叁元叁角整”或“人民币贰仟叁佰叁拾叁元叁角”。

4. 金额到“分”位

写金额到“分”的，“分”后面不写“整”，例如“￥2333.33”应写成“人民币贰仟叁佰叁拾叁元叁角叁分”。

5.“0”的书写规范

金额数字中间有“0”时，中文大写应按照汉语语言规律、金额数字构成和防止涂改的要求进行书写。具体包括：

（1）金额数字中间有一个“0”时，中文大写金额要写“零”字。例如“￥2508.00”大写应写成“人民币贰仟伍佰零捌元整”。

（2）金额数字中间连续有几个“0”时，中文大写金额中间只写一个“零”字。例如“￥12005.15”大写应写成“人民币壹万贰仟零伍元壹角伍分”。

（3）金额数字万位或个位为“0”，但对应的千位或角位不为“0”时，中文大写金额可以只写一个“零”字，也可以不写。例如“￥104000.00”大写可以写成“人民币壹拾万肆仟元整”或“人民币壹拾万零肆仟元整”。

（4）金额数字角位为“0”，而分位不为“0”时，中文大写金额“元”后面必须写“零”字。例如“￥1508.02”大写应写成“人民币壹仟伍佰零捌元零贰分”。

三、日期的规范化书写

很多银行单据的填写不仅要求金额大写，日期也要求大写，因此中文日期数字的大写也是出纳必须掌握的一项基本技能。

（一）年的书写

年份直接根据中文日期数字填写，如2019年应写成“贰零壹玖年”。

（二）月的书写

月份为3～9月的，根据中文日期数字填写不加零；月份为1、2、10的，必须在大写前加“零”，如10月应写成“零壹拾月”；月份为11、12的，必须在大写前面加“壹”，如11月应写成“壹拾壹月”。

（三）日的书写

日为1～9和10、20、30的，必须在前面加“零”，如8日应写成“零捌日”；日为11～19的，必须在前面加“壹”，如11日应写成“壹拾壹日”。

案例拓展五：关于支票填写要求的场景故事，如图2-1所示。

图2-1　支票的填写

第二节　点钞与验钞

一、点钞

点钞是出纳必备的技能，必须做到准而快。特别是收付现金量很大的特殊行业，对点钞的要求会很高。因此，出纳为提高自己的点钞速度，需要加以强化练习。实务中，纸币的整点有手工点钞和验钞机点钞两种方法。

点钞工作主要分成两步：第一，手工点钞，换币面正反点两遍，以确保金额无误且都为真币；第二，点钞机点钞。公司应配备一台点钞机，以便在手工点钞后再用点钞机点一遍，保证金额无误。

（一）手工整点纸币

一般企事业单位使用的主要方法还是手工点钞法。常见的手工点钞方法有：手持式单指单张点钞法、手持式单指多张点钞法、手持式四指拨动点钞法、手持式五指拨动点钞法、按式单张点钞法、手按式双张点钞法等。

实务中用的最多的是手持式单指单张点钞法，该方法使用频率较高，适用于收款、付款和整理清点各种新旧大小钞票，同时由于持票面小，能看到票面的四分之三，容易发现假钞票及残破票。常用手持式单指单张点钞法具体操作方法如下。

（1）整理纸币。将待清点的纸币进行整理，使各立面整齐。

（2）双指夹币。将纸币横放，把左上角夹在左手中指与无名指之间，并用力夹住。

（3）折翻纸币。将以左手中指与无名指夹住的纸币部位作为折点，以右手拇指和食指捏住纸币靠近身体的右角，向左手方向上翻。

（4）托底上压。以左手食指自然托在纸币下部，左手拇指自然压在纸币上部。

（5）指捻斜面。左手中指和无名指夹住纸币，左手拇指和食指轻夹纸币；右手拇指和食指在夹住纸币的同时，将所捏住的纸角上下捻动，使纸币在左立面自左至右成斜面。

（6）匀速清点。左手中指和无名指夹住纸币，左手拇指和食指轻夹纸币；右手拇指和食指在夹住纸币的同时，右手手指右侧摩擦纸币表面，使纸币逐张捻出，左手拇指同时配合轻轻推送纸币，由此依序清点。

（7）整理收尾。将每次清点完毕的纸币梳理整齐。

另外，点钞时随着清点出的纸币增加，左手中指和无名指夹住纸币要求的力量也要越来越大，以防止纸币脱落。

为了对所有清点的纸币数量进行复核，一般会进行二次清点，以提高清点的准确性。即一面清点完毕后，再对另一面进行清点。如果对清点结果不能确认，或者纸币数量较多，还可以酌情增加清点次数。

（二）点钞机点钞

手工点钞后，出纳一般还要将钞券放在点钞机上再次点验，以保证金额无误、无假币。点钞机是一种自动清点钞票数目的机电一体化装置，带有伪钞识别功能。已成为企业不可缺少的设备。在使用点钞机时，工作人员要按照规定的程序操作，准确进行喂钞、按键和取钞。

用点钞机点钞一般操作步骤为以下几步。

1. 整理钞券

用点钞机点钞前需将钞券整理平整，若纸币褶皱较多或缺角严重，会导致点钞机自动卡币，无法准确点钞，所以点钞前必须先整理钞券。对于没有混点功能的点钞机，还需将钞券进行分类，同一币值的分为一叠，分类进行点钞。

2. 上机点检

整理好钞券后，打开点钞机电源，将整理平整的钞券放入点钞机的验钞口即可，机器会自动开始记数验钞。机器的数显屏会显示已验过的纸币张数。清点过程中若发现假钞，机器就会自动停止，蜂鸣器发出“嘟嘟”几声报警信号，或任意工作状态下指示灯亮，并且闪烁，计数显示窗显示“鉴伪方式显示符”，取出假钞后按任意键继续点。机器运行时，操作人员要认真进行检查，如发现有假钞、破损或其他异物，或者有绵软、霉烂的钞票时，要立即剔除，然后再继续清点。

3. 二次清点

第一遍点钞机点好的钞券换面放入点钞机再验一遍，以保证正确无误。

需要注意的是，点钞机运行时，不得将手或者非纸钞物品放入机内。防止发生人身或者设备事故。随防伪技术的提高，应当及时对点钞机升级或者更换，以防止误检、漏检。

另外，对于出纳人员在清点人民币时，不仅要数目准确而且还要将钞票整理美观。具体环节主要包括拆把持钞、清点、记数、墩齐、扎把、盖章等从拆把到扎把为止的一个连续完整的过程。因此，出纳人员要想加快点钞速度、提高点钞水平，就必须把各个环节的工作做好。

二、验钞

验钞是出纳人员最重要的基本技能之一。在假币横行的年代，对于收到的每一张纸币，出纳人员都要进行认真的检验，而绝大部分的企业对出纳收到假币都是采取“自行消化（由出纳自行赔偿）”的原则，所以除申请购买验钞机外，出纳应该练就火眼金睛，正确地识别人民币的真伪。

2015 年版第五套人民币 100 元纸币在保持 2005 年版规格、正背面主图案、主色调不变的前提下，对部分细节做了适当调整，对整体防伪性能进行了提升。

验钞有四个基本方法，即“一看、二摸、三听、四测”。

（一）看

1. 光彩光变数字

垂直观察票面，数字“100”以金色为主；平视观察，数字“100”以绿色为主。随着观察角度的改变，数字“100”颜色在金色和绿色之间交替变化，并可见到一条亮光带在数字上上下滚动，如图 2–2 所示。

2. 光变镂空开窗安全线

当观察角度由直视变为斜视时，安全线颜色由红色变为绿色；透光观察时，可见安全线中正反交替排列的镂空文字“¥ 100”，如图 2–3 所示。

图2–2　光彩光变数字

图2–3　光变镂空开窗安全线

3. 水印图案

透光观察，可见层次丰富、清晰的毛泽东头像水印，如图 2–4 所示。

4. 雕刻凹印

票面正面毛泽东头像、国徽、“中国人民银行”行名、右上角面额数字、盲文及背面人民大会堂等均采用雕刻凹印印刷，用手指触摸有明显的凹凸感。如图 2-5 所示。

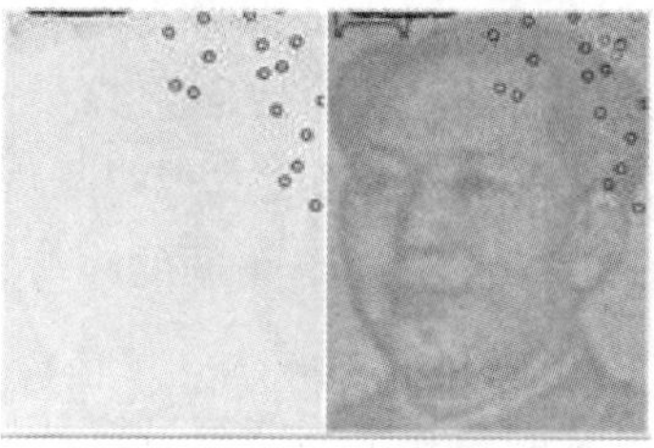

图2-4　水印图案

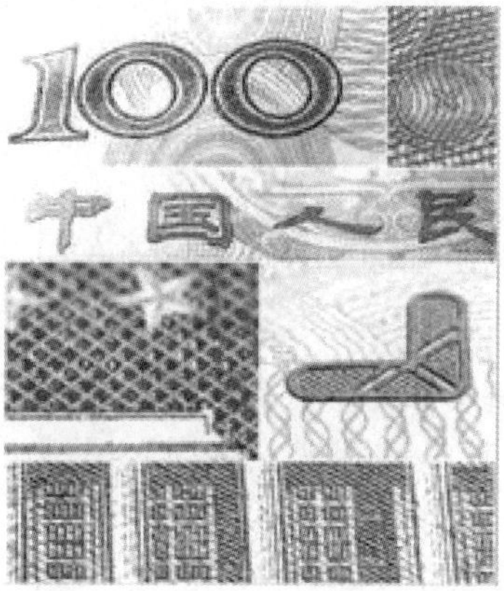

图2-5　雕刻凹印

5. 横竖双号码

采用了横竖双号码，并改变了原有的冠字号码字形，更符合公众识别习惯和机器读取要求，有利于冠字号码的识别与记录，也有利于防范变造货币，如图 2-6 所示。

6. 胶印对应图案

透光观察，可见正背图案组合成面额数字“100”，如图 2-7 所示。

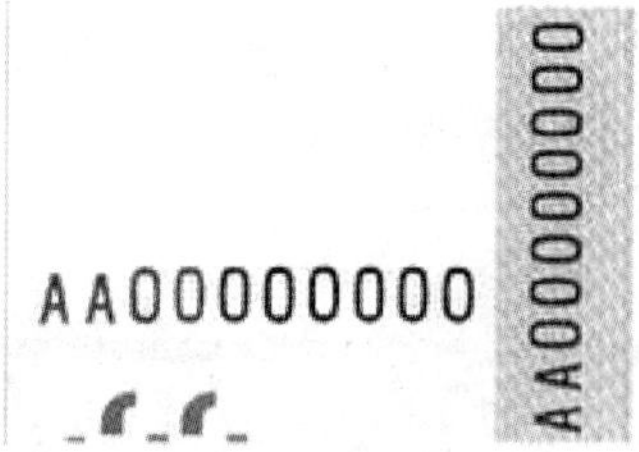

图2-6　横竖双号码

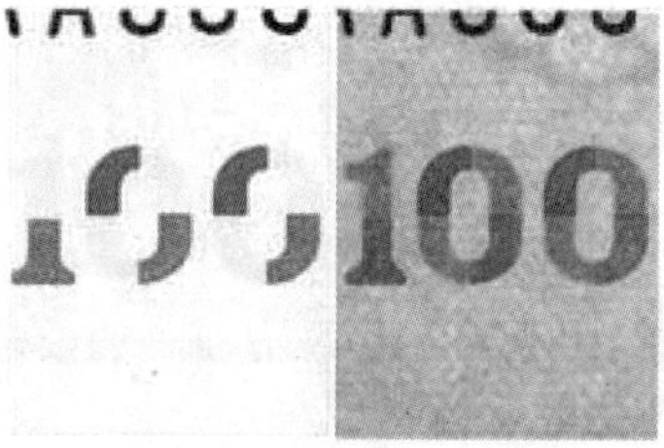

图2-7　胶印对应图案

（二）摸

我国现行流通的人民币 1 元以上券分别用凹版印刷技术。触摸票面上凹印部位的线条是否有明显的凹凸感。假币无凹凸感或者凹凸感不强烈。

（三）听

抖动钞票听其声音，真钞发出声音清脆，而假钞要么声音太裂、要么太钝。

（四）测

真人民币纸币的尺寸十分严格，精确到以毫米计，另外可以使用验钞机检测是否有色荧光图纹；用磁性仪检测磁性印记。

三、残币的处理方法

出纳在日常的收款中可能会碰到因票面残缺、污损、油浸、变色等破坏后的纸币，这些我们称为残币。出纳应该按照银行对残币的兑换标准准确处理残币。

根据《中国人民银行残缺、污损人民币兑换办法》，凡办理人民币存取款业务的金融机构（以下简称金融机构）无偿为公众兑换残缺、污损人民币，不得拒绝兑换。残缺、污损人民币兑换分“全额”“半额”和“不予兑换”三种情况。

（1）能辨别面额，票面剩余四分之三（含四分之三）以上，其图案、文字能按原样连接的残缺、污损的人民币，金融机构应向持有人按原面额全额兑换。

（2）能辨别面额，票面剩余二分之一（含二分之一）至四分之三以下，其图案、文字能按原样连接的残缺、污损人民币，金融机构应向持有人按原面额的一半兑换。纸币呈十字形缺少四分之一的，按原面额的一半兑换。

（3）票面残缺二分之一以上，票面污损、变色、水湿、熏焦不能辨别真假，故意挖补、涂改、剪贴、拼凑、揭去一面的不予兑换，不予兑换的残缺人民币由中国人民银行收回销毁，不得流通使用。

一般残缺、污损，可到就近商业银行营业网点办理兑换；特殊残缺、污损，需到指定兑换网点办理。

案例拓展六：关于真假货币如何识别的场景故事，如图2-8所示。

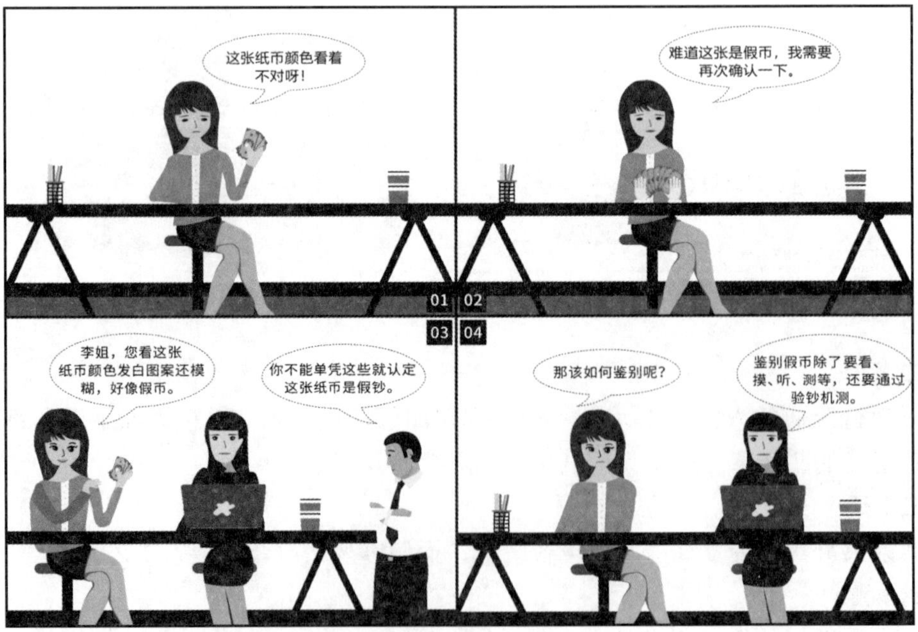

图2-8　鉴别真假货币

第三节　保险柜的使用

为了保卫国家财产安全和完整，各单位应配备专用保险柜，专门用于库存现金、各种有价证券、银行票据、印章及其他出纳票据等的保管。各单位应加强对保险柜的使用管理，制定保险柜使用办法，要求有关人员严格执行。

一、保险柜钥匙的管理

通常保险柜钥匙一般配有两把，出纳保管一把，便于日常开、锁保险柜；财务经理保管一把，以备出纳钥匙丢失或出纳请假期间公司急用保险柜内物品等特殊情况下开启使用。未经财务经理允许，出纳不能随便将保险柜钥匙交由他人。若出纳不慎将保险柜钥匙丢失，要及时向财务经理汇报，同时马上换锁，以保证保险柜内财务的安全。

二、保险柜的开启

出纳输入开启密码时，应当回避他人并用另一只手遮挡；开启保险柜后要及时上锁，不得在保险柜未关好前远离保险柜或者做其他工作。出纳对于自己保管使用的保险柜密码应严格保密，不得向他人泄露，以防被他人利用。出纳人员调动岗位时，新接任的出纳人员应及时更换使用新的密码。

三、财物的保管

出纳人员应于每日工作结束后，将其使用的空白支票（包括现金支票和转账支票）、款项收据、印章等放入保险柜内。对于在保险柜内存放的现金，应设置和登记现金日记账；对于其他有价证券、存折、票据等，要按种类造册登记；对于贵重物品，则应按种类设置备查簿登记其重量、金额等，所有财物应与账簿记录核对相符。按照规定，保险柜内不得存放任何私人财物。

四、保险柜的维护

保险柜应放置在隐蔽、干燥之处，注意通风、防潮、防虫和防鼠；保险柜外要经常擦抹干净，保险柜内财物应保持整洁卫生、存放整齐。一旦保险柜发生故障，应到公安机关指定的维修点进行修理，以防止泄密或失盗。

五、保险柜被盗的处理

出纳人员发现保险柜被盗后应保护好现场，迅速报告公安机关或保卫部门，待公安机关侦查现场时才能清理财物被盗情况。节假日两天以上或出纳员离开两天以上没有派人代其工作的，应在保险柜锁孔处贴上封条，出纳员到位时揭封条。如果发现封条被撕或者锁孔处被弄坏，也要迅速向公关机关或者保卫部门报告，以使公安机关或保卫部门及时查清情况，防止不法分子进一步作案。

第四节 印鉴的使用和保管

印章是公司经营管理活动中行使职权、明确公司各种权利义务关系的重要凭证和工具。印章的管理应做到分散管理、相互制约，以明确使用人与管理人员的责任。出纳岗位涉及办理本单位的现金收付、银行结算及票据结算有关账务时需要用到各种印章，因此对于印章的使用和保管也是一项需要具备的技能。

公司印章主要指公章、法定代表人名章、合同专用章、财务专用章等各职能部门章。

一、印章的种类和用途

（一）公章

公章上的内容为企业的全称，其审批人为企业法定代表人或者其授权委托人，其使用范围为以企业名义发出的信函、公文、介绍信、证明、劳动合同以及其他公司材料。公章外观及印迹如图 2-9、图 2-10 所示。

图2-9 公章

图2-10 公章章模

（二）法定代表人名章

法定代表人名章内容为法定代表人的姓名，其审批人是法定代表人或者其授权委托人，管理责任人为财务总监，其使用范围为因财务需要开具的各类发票、办理社会保险、办理银行各类业务以及报税时需要法人代表签字的各类报表之中。法定代表个人名章的外观及印迹如图 2-11、图 2-12 所示。

图2-11　法定代表人名章

图2-12　法定代表人名章章模

（三）合同专用章

合同专用章内容是企业名称外加“合同专用章”几个字，其审批人为企业法定代表人或者其授权委托人，其使用范围为企业在各类经济活动中签署的各类合同或者是协议。合同专用章的外观及印迹如图 2–13、图 2–14 所示。

图2–13　合同专用章

图2–14　合同专用章章模

（四）财务专用章

财务专用章内容为企业名称外加“财务专用章”字样，其审批人为财务总监或者其授权委托人，责任人为财务总监，具体管理人为会计经理，主要使用范围为会计审核、银行结算、内部财务管理、往来询证函、社保的转移及支出业务等。财务专用章的外观及印迹如图 2–15、图 2–16 所示。

图2–15　财务专用章

图2–16　财务专用章章模

（五）发票专用章

发票专用章内容为企业名称外加“发票专用章”字样，审批人为财务总监，具体管理人为涉税管理方面的经理，其使用的范围是企业开具的各类发票，如增值税专用发票等。发票专用章的外观及印迹如图 2–17、图 2–18 所示。

图2–17 发票专用章

图2–18 发票专用章章模

出纳岗位涉及办理本单位的现金收付、银行结算及票据结算有关账务时需要用到现金收讫章、现金付讫章、银行付讫章、银行收讫章、过次页章、承前页章等。现金收讫章：专用于收到现金的凭证。现金付讫章：专用于付出现金的凭证。银行收讫章：专用于将收到的相关票据缴存银行后，在收款凭证上盖章。过次页章：专用于账本翻页前的左下角。承前页章：专用于账本翻页后的左上角。

二、印章的保管

俗话说“白纸黑字”，企业对于印章的管理首先需要建立一个严格的印章管理制度，将印章管理的归属部门以及各类印章的管理人的职责和适用范围用制度的形式确定下来，才能让管理人或是使用人按照制度来管理印章和使用印章，并以此为依据承担相应的责任。

（一）印章的保管要求

印章的保管要求如表 2–1 所示。

表2–1 印章的保管要求

保管要求	具体说明
职责分离	按照有关规定，支票印鉴一般应由会计主管人员或指定专人保管，支票和印鉴必须由两个人分别保管。原则上各种财务专用章的保管与现金的保管要求相同，负责保管的人员不得将印章、印鉴随意存放或带出企业。严禁将支票印鉴以及单位主管人员的名章一并交由出纳人员保管和使用，否则会给违法、违纪行为带来可乘之机
预留印鉴的更换	如果需要更换预留印鉴，应填写“印鉴更换申请书”，同时出具证明情况的公函，一并交开户银行，经银行同意后，在银行发给的新印鉴卡的背面加盖原预留银行印鉴，在正面加盖新启用的印鉴
预留印鉴的遗失	出纳人员遗失单位印鉴后，应由企业财务主管出具证明，并经开户银行同意后，及时办理更换印鉴的手续

续表

保管要求	具体说明
印章、印鉴的销毁	由于单位变动、更名或其他原因停止使用印章、印鉴，或其破损无法使用时，应由保管人员报单位领导批准，对其进行封存或销毁，并由行政部办理新章刻制事宜

（二）印章、印鉴的使用注意事项

印章、印鉴的使用注意事项主要有以下六个方面：

（1）携带公章外出必须报部门负责人批准。

（2）不得携带印章、印鉴外出使用。确因工作需要的，携带印章、印鉴外出前，必须报总经理批准。

（3）不得在空白凭证上加盖印章，确因工作需要加盖印章的，必须在空白凭证上注明“仅供（某具体事项）使用”等限制性字样，并报总经理批准。当事人必须完事后交回该凭证的原件或复印件。

（4）印章保管人员不得随意私自使用公章，不得擅自让他人代管、代盖公章。

（5）对非法使用印章者，视情节轻重给予记过、记大过、劝退或开除的处分，并保留追究其法律责任的权利。

（6）需要签发支票付款时，一般先由出纳人员根据支票管理制度的规定填写好票据、盖上出纳人员名章，然后交复核人员审查该付款项目是否列入了开支计划、是否符合开支规定，如无不妥，则加盖其余印鉴正式签发，这样也就真正起到了付款时的复核作用。

案例拓展七：关于银行印鉴章保管的场景故事，如图2-19所示。

图2-19　银行预留印鉴的保管

第五节　其他技能

一、审核原始凭证

出纳除接触现金外，也和各种票据，尤其是发票接触较多，对于不符合规定的发票，不得作为财务报销凭证，任何单位和个人有权拒收。只有审核无误的、符合规定的原始凭证，才能据以编制记账凭证并办理款项的收付。对原始凭证进行审核和监督，是对会计信息质量实行源头控制的重要环节，是出纳工作的一项重要内容，也是出纳人员做好出纳工作的前提条件。

对于取得或自行填制的原始凭证，出纳人员都必须进行严格审核，以确保原始凭证的记录真实可靠。原始凭证审核的内容具体包括四个方面：

（1）审核原始凭证的真实性，即审核原始凭证所记载的内容是否确有其事，是否已经发生，其内容、凭证日期、数据等是否真实客观地反映了经济业务的真实面目，有无漏记或有意隐瞒的情况。对于外来原始凭证必须有经办部门和经办人员的签名或盖章等，还应审查凭证自身的真实性，如是否为税务局的统一发票，防止虚假发票；凭证所记载的经济业务是否真实发生；开出发票的单位是否存在等。另外，对于通用的原始凭证，还应当审核凭证本身的真实性，以防作假。

（2）审核原始凭证的合法性、合理性，即审核原始凭证所记载的内容是否符合国家法律、法规的规定，是否符合会计制度的要求，有无违法乱纪的行为。例如，某项费用非正常变动、某件报销物品价格过高、某些采购人员喜欢用现金支付等，出纳人员不能直接去干预公司业务，但是有责任确保作为核算的原始凭证是合法和合理的。

（3）审核原始凭证的完整性，即审核原始凭证上所记载各项内容是否全面、完整，各项手续是否齐备，凭证上各要素填写是否齐全。

（4）审核原始凭证的正确性，即审核原始凭证上各项计算是否准确，大小写金额是否相符，凭证联次是否正确等。审核原始凭证记载的各项内容是否正确，包括：①检查原始凭证的名称、编号和填制日期、接受原始单位的单位名称、经济业务的基本内容、填制单位和经办人员的签章等凭证要素是否齐全、正确。②金额和计算是否正确。检查原始凭证的小写金额是否等于大写金额、阿拉伯数字是否曾涂改或添加。③审核印章是否符合规定。这里所说的印章，是指具有法律效力和特定用途的“印章”，即能够证明单位名称和性质的印鉴，包括财务专用章、发票专用章等。例如，收款或付款证明，是否加盖了“收讫”或“付讫”的戳记等。对于原始凭证上加盖章模糊不清、张冠李戴和乱盖其他印章的原始凭证应当由出具单位重开或者更正。

需要注意的是，出纳对于失真、违规或不完整的外来凭证有权拒收，如：应盖税务局发票监制章、填制凭证单位公章而没加盖的。未填制凭证单位名称或者填制人姓名，没经办人员的签名或者盖章。凭证有涂改，联次不符，凭证所列的经济业务不符合开支范围、开支标准等。对于自制发票，如凭证联次不符、凭证摘要填写不清楚、没有经办人员的签名或者盖章、凭证有涂改、凭证所列的金额和数量计算不正确等有权拒收。

二、电算化技能

在人们的印象中，传统的会计和出纳人员工作时，一边拨算盘，一边记账，速度很慢。随着电子计算机在会计工作中的应用，会计和出纳人员不必像以前那样为了简单的账务而忙碌一天，现在只要在电脑上输入数据，结果会自动生成，大大提高了财务人员的工作效率。这种技术在会计上称为会计电算化，掌握会计电算化知识已成为会计出纳人员的必备条件。

会计电算化的高效率需要会计软件的支持，同时它也是一个人机结合的系统，其基本构成要素包括会计人员、硬件资源、软件资源和信息资源等，核心部分则是功能完善的会计软件资源。

三、会计凭证的整理和装订

（一）凭证整理

凭证整理主要是指对记账凭证所附的原始凭证进行整理。出纳每月经手的凭证，都应当在最后一个工作日结束后，将记账凭证连同所附的原始凭证，按照编号顺序进行整理，并移交会计人员。

在实际工作中，出纳收到的原始凭证的业务类别和纸张尺寸会有所不同。因此，需要进行分类，并按照记账凭证的尺寸进行折叠或粘贴等处理。这些凭证在装订之前，必须进行适当的整理，以便于进行规范化的装订。

（二）凭证装订

每月初，会计人员做账完毕后，出纳要协助其将上月的所有凭证配以封面、封底和包角纸，进行规范化地集中装订，并在凭证封面上注明日期和凭证张数，在装订人签字处签名。这个过程就是凭证装订。

凭证的装订涉及：打孔、穿线、粘贴封皮、粘贴封角等步骤。在装订过程中需要注意装订后的凭证封面上，应当注明单位名称、年度、月份、起讫日期、凭证种类、起讫号码，由装订人签名。

四、出纳档案的保管

（一）出纳档案

出纳档案就是经过整理后需要依法长期保存的会计资料。简单地说，出纳档案就是由出纳业务各环节组成的，按照法律和行政法规和部门规章以及单位内部规定进行保存的出纳业务资料。出纳档案是会计档案的组成部分，对于日后的检查有着十分重要的意义。

1. 出纳档案的组成

通常，与出纳业务有关的档案包括现金日记账、银行存款日记账、各类凭证、银行对账单、各种作废的票据及存根、出纳盘点表、出纳报告、出纳工作交接书、档案交接、保管和销毁的相关文件。

2. 存档

建立出纳档案时，可按照资料的性质、时间顺序和会计人员的要求进行分类。参照凭证装订规范，将已分类的能够装订的各种凭证、账页、表格和文件进行装订。再将装订成册的出纳资料，按照分类和时间顺序进行编号，并登记封皮明细签署姓名。具体的存档年限，按照相关法规和所在单位的规定执行。

（二）出纳档案的管理

一个会计年度内正在逐步形成的出纳资料，由出纳负责保管。一个会计年度结束后的一年内，该年度的出纳资料可由出纳保管。此后，应当编造清册移交会计或档案管理部门存档，不得再由出纳负责保管。

装订成册的会计凭证要按年度和月份的顺序排列、放置。出纳存档资料的存放，应当符合安全、防火、防盗、防虫、防潮的要求。借阅出纳存档资料，必须按规定报批获准，并进行登记。复制出纳存档资料，必须按规定报批获准，并进行登记。不得拆撤、增补凭证，向外单位提供的原始凭证复印件，应当专门登记所复制的会计凭证名称、张数，并由提供人员和接收人员共同签名或盖章。交接出纳存档资料时，须严格执行交接规定，逐件办理清点、登记手续。出纳资料存档期满，应按《会计档案管理办法》和所在单位规定，办理销毁报批手续，依照有关程序实施销毁，不能自行销毁。

案例拓展八：关于凭证如何装订的场景故事，如图2-20所示。

图2-20 凭证的装订

第三章　现金结算业务

第一节　现金收入管理

企业的现金收款业务主要包括收营业款、收罚款、收押金、收员工归还借款等。出纳在处理现金收款业务时一定要谨慎、细心，避免出现所收现金金额有错、收据开错、收到假币等差错。

一、现金收入的内部控制

由于现金是非常便捷的支付手段，具有很高的流动性。所以，在现金的收付业务中如不加强对现金的控制，容易造成非正常现金流失，从而导致别有用心的人侵占、挪用现金，使单位蒙受不必要的经济损失。因此，现金收入内部控制主要关键在于现金结算与库存现金，应注意以下控制要点。

（一）职责分工

签发收款凭证（即发票或收据）应与收款的职责分开，由两个经办人分工负责办理，即一般由业务部门人员填制发票和单据，由出纳人员据以收款，会计人员据以记账，从而确保发票、收款人和入账金额的一致性，防止交由一人经办可能产生的弊端。也就是说，发生每笔现金收入必须填制收款凭证，对于已经收讫的凭证，应在有关原始凭证上盖上“现金收讫”的戳记，并立即登记入账。

（二）控制票据的发票数量和编号

签发收据、发票的人员不得兼管收据、发票的保管工作。领用收据、发票，须经财务部门领导批准。应定期核对未使用的空白收据、发票，防止短缺。建立收据、发票的销号制度，并将开出收据、发票的存根与已入账的收据、发票的记账联，按编号、金额逐张核对后注销，确保收入款项的及时入账。这些控制都体现在认真仔细登记“发票领用登记簿”和“空白收据领用登记簿”中。作废的收据、发票应全部粘贴在存根上。

（三）开具正确、合适的票据

所有收入的现金，均应开具发票或收据给交款人，以分清经办人员与收款人员的职责。

二、现金收入业务的处理程序

（一）收取现金的流程

收取现金的流程有以下几个方面：

（1）受理收款业务，审核现金收入的来源及有关原始凭证（审核现金收入的合法性、真实性、实效性、准确性），确认收款金额。

（2）当面清点现金及复点，做到收付两清，一笔一清，并妥善保管好现金。

（3）依据管理规定开具收款凭据（收款收据或发票），并在凭据上加盖“现金收讫”印章和出纳名章，并将收款收据中的付款人持有联交给付款人。

（4）将所开具收款凭据的“记账联”撕下，并交给会计人员，会计人员根据交款人交来的收款依据和收款凭据的“记账联”编制现金收款记账凭证。

（5）根据审核无误的记账凭证登记现金日记账。

（二）收据的填写

开具收款收据在出纳现金收款业务中经常发生，因此准确开具收据也是出纳必备的技能之一。

收据可以分为外部收据和内部收据。外部收据是指国家机关、事业单位、村级组织在按规定收取各种规定费用和服务费用时所开具的非经营性收据，是由国家财政部门统一印制或加盖监制章。内部收据主要是用于单位内部职工部门之间或职工之间的现金往来，及与外单位和个人之间的现金往来。在此，我们主要以内部收据为例，来讲解收据的使用，如图 3-1 所示。

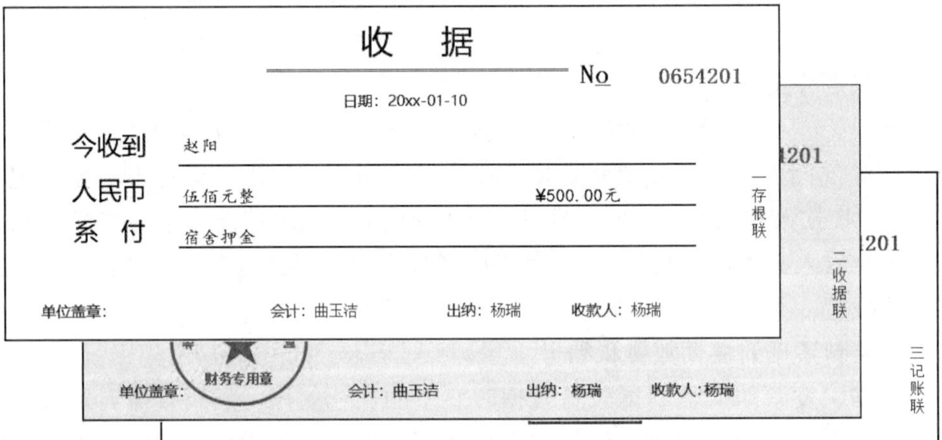

图3-1 内部收据

（1）收据的开具。收据一般是一式三联：第一联收据存根联，第二联是收据联交给付款单位（或顾客），第三联是记账联。收据的填制步骤如下。

第一步，填写内容包括：入账时间、交款单位、金额、人民币大小写和收款事由，如北京华府传承商贸有限公司于 20×× 年 1 月 10 日收到赵阳宿舍押金 500 元，填写收款收据第一联如图 3-2 所示。

第二步，第二联加盖单位财务专用章，撕下并交由交款人，如图 3-3 所示。

第三步，第三联加盖“现金收讫”或“银行收讫”章，递交会计编制凭证。存根联仍留存在收据本上备查，第三联如图 3-4 所示。

收　据

No　0654201

日期：20xx-01-10

今收到　赵阳

人民币　伍佰元整　¥500.00元

系　付　宿舍押金

一存根联

单位盖章：　会计：曲玉洁　出纳：杨瑞　收款人：杨瑞

图3-2　第一联：存根联

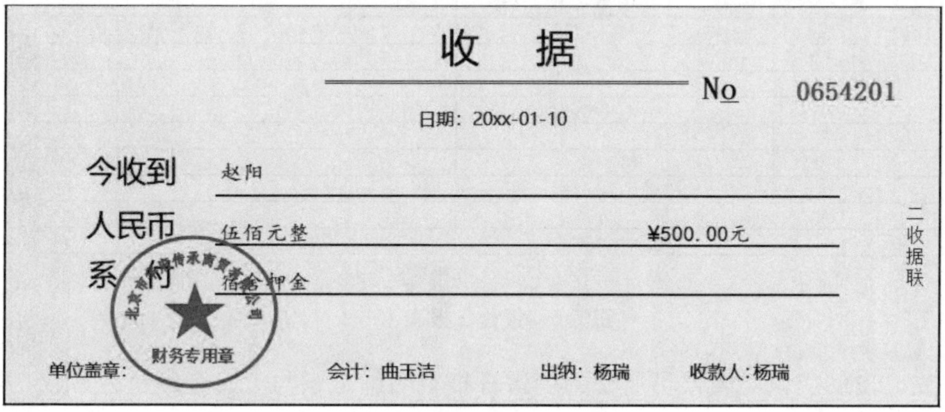

收　据

No　0654201

日期：20xx-01-10

今收到　赵阳

人民币　伍佰元整　¥500.00元

系　付　宿舍押金

二收据联

财务专用章

单位盖章：　会计：曲玉洁　出纳：杨瑞　收款人：杨瑞

图3-3　第二联：收据联

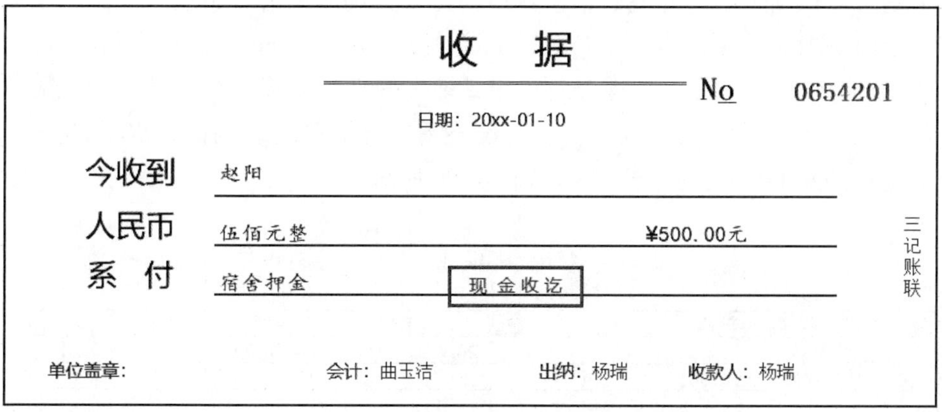

收　据

No　0654201

日期：20xx-01-10

今收到　赵阳

人民币　伍佰元整　¥500.00元

系　付　宿舍押金　现金收讫

三记账联

单位盖章：　会计：曲玉洁　出纳：杨瑞　收款人：杨瑞

图3-4　第三联：记账联

（2）使用收据需要注意：收据只是企事业单位暂时收取或付出款项时的内部凭证，但与发票具有部分类似功能。①填写发生错误时，如果尚未将票据撕下，可以在出现错误的收据联各联次分别加盖“作废”印章后，重新开具；如果票据已经撕下后发现填错、取消或者被退回，应当将已经撕下的相同内容的全部票据收回，粘贴在收据本相同内容的存根联后面，并分别加盖“作废”印章。收据使用发生错填、取消或退回等失效情形时，要及时修改相关的数据记录。②整本数据使用完毕后，应当根据相关规定，与其管理人员进行交接、核验、登记并以旧换新，完整存档。

（三）现金收款的特殊处理

实务中，收到款项，尤其是现金收款，一般是需要开具收据的，但有些业务可以不开收据，如超市或者零售业收取零售款，营业员交来的销售日报表可以直接交给会计做账，不需要开具收据。此处关于现金收款的特殊处理，具体处理流程如下。

出纳收到当天零售款和销售日报表，如图 3–5 所示。

销售日报表

20xx年1月10日

第001号
第001页

编号	商品名称	规格	单位	数量	单价	金额	客户	核对
1001	针织衫	zz001	件	20	120	2400.00	个人	✓
1002	针织女裤	zznk001	条	15	100	1500.00	个人	✓
合计						￥3,900.00		

第二联 财务联

审核：李玲　　制单：王伟

图3–5　销售日报表（一）

首先，出纳应核对收银员所交的销售日报表明细金额与汇总金额是否一致。若发现有错误，让收银员用红色的签字笔在错误金额处划线，在错误金额的上方让制单人用黑色的签字笔书写正确金额，并签名；或者重新打印正确的销售日报表。

其次，出纳当面核对现金，点两遍以上确认金额正确，同时注意识别假币。

最后，出纳根据清点无误的现金与销售日报表的汇总金额核对无误后，把现金收妥，在销售日报表上签章或开具收据。这里假设不需要开具收据，因此，出纳只需要在销售日报表上签字并盖上“现金收讫”章。如图 3–6 所示。

销售日报表

20xx年1月10日

第001号
第001页

编号	商品名称	规格	单位	数量	单价	金额	客户	核对
1001	针织衫	zz001	件	20	120	2400.00	个人	✓
1002	针织女裤	zznk001	条	15	100	1500.00	个人	✓
				现金收讫				
合计						￥3900.00		

第二联 财务联

审核：李玲　　制单：王伟

图3–6　销售日报表（二）

（四）从银行提取现金业务处理流程

当单位需要现金时，可以按照有关规定到开户银行提取现金。提取现金业务的一般程序如下。

（1）填写并审核现金支票领用登记簿，如图 3–7 所示。现金支票领用登记簿是企业用来登记现金支票使用情况的记录表，它包含的主要内容有银行账户信息、领用日期、支票号码、摘要、金额、领用人、审批人、备注等。

现金支票领用登记簿

银行账号：　　　　　　　　　　　　编号：

日期		支票号码	支票用途	金额	领用人	审批人	备注
月	日						

主管：　　　　　　会计：　　　　　　出纳：

图3–7　现金支票领用登记簿

（2）领用并填写现金支票。现金支票是由存款人签发，委托开户银行向收款人支付一定数额现金的票据。现金支票是支票的一种，是专门用于支取现金的。开户单位应按现金开支范围签发现金支票。

（3）审核背书现金支票。现金支票经过财务经理审核无误后，就可以在现金支票正联的出票人签章处以及反面的收款人签章处加盖银行预留印鉴。

（4）银行取现。到银行提取现金不需要存根联，存根联单独留存以备记账。出纳去银行提取现金时一般需要携带身份证，且由他人陪同，以保证现金的安全。提取现金之后离开银行之前要先确认提取的现金金额与现金支票填写金额是否一致。确认无误后方可离开银行。提取现金回到单位后应及时将现金存入保险柜。

（5）编制记账凭证。将支票存根粘贴在“费用单据粘贴单”后交与会计编制记账凭证（也可直接将支票存根粘贴在记账凭证背面，作为记账凭证附件）。

（6）登记账簿。根据审核无误的记账凭证登记现金日记账。

第二节　现金支出管理

一、现金支出的内部控制

任何单位的现金支出主要是现金开支范围，它的控制关键是应有一定健全的审批制度与手续，只有经过审批的款项，并符合现金管理规定及现金使用范围内才能支付。建立健全现金开支审批制度，是规范现金支出的重要依据。现金开支审批制度一般应包括以下内容。

（1）明确本单位现金开支的范围。各单位应按《现金管理暂行条例》及其实施细则的规定，确定本单位的现金开支范围，如支付职工工资、支付职工差旅费、支付职工因公借款、支付零星采购材料款和运杂费等。

（2）制定各种报销凭证，规定报销手续和办法。各单位应根据其业务内容制定各种报销凭证，如工资表、借款单、购料凭证、差旅费报销单等，并规定各种报销凭证的使用办法，以及各种凭证的传递手续，确定各种现金支出业务的报销办法。

（3）确定各种现金支出的审批权限。各单位应根据其经营规模，内部员工职责分工等，确定不同额度和不同现金支出审批权限。比如：某企业规定，凡是现金开支额在500元以下的由财务主管审查批准；凡是现金开支额在500元以上的由公司最高领导人批准等。出纳员按所规定权限依据经审核批准并签章的付款凭证及其所附的原始凭证办理现金付款业务。没有经过审核批准并签章的或者有关人员超越规定审批权限的，出纳员不予付款。

（4）必要的原始凭证。一切现金付款业务必须有原始凭证。由经办人填制报销凭证，并经主管人员审核同意签字，然后送财务部门审核认可后填制付款凭证，出纳员据以付款。对于已付讫的凭证，应在有关原始凭证加盖“现金付讫”戳记，以防止重复付款。

（5）空白收据和发票保管。空白收据和发票应由非收款人和开票人员专人保管，并建立收据和发票的领用和核销制度。

二、现金支出业务处理流程

在实务中，单位支出现金的情况不同，其程序也不一样，主要有主动支付现金、被动支付现金和向银行送存现金这三种情况。

（一）企业主动支付现金业务的处理

1. 主动支付现金业务处理流程

主动支付，是指出纳员主动将现金付给收款单位或个人，如发放工资、奖金、津贴及福利等现金支出。具体处理流程如下：

（1）根据有关的资料编制付款单，并计算出付款金额。

（2）出纳根据付款单清点现金（不足的部分应从银行提取），按单位或个人分别装袋。

（3）根据审批后的付款单，现金发放时，如果直接发放给收款人，要当面清点并由收款人签收（签字或盖章）；如果是他人代为收款，和收款人核实后由代收人签收。

（4）将付款单等资料传递给会计编制记账凭证。

（5）根据审核无误的记账凭证登记现金日记账。

2. 相关凭证的编制

工资表是每个单位每月用来发放工资而制定的表单，可以按部门、按车间核算，属于企业内部单据，没有固定的格式。工资表主要包括人员名称、所在部门、基本工资、加班工资、奖金、其他津贴补助等、应扣工资（指考核类未达标的扣除数）、应发工资、社会保险（个人缴纳部分由公司从工资中代扣）、公积金（个人缴纳部分由公司从工资代扣）、个人所得税（由公司从工资中代扣）、其他代扣款、实发工资。其中，应发工资等于加班工资加奖金加其他津贴补助等减去应扣工资。代扣的款项是企业按国家规定的基准和比例计算，如社会保险费。

自 2019 年 1 月 1 日起个人所得税采用按月预扣预缴申报，需先计算出累计应纳税所得额，具体计算方法如下：

累计预缴应纳税所得额 = 累计收入 − 累计免税收入 − 累计基本减除费用 − 累计专项扣除 − 累计专项附加扣除 − 累计依法确定的其他扣除

累计预缴应纳税额=累计预缴应纳税所得额×适用税率−速算扣除数

应（补）退税额=累计应纳税额−累计减免税额−已预缴税额

实发工资 = 应发工资 − 社会保险（个人缴纳部分）− 公积金（个人缴纳部分）− 个人所得税（从工资中代扣额）− 其他代扣

其中，累计减除基本费用，按照 5 000 元 / 月乘以纳税人当年截至本月在单位的任职受雇月份数计算。个人所得税预扣税率表——综合所得如表 3–1 所示。

表3–1　个人所得税预扣税率表——综合所得

级数	累计预扣预缴应纳税所得额	预扣率（%）	速算扣除数
1	不超过 36000 元	3	0
2	超过 36000 元至 144000 元的部分	10	2520
3	超过 144000 元至 300000 元的部分	20	16920
4	超过 300000 元至 420000 元的部分	25	31920
5	超过 420000 元至 660000 元的部分	30	52920
6	超过 660000 元至 960000 元的部分	35	85920
7	超过 960000 元的部分	45	181920

工资表表样如图 3–8 所示。

20XX年XX月工资表（样表）

编制单位：　　　　单位：元

工号	姓名	身份证	工资部分					代缴社会保险费公积金							税前工资	全年累计工资	专项附加扣除合计	累计预缴个税	代缴个税	实发工资	签字
			基本工资	其他补贴	奖金	其他扣款	合计	养老保险	医疗保险	工伤保险	生育保险	失业保险	公积金	合计							
1																					
2																					
3																					
4																					
5																					
6																					
7																					
8																					
9																					
10																					
11																					
12																					
13																					
14																					
15																					
16																					
17																					
18																					
	合　计																				

审批：　　　　复核：　　　　会计：　　　　制表人：

图3–8　工资表表样

（二）企业被动支付现金业务的处理

1. 企业被动支付现金业务的处理流程

被动支付，是指收款单位或个人持有凭据到出纳部门领取现金，出纳人员根据相关规定和凭证支付现金。其具体处理流程如下：

（1）受理原始凭证，如报销单据、借据、其他单位和个人的收款收据等。

（2）审核原始凭证，看其有关内容是否填列完整，手续是否完备，是否符合付款标准。

（3）支付现金并进行复点，并要求收款人当面点清，以避免发生纠纷。

（4）在审核无误的付款凭证上加盖“现金付讫”印章。

（5）将支付完毕的原始凭证传递给会计填制记账凭证。

（6）出纳根据审核无误的记账凭证登记现金日记账。

2. 相关凭证的填制

被动支付现金业务有关的原始凭证主要包括从外单位取得的发票和收据、单位内部员工因出差等事由的借款单、费用报销单、差旅费报销单等。

（1）员工借款。员工借款有很多种情况，如预借差旅费、零星采购等。借款一般要填写借款单或者现金支出凭证。借款单一般适用于单位内部员工为购买零星办公用品或出差等原因而向财务部借款等事项。借款单属于企业内部自制的单据并没有特定的格式，可以到商店统一购买，也可以由企业自行编制，如图 3–9 所示。

借　款　单

所属部门		借款日期		借款人	
借款理由					
借款金额（大写）				（小写）	
公司领导审批意见		财务负责人审批意见		部门经理审批意见	

财务入账联

备注：

图3–9　借款单

借款的流程。第一步，审核付款。出纳收到借款人的借款单，应根据公司的借款制度，审批借款单是否填写完整，审批手续是否齐全。审批借款单需要审批借款日期、借款部门、姓名、借款事由、借款金额和审批签字。

一般情况下，借款单填写审批手续是先由部门经理审核，然后交财务审核，最后再经过分管领导如总经理、副总经理审核。审核无误后，出纳将借款金额付给借款人时，需要求借款人当面点清。出纳付完款后在借款单上盖“现金付讫”章，说明该款项已经办理完毕，以免重复支付。

第二步，登记现金日记账，并将借款单交与制单会计记账。出纳交付现金后，应及时登记现金日记账，以避免漏记、重复支付的情况出现。

第三步，登记借款明细台账。出纳在实务中，为了防止借条的丢失及快速查询借款信息。应建立借款台账（可以用 Excel 来建立），如图 3-10 所示。借款台账记录了借款人的姓名、借款事由、借款金额及时间等信息。通过借款台账，可以清楚地看到员工借款情况，更好地跟踪和管理。员工借款后，出纳应及时登记台账，并在平时根据台账对员工借款情况实时进行跟踪。对于长时间未销的借条应给予重视，必要时应提醒借款人。

员工借款明细账

所属期间：　　　　　　　　　　　　　　　　　　　　单位：元

编号	姓名	部门	事由	借款金额	借款日期	还款金额	还款日期	余额	备注

制表人：

图3-10　员工借款台账

第四步，员工还款一般都是以报销形式为主，先报销后还款。还款时，出纳根据台账核实该笔借款，然后开具收据给对方作为还款证明并在借款台账上核销该笔借款。

需要注意的是，向公司借款，一般借款单是不退回借款人或者销毁的。因为借款单作为记载业务中某一个环节的凭证，如果退回或者销毁，那么在后期查账的时候，由于没有后附凭证，将不能将借款业务痕迹显示出来。故在实务中，向公司借款，一般是借款时填写借款单，还款时开具两份收据，一份交借款人留存，一份交会计记账作为核销借款的凭据。

第五步，出纳登记现金日记账，并将单据转交会计制单。

（2）员工报销。报销业务是指企业在日常经营活动中发生的以报销方式结算的各种业务，包括报销差旅费、办公费、业务招待费等。报销业务是出纳日常工作中最常见也是最频繁的业务之一，故出纳必须掌握报销业务的流程和内容。

报销业务离不开报销单，报销单是员工与工作相关的事项发生款项支出后进行报销时使用的单据。报销单是企业内部自制单据，同样费用报销单也没有特定的格式，可以统一购买，也可以由企业自行编制，如图 3-11 所示。

费用报销流程。第一步，填写报销单。报销单一般由报销人填写，报销单的填写主要包括填报日期、姓名、部门、报销项目、摘要、金额和附件的张数。

费 用 报 销 单

报销部门：　　　　　　　　　　　　年　月　日　　　　　　　　　单据及附件共　　页

报销项目	摘　要	金额								备注	
		十	万	千	百	十	元	角	分		
										领导审批	
合	计										
金额大写：拾 万 仟 佰 拾 元 角 分		原借款：　元								应退（补）款：　元	

会计主管：　　　　复核：　　　　出纳：　　　　报销人：

图3-11　费用报销单

第二步，粘贴票据。报销人填写完报销单后，需要先将相关发票粘贴在“原始单据粘贴单”上，然后粘贴在报销单后面，如图 3-12 所示。

原 始 单 据 粘 贴 单

自左至右贴单据处

事　由								
领导批示								
百	十	万	千	百	十	元	角	分

人民币　大写　　佰　拾　万　仟　佰　拾　元　角　分

报账人　　　　经手人　　　　年　月　日

单据共（　）张，凡属购置物品复写两份代替实务收据

图3-12　原始单据粘贴单

由于发票的种类很多，不同发票的大小会有所差异，如果将票据粘贴得不好，将会导致后期凭证装订后不美观、易散等情况，所以在粘贴票据时也需要一定的技巧。首先将票据分类整理，粘贴时从左到右进行均匀粘贴，票据上胶水均匀涂抹，保证上、下、右三面不出粘贴单的边。如果票据过大，可以按照粘贴单的大小进行折叠，以确保其在粘贴范围内。

第三步，领导审批。报销人填写好报销单并粘贴好票据后，需要找领导审批签字。在实务工作中，每个企业的报销审批制度是不同的，具体审批签字流程根据企业内部相关流程进行。对于报销单的审批一般是先通过部门经理审核，再由财务人员审核，最后再由分管领导审批。

第四步，审核付款。出纳审核付款这个环节是整个报销流程中的工作重点。出纳收到报销单时，必须要核实报销单上的要素是否完整，手续是否齐全，附件是否合法，金额是否合理。审核报销单时需要审核报销日期、报销人、所属部门、报销项目、摘要、金额、附件和审批签字。

需要注意的是，实务中报销时，一些单位是先由会计生成凭证再由出纳报销，也有一些单位是出纳先报销后生成凭证。如果是先生成记账凭证后报销，这时出纳需要对记账凭证、报销单和原始单据粘贴单上的金额与报销项目的金额是否一致、领导审批签字是否齐全进行重点审核，如果不一致，一律不予报销。如果是由出纳先报销，会计后制单，出纳需要审核报销单和原始单据粘贴单上的报销日期、报销项目、附件、金额与报销项目的金额是否一致、领导审批签字是否齐全，并且要重点审核原始票据，对于所附发票不是开给本公司，所附票据金额和报销单金额不一致或审批签字不齐全的，一律不予报销。报销后，出纳将凭证转交会计制单后，注意审核记账凭证是否和报销项目和金额一致。

出纳审核无误时，需要先让报销人在报销单的右下角“报销人”或“领款人”处签字，若是先生成记账凭证的，在记账凭证右下角“收款人”或“经办人”处签字后。才能当面将报销款付给报销人，付款时要求收款人当面复点。报销完成后出纳在报销单或记账凭证上盖上“现金付讫”章并盖上自己的签章，证明报销款项已支付完毕，防止重复支付。

第五步，登记现金日记账。出纳付款完成后，及时登记现金日记账。

需要特别说明的是差旅费报销单，如图 3-13 所示。差旅费报销单是单位出差人员根据车(机)票、住宿发票等外来原始凭证填制的、用来报销差旅费和出差补贴费的原始凭证，它是费用报销单的一种特殊形式。出差人员出差归来根据取得票据如实填写报销单的有

差旅费报销单

部门：										日期： 年 月 日填			
姓名				职别				出差事由					
出差起止日期 自 年 月 日起至 年 月 日止											共 天		附单据
日期		起讫地点		飞机车船费	住宿费	杂费	途中补助			住宿补助			小计
月	日	起	止				天数	标准	金额	天数	标准	金额	
合计													
总计金（大写） 万 仟 佰 拾 元 角 分 ¥______元								预支______元		应退（补）______元			

主管：　　会计：　　出纳：　　部门主管：　　报销人：

图3-13　差旅费报销单

关内容，如出差事由、出差起止日期、车船及住宿单据种类与张数等，并将有关车票、机票、住宿发票等原始单据粘贴在差旅费报销单背后。经所在部门和单位有关领导审查签字后，送财务部门，财务部门有关人员审查单据是否真实、合法，按照本单位差旅费开支管理办法计算应报销的交通费金额、伙食补助费、住宿费补贴等，对差旅费进行结算，编制会计凭证后交由出纳办理现金支付。

（三）将现金送存银行业务的处理

各单位必须按照开户银行核定的库存限额保管、使用现金，对当天收入的现金或超过库存限额的现金，应及时送存开户银行。其业务处理流程如下：

（1）整理票币。送款前，出纳员应将送存款清点整理，按币别、币种分开。

（2）填写交款单。款项清点整齐并核对无误后，出纳员填写“现金交款单”。不同银行现金交款单的格式不同，但基本内容相同，一般是一式三联。现金交款单需从银行领取。实务中，不同银行可能会提供现金交款单、现金存款单或现金解款单，这三种现金存款单的格式虽然有所差异，但是作用都是一样的。建设银行现金交款单如图 3-14 所示。

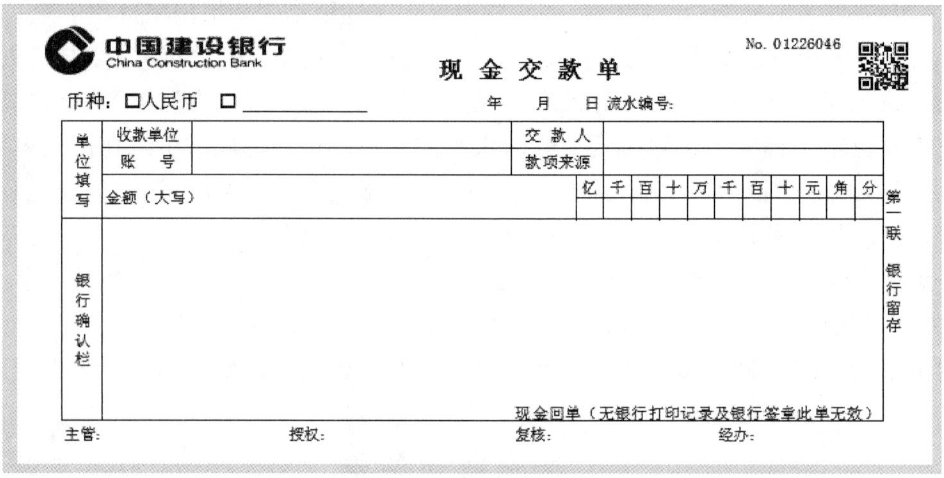
中国建设银行 China Construction Bank

现 金 交 款 单　　No. 01226046

币种：□人民币 □________　　年　月　日 流水编号：

单位填写	收款单位		交 款 人	
	账　号		款项来源	
	金额（大写）		亿 千 百 十 万 千 百 十 元 角 分	
银行确认栏				

现金回单（无银行打印记录及银行签章此单无效）

第一联 银行留存

主管：　授权：　复核：　经办：

图3-14　现金交款单

现金交款单的填制内容包括：时间、收款人户名（要填写全称）、账号、开户行、交款人、款项来源、币别、金额的大小写及票面张数等。

（3）向银行提交交款单和整理好的票币。票币要一次性交清，当面清点，如有差异，应当面复核。

（4）开户行受理核对后盖上业务受理章，并将回单交与存款单位，表示款项已收妥。现金交款单回单如图 3-15 所示。

（5）出纳将现金交款单回单传递给会计编制记账凭证。

（6）根据审核无误的记账凭证登记现金日记账。

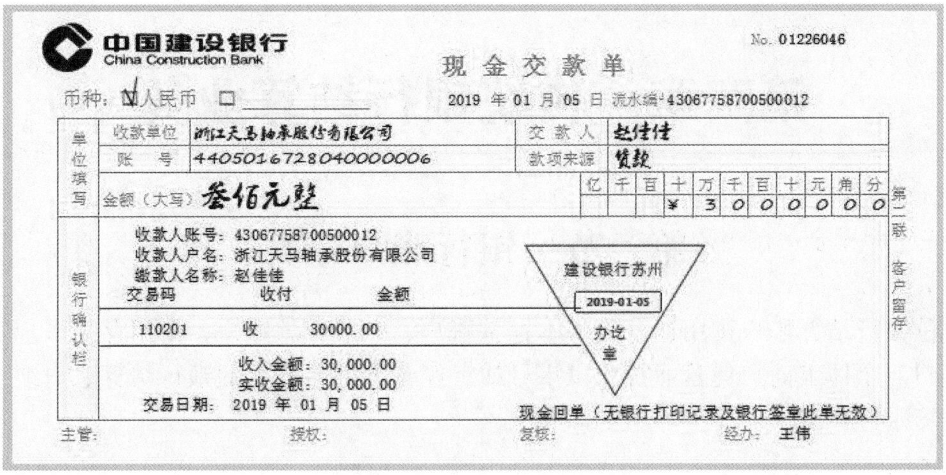

中国建设银行 China Construction Bank　　No. 01226046

现 金 交 款 单

币种：☑人民币 □________　　2019 年 01 月 05 日 流水编号：43067758700500012

单位填写	收款单位	浙江天马轴承股份有限公司	交 款 人	赵佳佳
	账　号	44050167280400000006	款项来源	货款
	金额（大写）叁佰元整		亿 千 百 十 万 千 百 十 元 角 分	¥ 3 0 0 0 0 0

银行确认栏：

收款人账号：43067758700500012
收款人户名：浙江天马轴承股份有限公司
缴款人名称：赵佳佳

交易码	收付	金额
110201	收	30000.00

收入金额：30,000.00
实收金额：30,000.00
交易日期：2019 年 01 月 05 日

建设银行苏州 2019-01-05 办讫章

现金回单（无银行打印记录及银行签章此单无效）

第二联 客户留存

主管：　　授权：　　复核：　　经办：王伟

图3-15　现金交款单回单

需要注意的是，送存途中必须注意安全，送存金额较大的款项时，最好用专车并派人陪护。在交款等待时，应做到钞不离手，以防止发生意外。

第四章　传统银行结算业务

第一节　银行账户分类

单位银行结算账户按用途分为基本存款账户、一般存款账户、专用存款账户、临时存款账户。个体工商户凭营业执照以字号或者经营者姓名开立的银行结算账户纳入单位银行结算账户管理。

一、基本存款账户

基本存款账户是办理转账结算和现金收付的主办账户经营活动的日常资金收付以及工资、奖金和现金的支取均可通过该账户办理。存款人只能在银行开立一个基本存款账户并且在其账户内应有足够的资金支付。开立基本存款账户是开立其他银行结算账户的前提。

二、一般存款账户

一般存款账户是存款人因借款或其他结算需要，在基本存款账户开户银行以外的银行营业机构开立的银行结算账户。存款人开立一般存款账户没有数量限制，但一般存款账户不能在存款人基本存款账户的开户银行开立。

一般存款账户用于办理存款人借款转存、借款归还和其他结算的资金收付。该账户可以办理现金缴存，但不得办理现金支取。

三、专用存款账户

专用存款账户是指存款人按照法律、行政法规和规章，对其特定用途资金进行专项管理和使用而开立的银行结算账户。

专用存款账户用于办理各项专用资金的收付，适用于基本建设资金，更新改造资金，财政预算外资金，粮、棉、油收购资金，证券交易结算资金，期货交易保证金，信托基金，金融机构存放同业资金，政策性房地产开发资金，单位银行卡备用金，住房基金，社会保障基金，收入汇缴资金和业务支出资金，党、团、工会设在单位的组织机构经费，其他需要专项管理和使用的资金。

四、临时存款账户

临时存款账户是存款人因临时需要并在规定期限内使用而开立的银行结算账户。因异地临时经营活动需要时，可以申请开立异地临时存款账户，用于资金的收付。

案例拓展九：关于银行结算账户的类别的场景故事，如图4-1所示。

图4-1　备用金的提取

第二节　支票结算业务

银行结算很简单，交易双方都将钱存入银行，需要结算时，只要填写相应的票证，通过银行的审批手续后，就可以在银行账户直接划转，大额交易由银行来结算，非常方便。各种结算凭证是办理转账结算和现金收付的重要依据，因此各单位和有关个人必须按照规定认真填写银行结算凭证。

一、支票的概念、种类和适用范围

（一）支票的概念

支票指出票人签发的、委托办理支票存款业务的银行在见票时无条件支付确定的金额给收款人或者持票人的票据。支票的基本当事人包括出票人、付款人和收款人。出票人即存款人，是在批准办理支票业务的银行机构开立可以使用支票的存款账户的单位和个人；付款人是出票人的开户银行；持票人是票面上填明的收款人，也可以是经背书转让的被背书人。

（二）支票的种类

支票分为现金支票、转账支票和普通支票三种。支票上印有“现金”字样的为现金支票，现金支票只能用于支取现金。支票上印有“转账”字样的为转账支票，转账支票只能用于转账。支票上未印有“现金”或“转账”字样的为普通支票，普通支票可以用于支取现金，也可以用于转账。在普通支票左上角划两条平行线的，为划线支票，划线支票只能用于转账，不得支取现金，现金支票票样如图 4–2、图 4–3 所示。

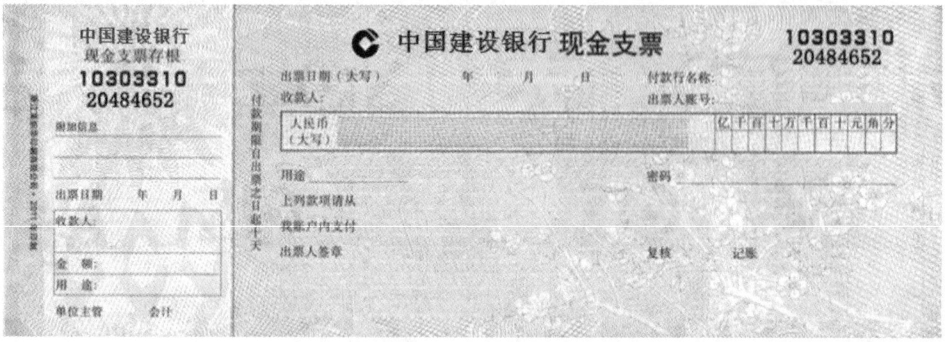

图4–2 现金支票正面

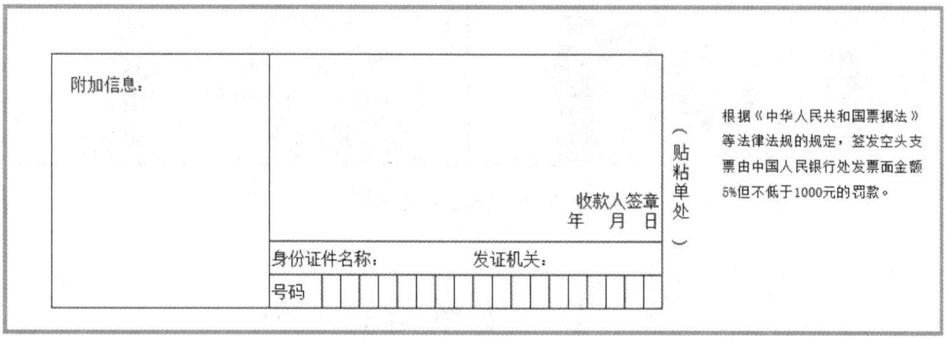

图4–3 现金支票反面

（三）适用范围

单位和个人在同一票据交换区域的各种款项结算，均可以使用支票，具体情况如表 4–1 所示。

表4–1 现金支票的使用范围

种类	特点	适用范围	备注
现金支票	印有“现金”字样	只能用于支取现金	
转账支票	印有“转账”字样	只能用于转账	
普通支票	未印有“现金”“转账”字样	既能用于支取现金，也可以用于转账	左上角划两条平行线的，为划线支票，划线支票只能用于转账，不能支取现金

二、支票的业务处理程序

（一）现金支票的使用

1. 现金支票的签发

现金支票的签发流程如图 4–4 所示。

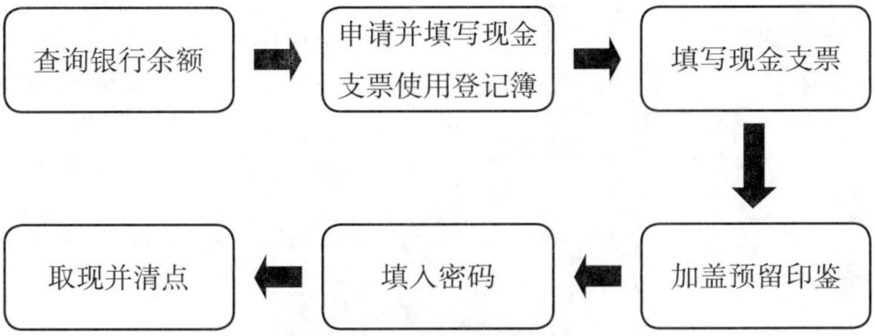

图4-4　现金支票的签发流程

（1）查询银行余额。出纳发现库存现金余额不足或其他原因需要提取现金时，应先致电或者通过网上银行查询基本账户的存款余额（注意：一个单位只有基本户可以签发现金支票），确定银行存款余额大于要取现的金额，以防止开具空头支票，给公司造成不必要的损失。根据《中国人民银行票据法管理实施办法》规定，签发空头支票或者签发与其预留印鉴不符的支票，不以骗取财物为目的的，由中国人民银行处以票面金额 5% 但不低于 1000 元的罚款。持票人有权要求出票人赔偿支票金额 2% 的赔偿金。

（2）申请并填写现金支票使用登记簿。现金支票使用前应先登记现金支票使用登记簿，记录的主要事项包括日期、支票号码、用途、金额、领用人、备注等，以保证现金支票信息及时记录和跟踪。另外，向银行购买支票需要出纳填写空白凭证领用单，然后盖上银行预留印鉴，银行收取工本费和手续费后，让出纳在银行的票据领用簿上签收，如图 4–5 所示。然后将空白凭证和收费单据交给出纳。

现金支票使用登记簿

日期	购入支票号码	使用支票号码	领用人	金额	用途	备注
20XX 年 01 月 01 日		33186206	李妍	10000.00	备用金	

图4-5　登记现金支票使用登记簿

（3）现金支票的填写。现金支票的填写要求非常严格，签发支票应用碳素墨水或墨汁填写，要注意日期、金额的书写规范以及大小写金额的一致性，用途要写清楚，且字迹工整清楚，不得有任何涂改。

正联：出票日期使用大写，金额填写应符合要求，收款人填写收款单位全称或收款个人全名。

存根联：填写主要信息，如日期、金额、公司名称等。存根联的填写要求相对不那么严格，只需要把主要信息填写清楚即可，如金额日期用小写，公司名称用简称。

现金支票的填写展示如图 4–6 所示。

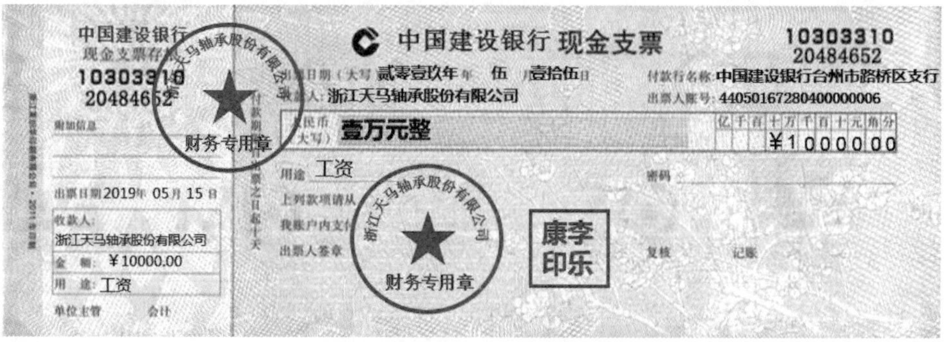

图4–6 现金支票的填写

（4）加盖印鉴。现金支票填好后要在支票的正反两面加盖银行的预留印鉴。盖印章时必须使用和印鉴颜色一样的印泥，盖章必须要清晰。盖章展示如图 4–7 所示。

图4–7 现金支票加盖印章

（5）填入密码。银行在受理现金支票取现业务时，是根据银行印鉴及支付密码来判断是否将款项交由持票人。因此，出纳在办理取现业务时，需要填写支付密码。支付密码需要通过支付密码器来获取，支付密码器由存款人向其开户行购买（单位自行选择是否选择支付密码），按银行要求签订使用协议，然后按支付密码器的使用说明加载账号后使用。

将生成的支付密码另行单独记载，到银行柜台再将密码填入，这样就可以防止不必要的损失。支付密码器的操作过程如下：

第一步，打开支付密码器，进入操作页面，支付密码器会提示你选择操作人员，出纳办理业务时应选择签发人（图 4–8）。

第二步，输入操作人员的登录密码（图 4–9）。

第三步，登录后，选择相应的操作，办理业务时选择“签发凭证”，查询以前的操作选择“历史记录”，修改密码选择“修改口令”（图 4–10）。

第四步，进入签发凭证页面后，支付密码器会提示操作人选择签发人账号，可通过↑键和↓键来查找相应的账号（图 4–11）。

第五步，选择好之后单击“确定”，这时操作界面会提示要进行操作的业务，如使用现金支票和转账支票选择“支票”（图 4–12）。

第六步，选择好业务种类后，操作页面会提示输入相应的凭证号码、日期和金额等信息，出纳按要求输入并确认后，操作页面便会生成支付密码（图 4–13）。

第七步，确认相关数据（图 4–14）。

第八步，生成支付密码（图 4–15）。

（6）取现并清点。以上步骤完成后，出纳将存根联撕下传递给会计作为做账的原始单据，只需拿正联到银行对公窗口进行办理。到达银行时将支付密码填入现金支票密码栏后，交给工作人员进行取现。出纳收到现金应当场核对至少两遍，并检验现金真伪，确认无误后妥善保管。需要注意的是，实务中若是取现金额较大，需向领导申请同事陪同，以保证自身和单位资金的安全。

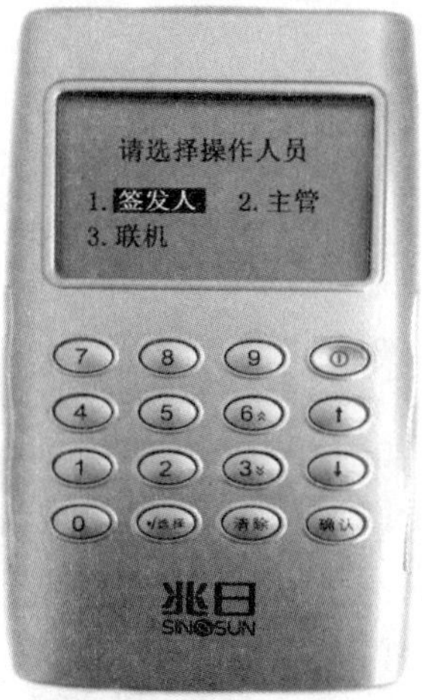

图4–8 选择签发人

图4–9 输入登录密码

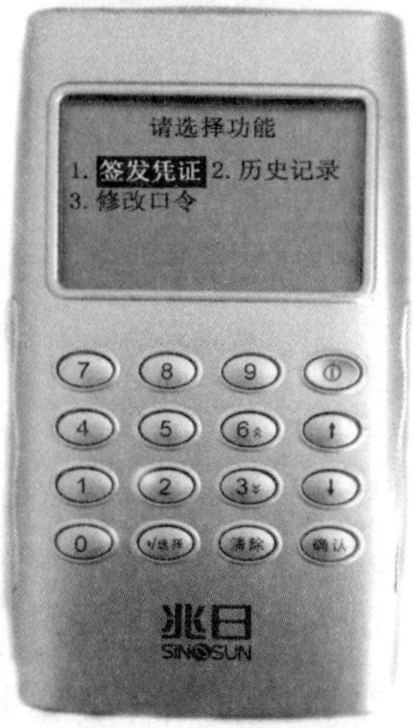

图4–10 选择签发凭证

图4–11 选择相应账号

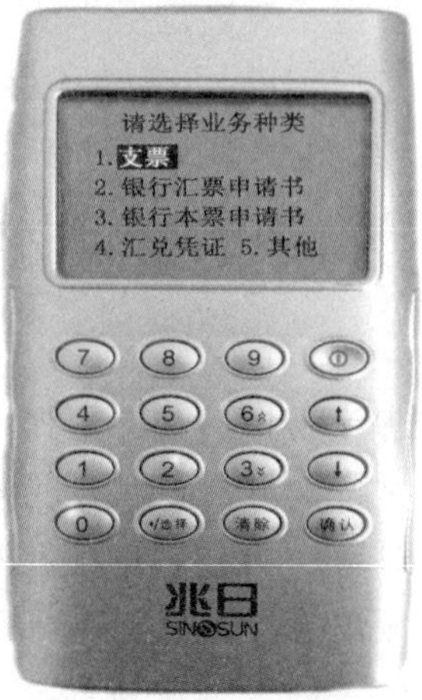

图4-12 选择结算工具

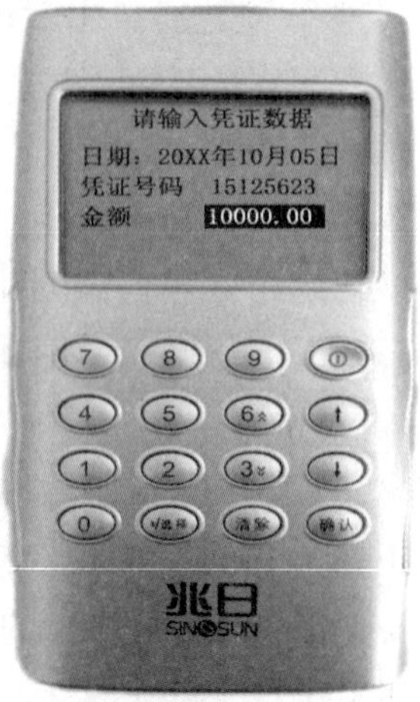

图4-13 输入票据号码、日期、金额

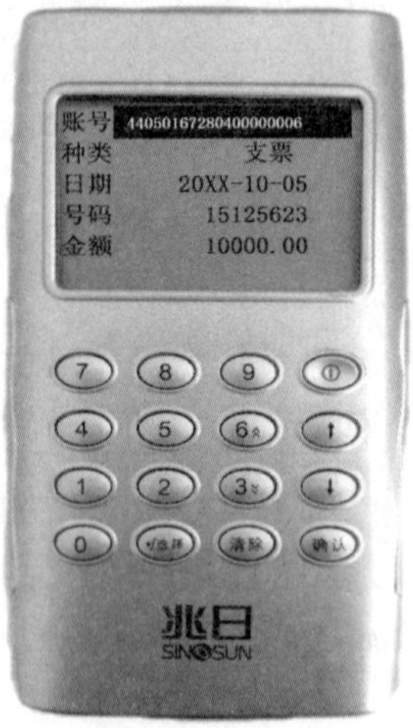

图4-14 确认相关数据

图4-15 生成支付密码

2. 提示付款

支票的提示付款期限自出票日起十日。持票人可以委托开户银行收款或直接向付款人提示付款。用于支取现金的支票仅限于收款人向付款人提示付款。

持票人委托开户银行收款时，应做委托收款背书，在支票背面背书人签章栏签章、记载“委托收款”字样、背书日期，在被背书人栏记载开户银行名称，并将支票和填制的进账单送交开户银行。持票人持用于转账的支票向付款人提示付款时，应在支票背面背书人签章栏签章，并将支票和填制的进账单送交出票人开户银行。收款人持用于支取现金的支票向付款人提示付款时，应在支票背面“收款人签章”处签章，持票人为个人的，还需交验本人身份证件，并在支票背面注明证件名称、号码及发证机关。

3. 现金支票的作废

现金支票若填写错误或者盖章不规范，必须作废，加盖作废章时应该在支票联与存根联的骑缝线上，然后在现金支票使用登记簿登记作废。同时对于作废的现金支票正联和存根联应妥善保管。需要注意的是，根据票据法的规定，支票的提示付款期限是自出票日起十日内，超过提示付款期限，银行不予受理。对于除了因填写或者盖章错误的支票，超过提示付款期作废的支票也需要作废处理并进行记录，如图 4–16 所示。

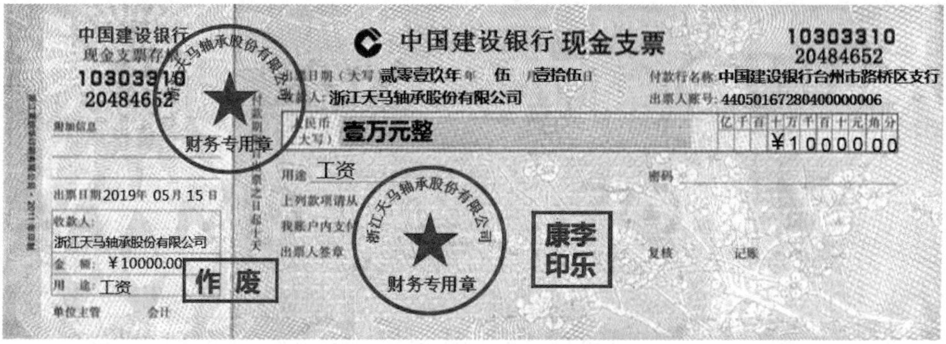

图4–16 现金支票（作废）

（二）转账支票的使用

转账支票同现金支票一样，包括正联和存根联两部分。因为转账支票可以背书转让，而现金支票不能背书转让。所以除正联“转账支票”字样不同外，两种支票的背面也不同，如图 4–17 所示。

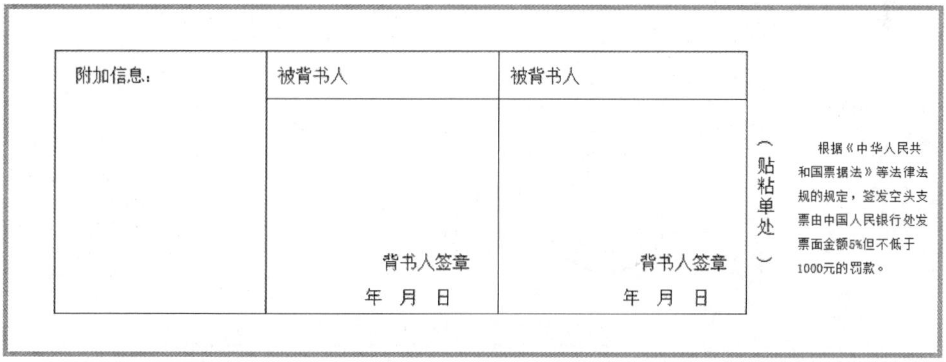

图4–17 转账支票（背面）

由于转账支票的签发与现金支票签发手续一致，在此不再赘述。接下来我们来看一下收到转账支票和转账支票背书转让。

1. 收到转账支票

出纳收到付款单位交来的支票后，应对支票进行审查，以免收进假支票或无效支票。

对支票需要审查填写是否清晰，是否用墨汁或碳素墨水填写，收款单位名称，大小写金额，是否在付款期内，转让背书的支票其背书是否正确、是否连续。审核无误的转账支票可直接进账，也可以将支票背书转让给下一个收款人。

（1）将收到的转账支票直接进账。转账支票直接去银行办理转账时，也分为两种情况：出纳可以选择到自己开户行办理转账（倒进账），也可以选择到付款人的开户行办理转账（正进账）。在实务中，较为常见的是去自己的开户行办理进账。

在这里我们以倒进账为例，其流程如图 4–18 所示。

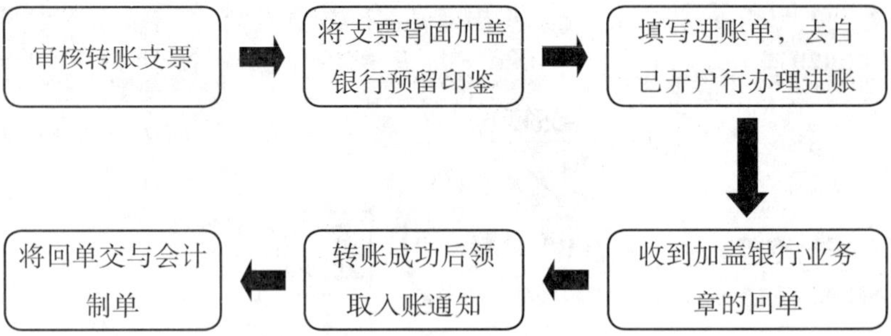

图4–18　转账支票进账流程

第一步，审核转账支票。出纳拿到转账支票正联，首先需要审核收到的转账支票，对支票的各个要素进行审核，以保证转账支票能够顺利进账。

第二步，加盖银行预留印鉴。办理进账时需在转账支票背面的背书人签章处加盖银行预留印鉴。同时需要将被背书人填写成自己的开户行名称，并书写上“委托收款”字样。盖章时必须保证盖章的规范、清晰，如图 4–19 所示。

附加信息：
被背书人建设银行台州市路桥区支行
委托收款
浙江天马轴承股份有限公司 财务专用章
康李印乐
背书人签章
2019年05月18日
被背书人
背书人签章
年　月　日
（贴粘单处）
根据《中华人民共和国票据法》等法律法规的规定，签发空头支票由中国人民银行处发票面金额5%但不低于1000元的罚款。

图4–19　转账支票进账时加盖银行预留印鉴

第三步，填写进账单，办理进账。出纳到银行办理进账，仅凭一张转账支票，银行是不受理的，需要填写进账单。进账单根据收付双方的信息填写。进账单一般一式三联，第一联为回单联，第二联为贷方凭证联，第三联为收账通知联，如图 4–20 所示。

中国建设银行 China Construction Bank　进账单（回单）　1

年　月　日

出票人	全　称		收款人	全　称	
	账　号			账　号	
	开户银行			开户银行	
金额	人民币（大写）				亿 千 百 十 万 千 百 十 元 角 分
票据种类	转账支票	票据张数			
票据号码					
	复核　记账			开户银行签章	

此联是开户银行交给持出票人的回单

图4–20　进账单（空白）

第四步，收到受理回单。填完后将转账支票正联一同交给银行柜员办理，银行柜员办理后会将回单联加盖银行业务受理章交给出纳，如图 4–21 所示。

中国建设银行 China Construction Bank　进账单（回单）　1

2019年 05 月18 日

出票人	全　称	浙江乐淘商贸有限公司	收款人	全　称	浙江天马轴承股份有限公司
	账　号	41004513485221876		账　号	44050167280400000006
	开户银行	建设银行江山路支行		开户银行	建设银行台州市路桥区支行
金额	人民币（大写）	伍万元整			¥5 0 0 0 0 0 0
票据种类	转账支票	票据张数 1		中国建设银行路桥支行 2019. 05. 18 办讫章	
票据号码	00966126				
	复核　记账			开户银行签章	

此联是开户银行交给持出票人的回单

图4–21　进账单（回单联）

第五步，领取入账通知。需要注意的是，出纳将进账单和转账支票正联去银行办理进账时，开户银行不是即时到账，一般需要 1 ～ 3 天才能到账。这是因为自己的开户行需要和付款人的开户行之间进行票据清算。自己的开户银行收到支票款项后会将款转到收款人账户，同时将加盖银行收款印章的入账通知交给公司。

第六步，编制凭证。出纳将取得的入账通知交给会计，作为其编制凭证的原始单据。需要注意的是，在出纳将转账支票正联和进账单提交银行后至款项尚未到达公司这期间，会计无需做账。

（2）背书转让。转账支票在付款期限内且在同一票据交换区内可以背书转让。背书转让是转让票据权利的背书行为。在转账支票背面的“背书人签章”处盖上背书人的银行预留印鉴，同时填写上被背书人的名称。填好盖好章后将转账支票正联交与收款人，如图 4–22 所示。

图4–22 转账支票背书

2. 转账支票作废

转账支票同现金支票一样，在填写错误、盖章模糊或过期都必须作废。签发转账支票单位应在转账支票正面骑缝线上加盖作废章，然后重新开具。转账支票的付款期限是自出票之日起十天，如果到期日的最后一天是法定节假日，则法定节假日后第一个工作日就是最后支付日。在实务中，遇到这种情况，出纳应提前将转账支票存入银行，若未能在有效期内去银行办理进账，该支票银行将不予受理，只能交出票单位作废处理。

三、电子支票结算业务

（一）电子支票的概念

电子支票是纸质支票的电子替代物，电子支票将纸质支票改变为带有数字签名的电子报文或利用其他数字电文代替纸质支票的全部信息。电子支票与纸质支票一样是用于支付的一种合法方式，它使用数字签名和自动验证技术来确定其合法性。支票上除了必须的收款人姓名、账号、金额和日期外，还隐含了加密信息。

（二）电子支票的特点

（1）电子支票可为新型的在线服务提供便利。它打破了地域限制，在任何地点通过互联网传递；可以自动证实交易各方的数字签名；增强每个交易环节上的安全性；实现了结算业务的自动化和高效。

（2）电子支票的运作方式与传统支票相同，简化了使用者的学习过程。电子支票保留了纸制支票的基本特征和灵活性，又加强了纸制支票的功能，因而易于理解，能得到迅速采用。

（3）电子支票通过数字证书、数字签名以及各种加密 / 解密技术，采用唯一支票号码检验技术，比纸质支票中使用印章和手写签名更加安全可靠。

（4）电子支票要求建立准备金，而准备金是商务活动的一项重要要求。它有效降低收款人收不到款项的风险，并且第三方金融服务者可以向买方或卖方收取交易费来获利，它也能够起到银行作用，提供存款账户账目查询服务并从中获得收益。

（三）电子支票的支付流程

如果想要使用电子支票，首先出票人需要在提供电子支付服务的银行或者金融机构进行注册，并开通拥有银行数字签名的的电子支票。然后出票人用自己的私钥在电子支票上进行数字签名，用出票人公钥加密电子支票。通过电子邮件将电子支票发送给收款方，收款方从电子邮箱中提取电子支票，并用公钥验证电子签名，再通过电子邮件将电子支票送到银行，把款项存入自己的账户。

电子支票的一般支付流程为：①双方达成购销协议并选择用电子支票支付；②出票人在取得电子支票使用授权后，向收款人开出电子支票；③收款人得到电子支票并进行验证后，将其提交开户银行要求兑付；④开户行验证无误后，根据支票信息将款项从出票人账户划转到收款人账户并发出付款通知；⑤银行向出票人付出付款通知。电子支票的网络支付模式可分为异行电子支票网络支付模式和同行电子支票网络支付模式两种，如图 4–23、图 4–24 所示。

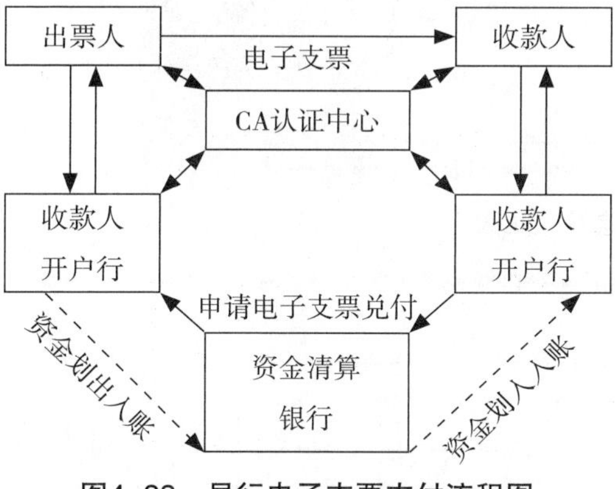

图4–23　异行电子支票支付流程图

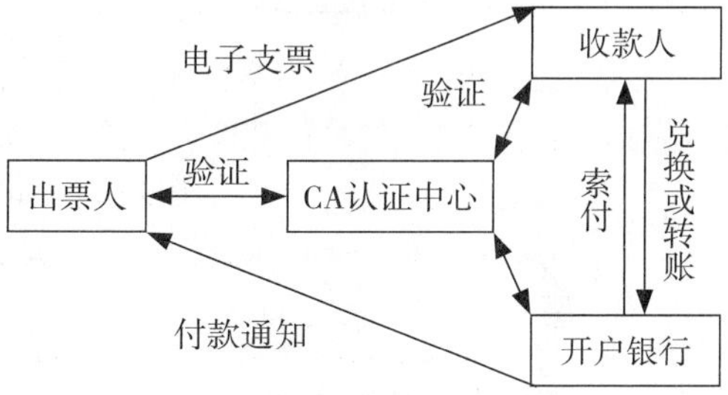

图4–24　同行电子支票支付流程图

电子支票系统作为一种现代化支付系统，需要大量的金融、社会资源协调一致来发挥推动作用，也需要巨大的时间成本、社会成本和经济成本，所以目前来讲电子支票的使用还未全面普及。

第三节　银行汇票结算业务

一、银行汇票的概念、适用范围

（一）银行汇票的概念

银行汇票是汇款人将款项交存当地出票银行，由出票银行签发并在见票时按照实际结算金额无条件支付给收款人或持票人的票据。银行汇票可以用于转账，填明“现金”字样的银行汇票也可以用于支取现金。

（二）银行汇票适用范围

银行汇票适用于异地单位、个体经济户、个人之间需要支付的各种款项，如图 4–25、图 4–26 所示。

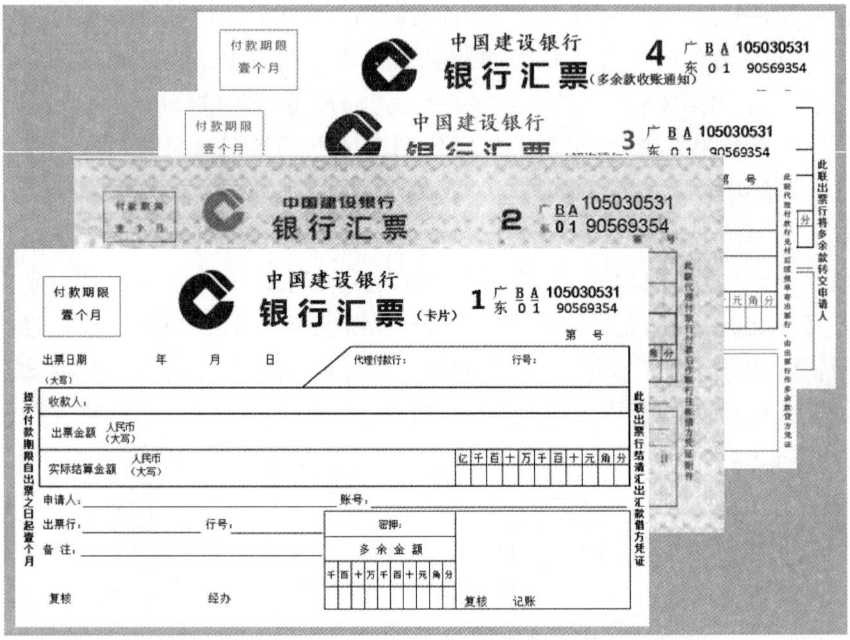

图4–25 银行汇票票样（正面）

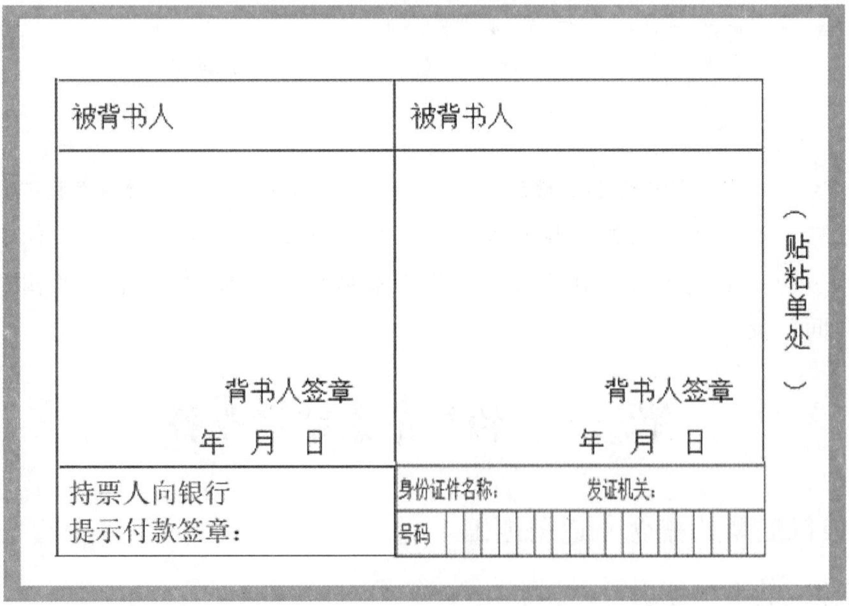

图4–26 银行汇票票样（背面）

二、银行汇票的基本规定

银行承兑汇票的基本规定主要有以下几个方面：

（1）单位和个人的各种转账结算，均可使用银行汇票。填明“现金”字样的银行汇票也可以用于支取现金。

（2）银行汇票的出票和付款，全国范围仅限于中国人民银行和参加“全国联行往来”的各商业银行机构办理。跨系统银行签发的转账银行汇票的支付，应通过同城票据交换将银行汇票和解讫通知提交给同城有关银行支付后抵用。

（3）银行汇票的代理付款人是代理本系统出票银行或跨系统签约银行审核支付款汇票款项的银行。代理付款人不得受理未在本行开立存款户的持票人为单位直接提交的汇票。

（4）银行汇票的提示付款期限为自出票日起一个月。持票人超过付款期限提示付款的，代理付款人不予受理。

（5）银行汇票的实际结算金额不得更改，更改实际结算金额的银行汇票无效。

（6）收款人可以将银行汇票背书转让给被背书人，但填明“现金”字样的银行汇票不得转让。未填写实际结算金额或实际结算金额超过出票金额的不得背书转让。

（7）银行汇票丧失，失票人可以凭人民法院出具的表明其享有票据权利的证明，向出票银行请求付款或退款。

（8）银行汇票为记名式，收款人可将银行汇票背书转让给被背书人。

（9）填明“现金”字样和代理付款人的银行汇票丧失，可以由持票人通知付款人或代理付款人挂失止付。

（10）银行汇票退款。申请人因银行汇票超过付款提示期限或其他原因要求退款时，应将银行汇票和解讫通知同时提交给出票银行。申请人为单位的，应出具该单位的证明；申请人为个人的，应出具该个人的身份证件。申请人缺少解讫通知要求退款的，出票银行应于银行汇票提示付款期满一个月后办理。

三、银行汇票业务处理程序

企业签发银行汇票进行付款结算的流程如图 4–27 所示。

申请银行汇票 → 签发银行汇票 → 支付结算 → 收回多余款

图4–27　银行汇票结算流程图

（一）银行汇票的签发业务处理流程

1. 申请银行汇票

首先申请人（付款方）填写“银行汇票申请书”交与出票银行，需要依次填明申请日期、申请人名称、申请人账号、用途、收款人名称、收款人账号、汇票金额等事项，并在第二联加盖预留银行印鉴。

2. 签发银行汇票

申请人带业务结算申请书去银行柜台办理，柜台人员收到申请书时，审核申请书上的信息无误后，将从申请人账户上直接划扣汇票款，并按申请书上的内容据以签发银行汇票。

申请人拿到银行签发的银行汇票，首先，要审核银行汇票上的信息内容，审核无误后，在银行汇票的卡片联加盖申请人的银行预留印鉴。如图 4–28 所示。

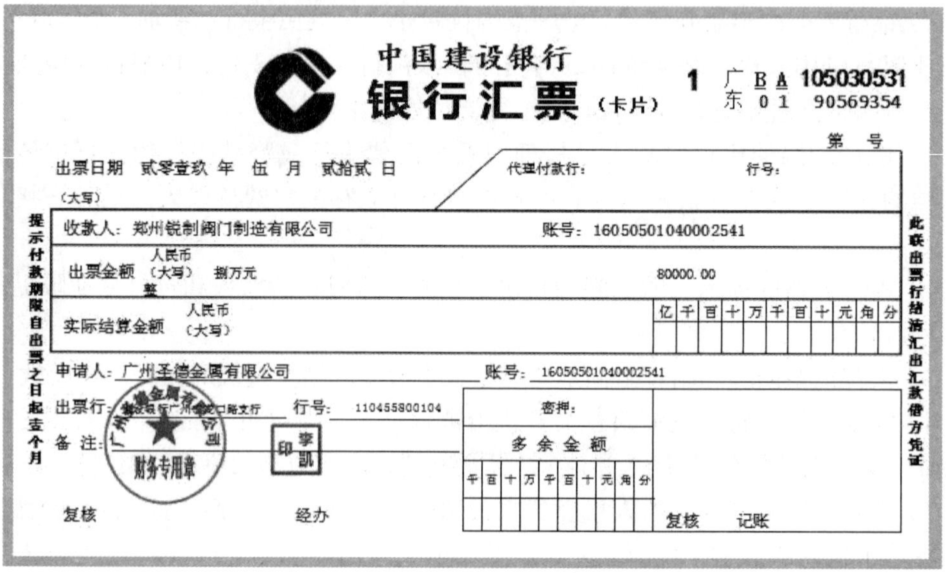

图4–28 加盖印鉴的银行汇票卡片联

其次，银行柜台人员在银行汇票正联加盖银行专用章及私章，银行签发完毕后，申请人将收到盖章的银行汇票正联（如图 4–29 所示）、解讫通知（如图 4–30 所示）、结算业务申请书第三联及工本费单据。

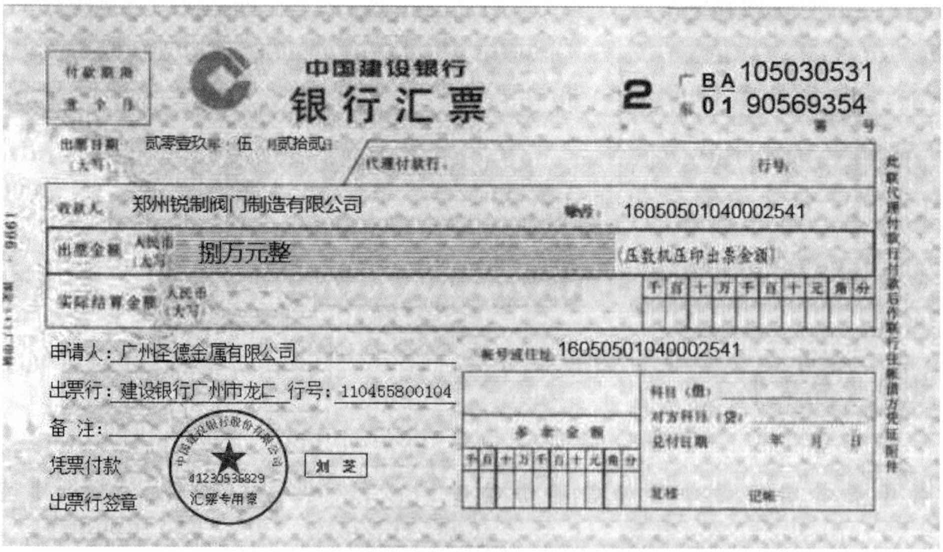

图4–29 银行盖章后的银行汇票正联

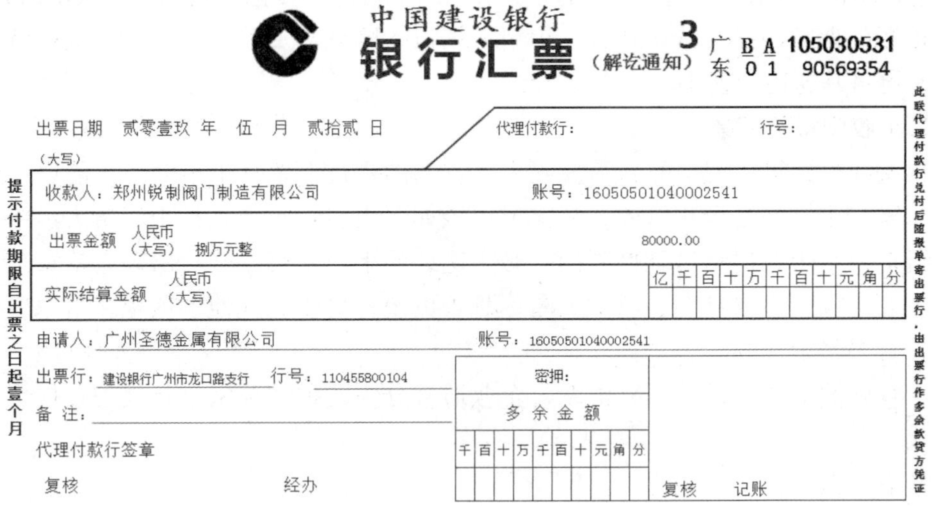
中国建设银行
银行汇票（解讫通知） 3 广东 BA 01 105030531 90569354

出票日期（大写） 贰零壹玖 年 伍 月 贰拾贰 日　代理付款行：　行号：
收款人：郑州锐制阀门制造有限公司　账号：16050501040002541
出票金额 人民币（大写） 捌万元整　80000.00
实际结算金额 人民币（大写）　亿 千 百 十 万 千 百 十 元 角 分
申请人：广州圣德金属有限公司　账号：16050501040002541
出票行：建设银行广州市龙口路支行　行号：110455800104　密押：
备注：　多余金额　千 百 十 万 千 百 十 元 角 分
代理付款行签章
复核　经办　复核　记账

提示付款期限自出票之日起壹个月
此联代理付款行兑付后随报单寄出票行，由出票行作多余款贷方凭证

图4–30　银行汇票（解讫通知）

3. 办理结算

申请人拿到签发的银行汇票第二联（正联）、第三联（解讫通知联）时，便可将其交给经办人用于支付结算。结算时，经办人员应在银行汇票的实际结算金额处填上实际支付金额，再将银行汇票第二联（正联）复印两份，一份交与会计做账，一份自己留存，然后将银行汇票原件第二联和第三联交给收款人进行结算，如图 4–31 所示。

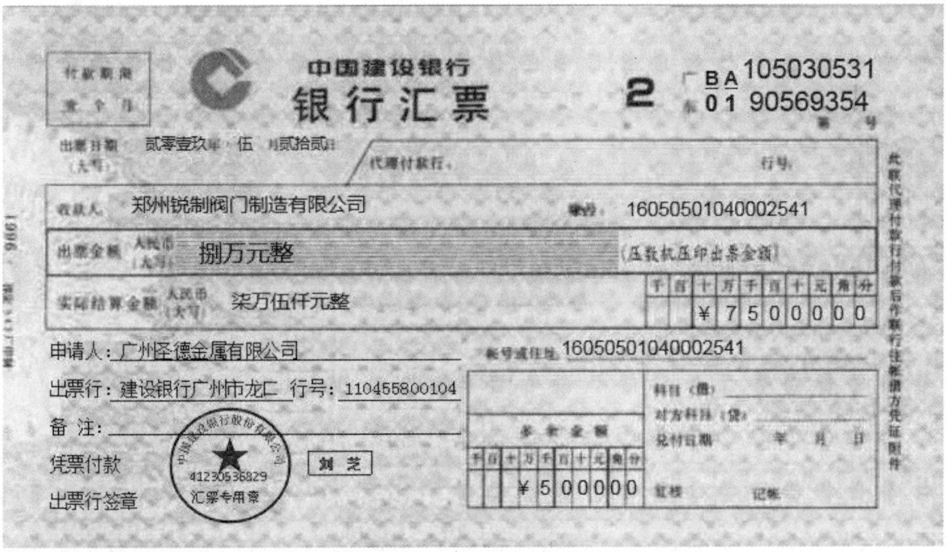
中国建设银行
银行汇票 2 广东 BA 01 105030531 90569354

出票日期（大写） 贰零壹玖年 伍 月贰拾贰日　代理付款行：　行号：
收款人：郑州锐制阀门制造有限公司　账号：16050501040002541
出票金额 人民币（大写） 捌万元整（压数机压印出票金额）
实际结算金额 人民币（大写） 柒万伍仟元整　¥75000000
申请人：广州圣德金属有限公司　账号或住址：16050501040002541
出票行：建设银行广州市龙口　行号：110455800104
备注：　多余金额　¥500000
凭票付款　刘芝
出票行签章　汇票专用章 41230536829

图4–31　填写了实际结算金额的银行汇票

4. 收回余款

代理付款行收到持票人交来的银行汇票第二联（正联）、第三联（解讫通知联）及进账单，审核无误后，按照实际结算金额将款项划转给持票人账户，并将银行汇票第三

联（解讫通知联）寄给出票行。如果有多余款，出票行还需要把多余款划转入申请人账户，同时将银行汇票第四联交给申请人，申请人据以入账处理。若没有余款，银行将第四联留存，不再将其退还给企业。

（二）收到银行汇票

收款人在收到银行汇票时，需要先审核收到的银行汇票。审核时除了需要审核银行汇票第二联和第三联是否相符外，还需要审核如下内容：收款人是否确定为本单位或本人；银行汇票是否在提示付款期限内；必须记载的事项是否齐全；出票人签章是否符合规定，出票金额、出票日期、收款人名称是否更改；更改的其他事项是否由原出票人签章证明，背书是否连续。

对于收到的审核无误的银行汇票，企业通常分为两种情况来进行处理：持票进账、背书转让。

1. 持票进账

出纳收到付款人开出的银行汇票正联、解讫通知联，持票去银行办理进账时，需要在银行汇票正联的背面盖上银行预留印鉴，如图 4-32 所示。

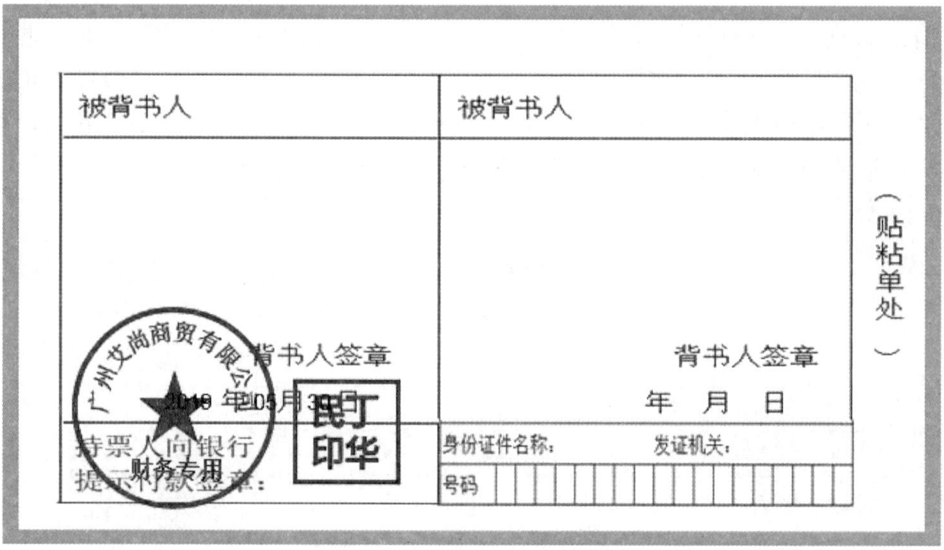

图4-32 银行汇票进账盖章

出纳根据银行汇票上面的信息填写进账单，随后将其一起交给代理付款行办理进账。

2. 背书转让

收到银行汇票时，企业还可以将银行汇票转让背书给他人。背书转让时，在银行本票背面的“背书”栏内背书，加盖背书人的银行预留印鉴，在“被背书人”栏填写受让人名称，并注明背书时间后将银行汇票交付给受让人。背书转让时不需要对银行汇票第三联做任何处理，然后，背书人再将汇票第二联（正联）、第三联（解讫通知联）交给被背书人。

对于票据的背书，没有限制背书次数，在“背书”栏或票据背面写满时，可以在票据上粘贴“粘单”继续背书，如图 4–33 所示。

被背书人广州艾尚商贸有限公司
广州艾尚商贸有限公司 财务专用
民丁印华
背书人签章
2019 年05月30日
被背书人
背书人签章
年 月 日
（贴粘单处）
持票人向银行
提示付款签章：
身份证件名称： 发证机关：
号码

图4–33　银行汇票背书盖章

（三）银行汇票的退款

汇款单位因银行汇票超过付款期限或其他原因没有使用汇票款项时，可以向签发银行申请退款。

（1）在银行开立账户的汇款单位要求签发银行退款时，将未使用的“银行汇票”联和“解讫通知”联交回汇票签发银行办理退款。

（2）未在银行开立账户的汇款单位要求签发银行退款时，应将未用的“银行汇票”联和“解讫通知”联交回汇票签发银行，同时向银行交验申请退款单位的有关证件，经银行审核后办理退款。

（3）汇款单位因“银行汇票”联和“解讫通知”联缺少其中一联而不能在兑付银行办理兑付，而向签发银行申请退款时，应将剩余的一联退给汇票签发银行并出具说明函，解释缺失原因，经签发银行审核同意后办理退款手续。

第四节　银行承兑汇票结算业务

银行承兑汇票是商业汇票的一种，指由在承兑银行开立存款账户的存款人签发，向开户银行申请并经银行审查同意承兑的，保证在指定日期无条件支付确定的金额给收款人或持票人的票据。

实务中，很多企业由于资金紧张，会使用银行承兑汇票支付货款，从而缓解资金压力。由于银行承兑汇票的承兑人为银行，而银行具有较高的支付信用，所以，在汇票到期时，票据的支付是有保障的，同时，银行承兑汇票还能背书转让，承兑性与流动性都很强。银行承兑汇票在实际工作中经常遇到，是出纳必须掌握的一项业务。

一、认识银行承兑汇票

银行承兑汇票是由在承兑银行开立存款账户的存款人签发，向开户银行申请并经银行审查同意承兑的，保证在指定日期无条件支付确定的金额给收款人或持票人的票据。银行承兑汇票为一式三联，如图 4–34 所示。

第一联：此联为承兑行留存备查，到期支付票款时作为借方凭证附件；

第二联：此联为收款人开户行随托收凭证寄付款行作为借方凭证附件；

第三联：此联由出票人存查。

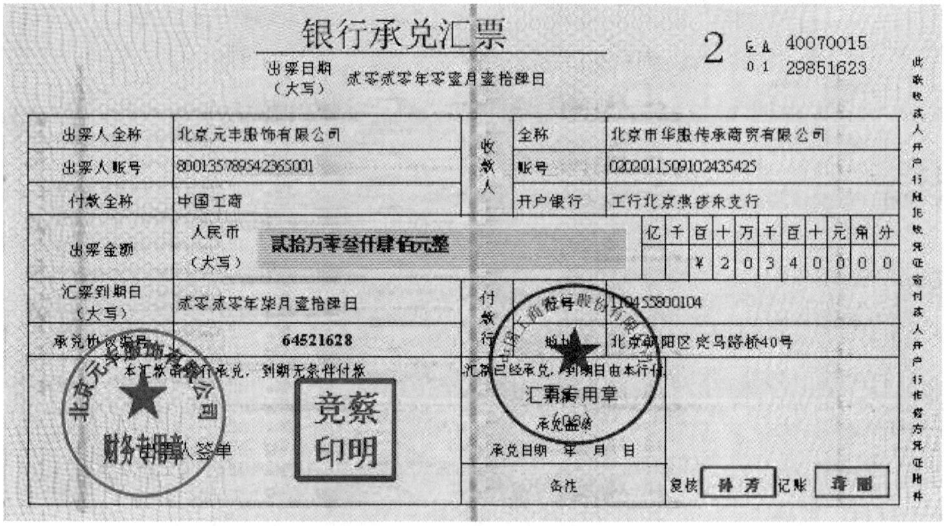

银行承兑汇票　2　40070015　29851623

出票日期（大写）　贰零贰零年零壹月壹拾肆日

出票人全称	北京元丰服饰有限公司	收款人	全称	北京市华服传承商贸有限公司
出票人账号	80013578954236500 1		账号	0202011509102435425
付款全称	中国工商		开户银行	工行北京燕莎东支行
出票金额	人民币（大写）贰拾万零叁仟肆佰元整			¥20340000
汇票到期日（大写）	贰零贰零年柒月壹拾肆日	付款行	行号	110455800104
承兑协议编号	64521628		地址	北京朝阳区亮马路桥40号
本汇款请你行承兑，到期无条件付款　出票人签单		汇票已经承兑，到期日由本行付款。承兑日期　年　月　日		
		备注		复核　记账

此联收款人开户行随托收凭证寄付款行作借方凭证附件

图4–34　银行承兑汇票

银行承兑汇票承兑期限最长不超过 6 个月，并且同城异地均可使用，在企业中经常会签发银行承兑汇票，是企业短期资金融通的好帮手。

二、签发银行承兑汇票

企业使用银行承兑汇票付款，一般需要经过承兑申请、存入保证金、票据签发、支付货款、兑付票款五个步骤。

（一）承兑申请

一般情况下，只有购销合同上注明使用银行承兑汇票结算，出纳才能申请银行承兑汇票。

申请银行承兑汇票时，出纳要先向开户银行提出申请，并提供相应的申请资料，然后到各银行指定的分行营业部办理。由于各银行的要求有所差异，最好先咨询银行相关工作人员。银行审核申请人资格后，由银行客户经理签字，然后由出纳审核、企业财务主管签字。符合规定和承兑条件的，与出票人签订承兑协议。

（二）存入保证金

企业提出承兑申请，经银行审核完成之后，出纳应向银行指定账户存入保证金或办理担保。企业转存保证金时，需要填写转账支票，并加盖银行预留印鉴。企业转存保证金，填写转账支票时，其收款人为本单位，如图 4–35 所示。

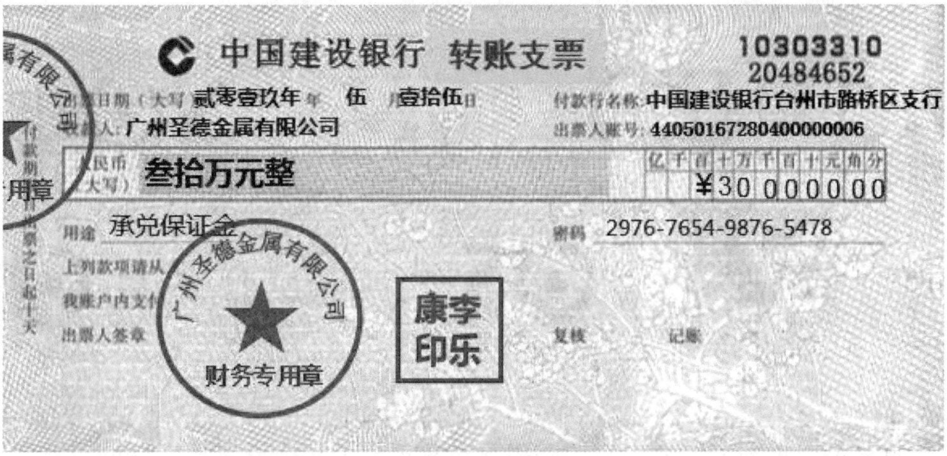
中国建设银行 转账支票 10303310 20484652

出票日期（大写）贰零壹玖年 伍 月 壹拾伍 日　付款行名称：中国建设银行台州市路桥区支行

收款人：广州圣德金属有限公司　出票人账号：44050167280400000006

人民币（大写）叁拾万元整　亿千百十万千百十元角分 ¥30000000

用途 承兑保证金　密码 2976-7654-9876-5478

上列款项请从我账户内支付

出票人签章　复核　记账

付款期限自出票之日起十天

广州圣德金属有限公司 财务专用章

康李印乐

图4–35　转账支票（保证金）

企业转存保证金时，出纳先填写转账支票，再填写进账单，无论是转账支票还是进账单，其出票人和收款人都一样，均为本单位。差别在于填写进账单时，收款人账号为银行指定的账号，如图 4–36 所示。

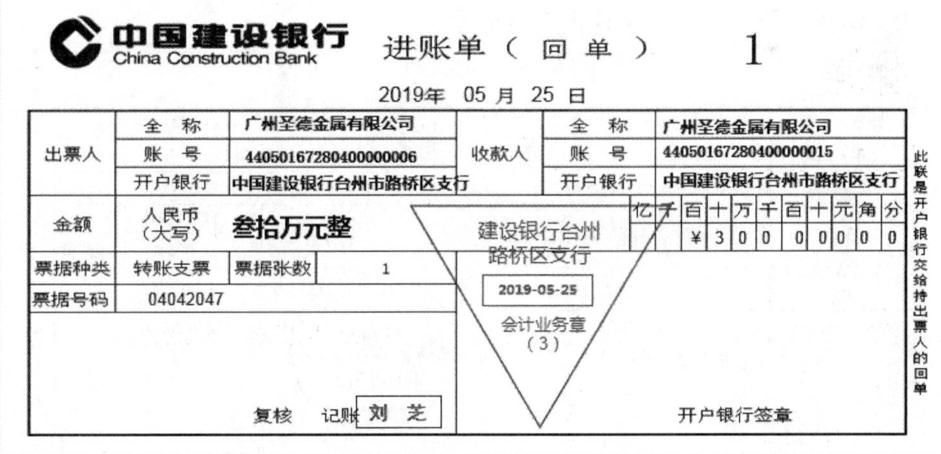
中国建设银行 China Construction Bank　进账单（回　单）　1

2019年 05 月 25 日

出票人	全　称	广州圣德金属有限公司	收款人	全　称	广州圣德金属有限公司
	账　号	44050167280400000006		账　号	44050167280400000015
	开户银行	中国建设银行台州市路桥区支行		开户银行	中国建设银行台州市路桥区支行
金额	人民币（大写）	叁拾万元整		亿千百十万千百十元角分	¥30000000
票据种类	转账支票	票据张数 1			
票据号码	04042047				
	复核　记账 刘芝			开户银行签章	

建设银行台州路桥区支行 2019-05-25 会计业务章（3）

此联是开户银行交给持出票人的回单

图4–36　银行承兑保证金进账单

（三）票据签发

银行承兑汇票的相关手续办理完毕，银行就可以签发银行承兑汇票。

银行承兑汇票主要内容包括：出票日期、出票人信息、收款人信息、出票金额、汇票到期日、付款行信息、承兑协议编号等，如图 4–37 所示。

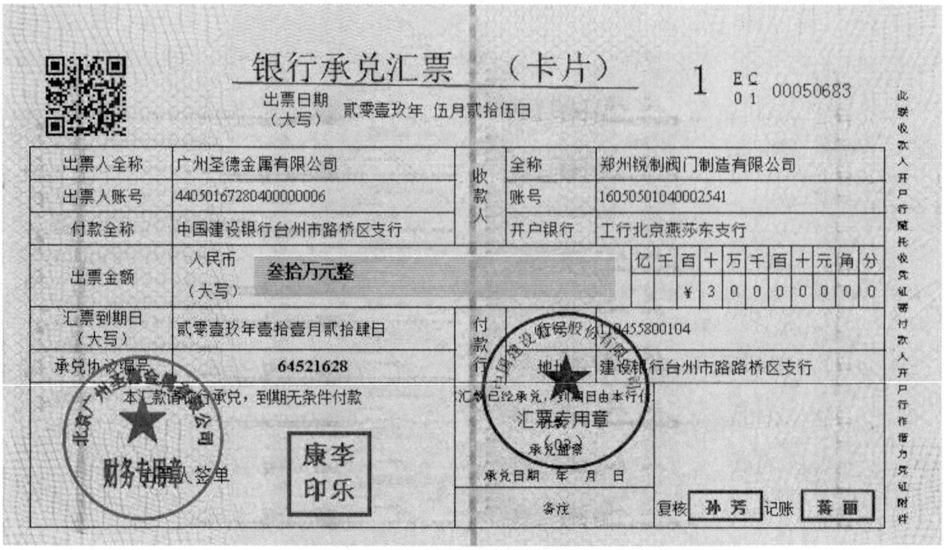

银行承兑汇票　（卡片）　1　EC 01　00050683

出票日期（大写）　贰零壹玖年　伍月贰拾伍日

出票人全称	广州圣德金属有限公司	收款人	全称	郑州锐制阀门制造有限公司
出票人账号	44050167280400000006		账号	16050501040002541
付款全称	中国建设银行台州市路桥区支行		开户银行	工行北京燕莎东支行
出票金额	人民币（大写）叁拾万元整		亿千百十万千百十元角分	￥30000000
汇票到期日（大写）	贰零壹玖年壹拾壹月贰拾肆日	付款行	行号	110455800104
承兑协议编号	64521628		地址	建设银行台州市路路桥区支行
本汇款请你行承兑，到期无条件付款　出票人签章		汇款已经承兑，到期日由本行付款　承兑行签章　承兑日期　年　月　日		
		备注		复核　孙芳　记账　蒋丽

此联收款人开户行随托收凭证寄付款人开户行作借方凭证附件

图4–37　银行承兑汇票

银行承兑汇票填写完之后，需要在银行承兑汇票的第一联、第二联的出票人签章处加盖银行预留印鉴，再交给银行。

（四）支付货款

出纳将填写完整并加盖印鉴后的银行承兑汇票交还银行，银行在第二联上签章后退给出纳，如图 4–38 所示，出纳就可以将银行承兑汇票用于结算。

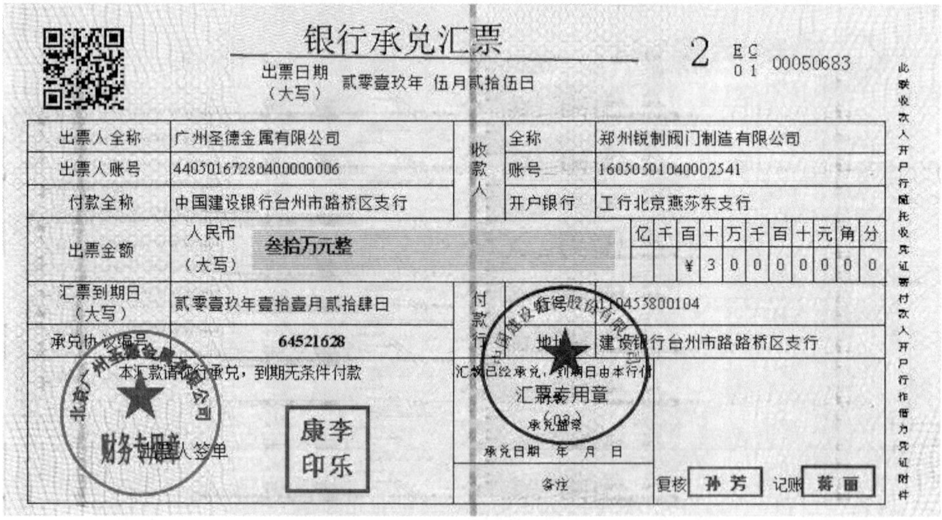

银行承兑汇票　2　EC 01　00050683

出票日期（大写）　贰零壹玖年　伍月贰拾伍日

出票人全称	广州圣德金属有限公司	收款人	全称	郑州锐制阀门制造有限公司
出票人账号	44050167280400000006		账号	16050501040002541
付款全称	中国建设银行台州市路桥区支行		开户银行	工行北京燕莎东支行
出票金额	人民币（大写）叁拾万元整		亿千百十万千百十元角分	￥30000000
汇票到期日（大写）	贰零壹玖年壹拾壹月贰拾肆日	付款行	行号	110455800104
承兑协议编号	64521628		地址	建设银行台州市路路桥区支行
本汇款请你行承兑，到期无条件付款　出票人签章		汇款已经承兑，到期日由本行付款　承兑行签章　承兑日期　年　月　日		
		备注		复核　孙芳　记账　蒋丽

此联收款人开户行随托收凭证寄付款人开户行作借方凭证附件

图4–38　银行承兑汇票

（五）兑付票款

银行承兑汇票交给收款方后，出纳应该在票据到期前将足额的票款存入付款账户。银行汇票到期后，出纳会收到银行的付款通知。出纳应该核对付款通知与银行承兑汇票的金额、日期等信息，确认无误后，银行便把款项转给收款人。

兑付票据款应该在银行承兑汇票到期日前十天办理，若超过规定时间，则需要向银行提交相关说明。另外，若企业到期无力支付，银行会先将账户和余额及申请时转存的保证金一并扣除，然后垫付企业不足支付的款项。需要注意的是，企业不仅要偿还银行垫付的款项，还要支付相关的利息，并且在中国人民银行会有不良信息记录。

三、收到银行承兑汇票

出纳员在收到银行承兑汇票时，首先需要审核如下内容：收款人是否确定为本单位或本人；银行承兑汇票是否在提示付款期限内；必须记载的事项是否齐全；出票人签章是否符合规定；出票金额、出票日期、收款人名称是否更改；更改的其他事项是否由原出票人签章证明；背书是否连续。另外，需要特别注意是否表明“银行承兑汇票”的字样，因为在实务中由于商业承兑汇票承兑人是企业或其他组织，到期不一定能收取到货款，因此在实务中很多企业是拒绝收商业承兑汇票的，因此在收票时一定要注意审核，避免给企业和自身带来不必要的麻烦和损失。

对于收到的审核无误的银行承兑汇票，企业通常也分为三种情况来进行处理：持票到期办理托收、背书转让和办理贴现。

（一）持票到期办理托收

银行承兑汇票到期办理托收一般要经过以下步骤，如图 4–39 所示。

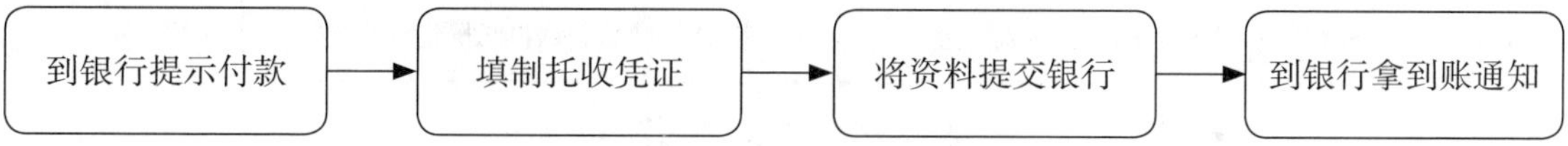

图4–39　银行承兑汇票到期托收

（1）提示付款。持票人在银行承兑汇票到期时提前十天到银行办理托收（委托收款）。

（2）填制托收凭证。在填制托收凭证之前，出纳应先在银行承兑汇票背面的“背书人签章”处加盖银行预留印鉴，并注明“委托收款”字样。提示付款时，出纳应到银行申请委托收款，填制一式五联的托收凭证，并在第二联加盖企业的预留银行印鉴，就可以向银行提示付款了。

（3）将资料提交银行。出纳将托收凭证同银行承兑汇票一并交给银行办理委托收款。银行审查受理加盖银行业务受理章后，将委托收款的受理回单联交给出纳，如图 4–40 所示。

（4）到银行拿收账通知。款项到达公司账户后，银行会将收账通知交给公司，出纳可以到银行的回单柜领取。

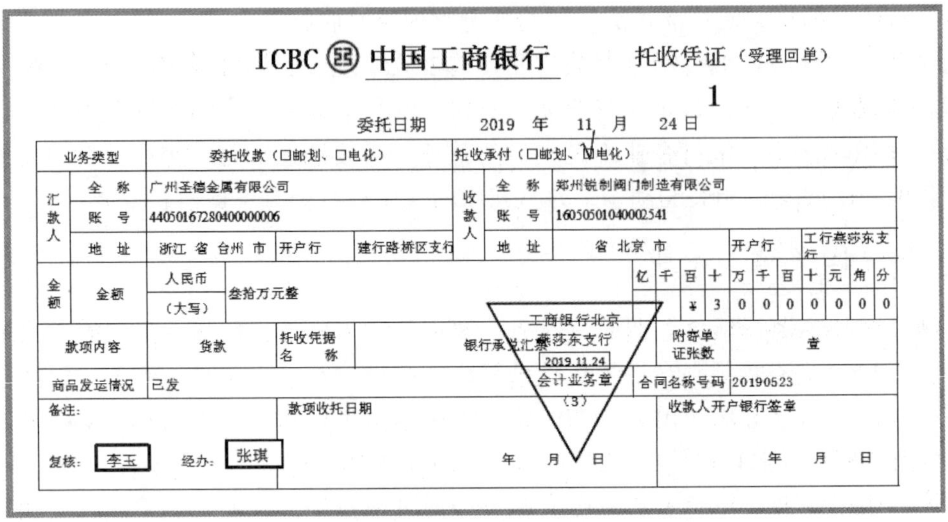

ICBC 中国工商银行 托收凭证（受理回单） 1

委托日期 2019 年 11 月 24 日

业务类型	委托收款（□邮划、□电化）		托收承付（□邮划、☑电化）			
汇款人	全称	广州圣德金属有限公司	收款人	全称	郑州锐制阀门制造有限公司	
	账号	440501672804000000006		账号	1605050104000 2541	
	地址	浙江 省 台州 市 开户行 建行路桥区支行		地址	省 北京 市 开户行	工行燕莎东支行
金额	人民币（大写）	叁拾万元整		亿千百十万千百十元角分	¥ 3 0 0 0 0 0 0 0	
款项内容	货款	托收凭据名称	银行承兑汇票	附寄单证张数	壹	
商品发运情况	已发			合同名称号码	20190523	
备注： 复核：李玉 经办：张琪		款项收托日期 年 月 日		收款人开户银行签章 年 月 日		

图4–40　填制托收凭证

（二）背书转让

背书转让时，在银行本票背面的“背书”栏内背书，加盖本单位的银行预留印鉴，在“被背书人”栏填写受让人名称，并注明背书时间后，将银行本票交付给受让人，如图 4–41 所示。

图4–41　银行承兑汇票背书盖章

票据的背书，没有限制背书次数，在“背书”栏或票据背面写满后可以在票据上粘贴“粘单”继续背书。出纳除在粘单上盖银行预留印鉴外，还要在粘单的骑缝处盖章。

另外，背书时可能出现背书不规范，如背书不连续、被背书人书写不规范、盖章不规范等情况，需要单位开具承兑证明。开具承兑证明时，票面的各个要素包括：票据的票号、出票人的全称、出票人的账号、收款行的全称、收款的账号、出票的日期、到期的日期，盖章需要公章、法人代表人名章、财务专用章。每个银行要求存在差异，但主要内容相同，具体出具时以银行要求格式为准，如图 4–42 所示。

证　明

××××××银行：

我公司持有贵行签发如下要素的银行承兑汇票壹张：

汇票号码：××××××/××××××

票面金额：××××××元整

付款行全称：××××××银行　账号：××××××

收款行全称：××××××银行　账号：××××××

出票人全称：××××××

收款人全称：××××××

出票日期：××××年××月××日

汇票到期日：××××年××月××日

由于我公司工作人员疏忽，导致背书时法人章不清晰，请贵行予以解付，若由此引起的经济纠纷，我公司愿意承担一切责任。

特此证明！

××××××××××

××××年××月××日

公章　财务专用章　法人章

图4-42　银行承兑证明格式范版

（三）办理贴现

企业收到银行承兑汇票后，如果汇票还没到期，企业又急用资金，这时企业可以去银行办理贴现，办理贴现需要填写贴现凭证，并在相应的位置处加盖银行预留印鉴。

按照规定，贴现利息应根据贴现金额、贴现天数（自银行向贴现单位支付贴现票款日起至汇票到期日前一天止的天数）和贴现率计算求得。贴现率是各行按国家票据挂牌价上下浮动制定的，各个银行和资金方给出的贴现利率不同。实务中，单位根据自身要求选择贴现方。

公式表示即

贴现利息=票面金额×贴现天数×日贴现率

日贴现率=月贴现率÷30

贴现金额=票面金额－贴现利息

填制完贴现凭证后，再将银行承兑汇票转让给银行。经过银行审查无误后，受理银行将扣除贴现利息的余额打回到持票人账户，持票人取回贴现凭证和交易合同交与制单会计编制记账凭证。

贴现凭证的填制申请书如图 4–43 所示。

贴现凭证（代申请书）　　1

填写日期：　年　月　日　　　　第　　号

贴现汇票	种　类			申请人	名　称		
	出票日	年　月　日			账　号		
	到期日	年　月　日			开户银行		
汇票承兑人（或银行）		名称		账号	开户银行		
汇票金额		人民币（大写）				亿千百十万千百十元角分	
贴现率	%	贴现利息	千百十万千百十元角分	实付贴现金额		亿千百十万千百十元角分	
附送承兑汇票申请贴现，请审核。此致 贴现银行　申请人签章		银行审批	负责人　信贷员				

此联银行作贴现借方凭证

复核　　　　记账

图4–43　贴现凭证（空白）

四、电子银行承兑汇票

随着银行供应链金融业务的拓展，电子票据已经成为了一种市场迫切需求的、重要的新型融资工具。单张出票金额在 100 万元以上的商业汇票原则上应全部通过电子商业汇票办理；单张出票金额在 300 万元以上的商业汇票应全部通过电子商业汇票办理。

电子银行承兑汇票是在出票人（即承兑申请人）以数据电文形式向开户银行提出申请，经承兑银行审批并同意承兑后，保证承兑申请人在指定日期无条件支付确定金额给收款人或持票人的票据。

电子银行承兑汇票是纸质银行承兑汇票的继承和发展，电子银行承兑汇票所体现的票据权利义务关系与纸质银行承兑汇票没有区别，不同之处是，电子银行承兑汇票以数据电文形式替代原有的纸质实物票据，以电子签名取代实体签章，以网络传输取代人工传递，以计算机录入代替手工书写，实现了出票、流转、兑付等票据业务过程的完全电子化。

电子票据行为主要包括出票、承兑、背书、保证、提示付款和追索等业务。

（一）电子银行承兑汇票出票

第一步，制单员点击“票据业务—电子商业汇票—出票”选择“银行承兑汇票”，点击“出票申请，勾选协议编号进行出票，按照票据流程进行复核，出票成功后票据状态为“提示承兑待签收”（每次出票前，均需至网点签订银行承兑汇票协议，由客户经理在建行系统生成协议编号），如图 4–44 所示。

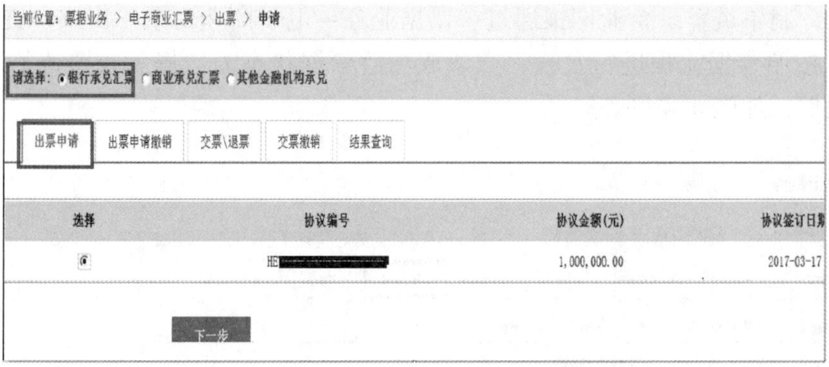

图4–44　银行承兑汇票出票申请

第二步，开户行客户经理在建行系统进行承兑操作后，票据状态变为“承兑已签收”，如图 4–45 所示。

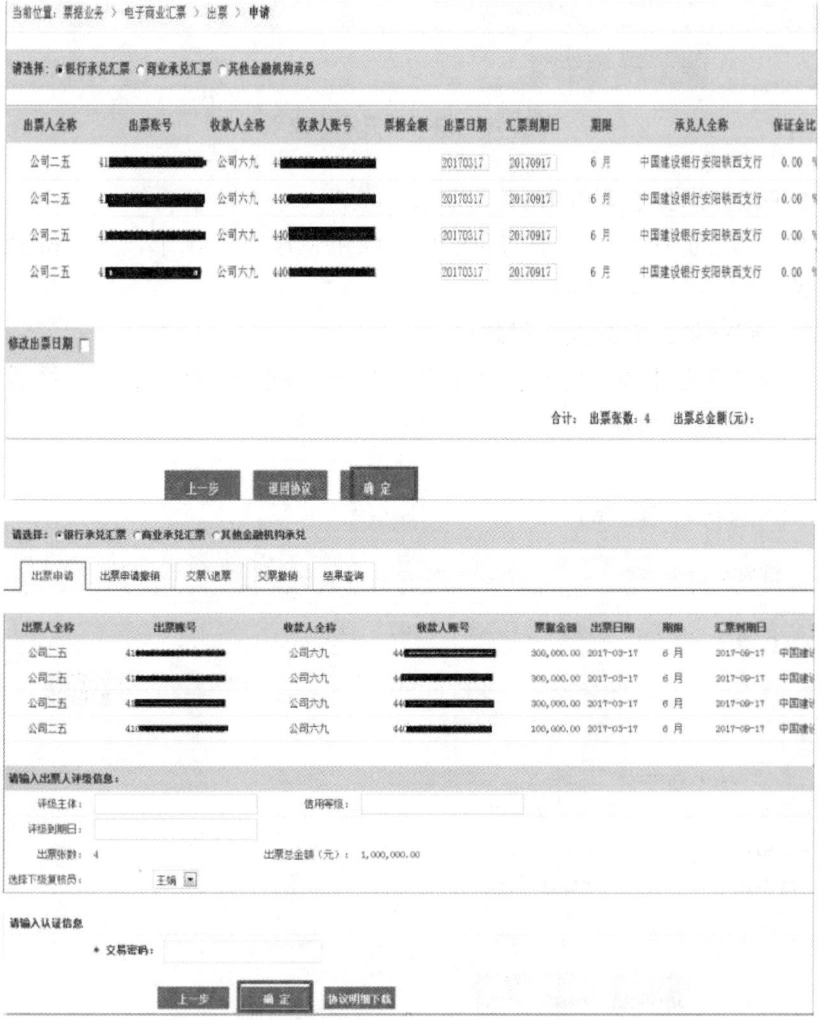

图4–45　银行承兑汇票出票申请确定

第三步，制单员登录企业网银通过“票据业务—电子商业汇票—出票—交票/退票”进行交票，按照票据流程进行复核，交票成功后票据状态为“提示收票待签收”，等待收款签收票据，如图4–46所示。

图4–46　银行承兑汇票交票

（二）电子银行承兑汇票背书

制单员点击“票据业务—电子商业汇票—背书—申请”制单，然后按照票据流程进行复核，如图4–47、图4–48所示。

（三）电子银行承兑汇票提示付款

制单员点击“票据业务—电子商业汇票—提示付款—申请”制单，然后按照票据流程进行复核，如图4–49所示。

图4–47　银行承兑汇票背书转让

图4–48　银行承兑汇票背书转让填写

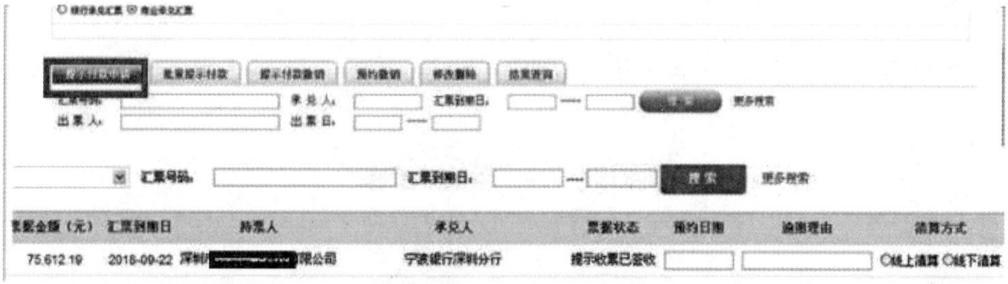

图4–49　银行承兑汇票提示付款

（四）电子银行承兑汇票应答

企业通过网上银行对电子商业汇票待应答业务进行签收和驳回以及结果查询，电子银行承兑汇票的应答主要有收款人应答、保证人应答、背书转让应答、付款应答、贴现应答等。

制单员点击“票据业务—电子商业汇票—应答—申请”，选择“银行承兑汇票”或“商业承兑汇票”，勾选具体的电票信息签收票据。若系统提示需要复核员操作，就使用复核员登录网银系统进行复核处理。若系统无提示，制单一个盾操作应答即可，如图 4–50 所示。

图4–50 应答申请

（五）电子银行承兑汇票查询

各类查询主要有：①查询交易流水，点击“票据业务—电子商业汇票—查询—交易流水查询”；②查询持有票据，点击“票据业务—电子商业汇票—查询—持票查询”；③查询是否在池，点击“票据业务—电子商业汇票—查询—综合查询”，如图 4–51 所示。

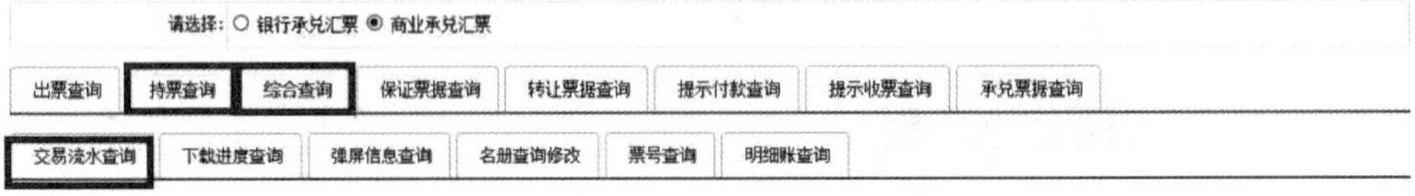

图4–51 查询

五、电子银行承兑汇票

电子银行承兑汇票申请常规操作流程如图 4–52 所示。

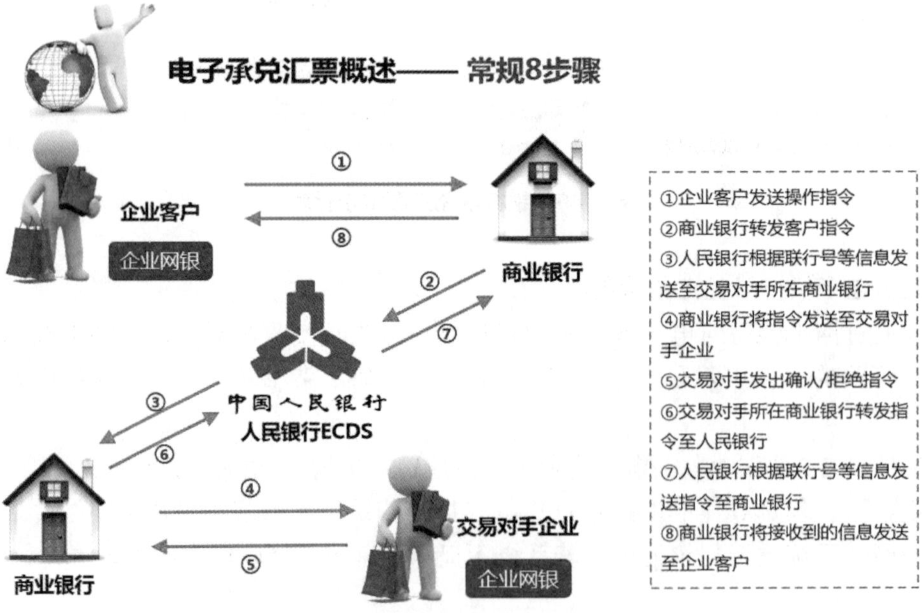

图4–52 电子承兑汇票申请流程

案例拓展十：关于电子银行承兑汇票业务关系，如图4-53所示。

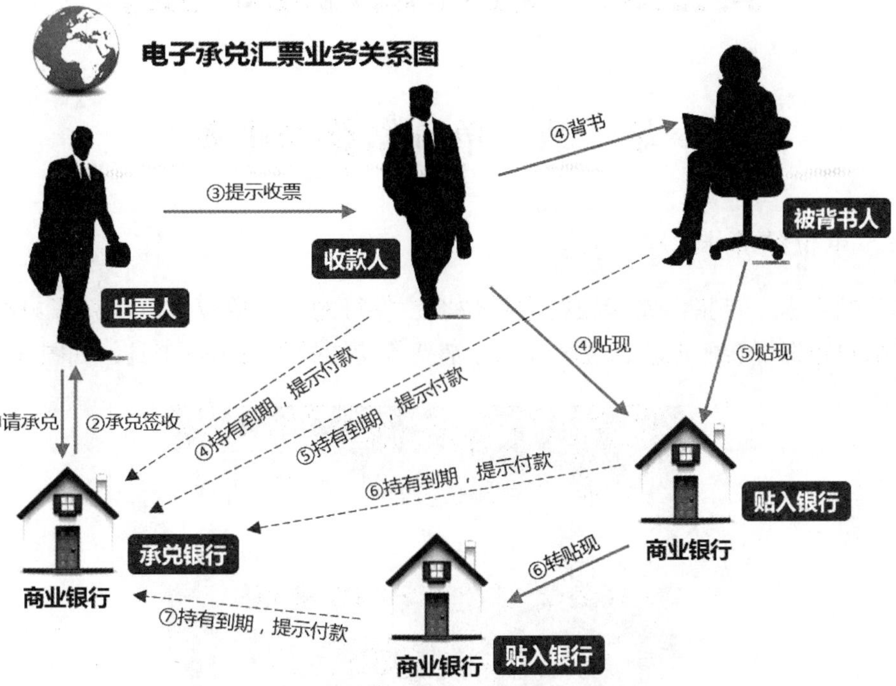

图4-53　电子承兑汇票业务关系图

第五章　现代银行结算业务

第一节　单位结算卡业务

一、单位结算卡

单位结算卡，是指由发卡银行向单位客户发行的、与单位银行结算账户相关联，主要具备账户查询、转账汇款、现金存取、消费等功能的支付结算工具，如图 5-1 所示。

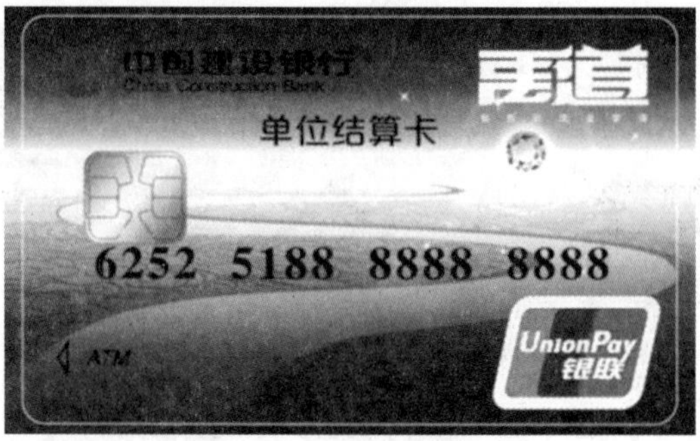

图5-1　单位结算卡

二、单位结算卡的功能管理

单位结算卡的功能应与其所关联的单位银行结算账户的使用及管理要求保持一致，符合《人民币银行结算账户管理办法》（中国人民银行令〔2003〕第 5 号发布）等账户管理制度的规定。

发卡银行应根据单位客户的区域和行业特征、经营规模、财务管理和资信状况等因素，结合单位客户实际需求，选择为单位客户开通单位结算卡的账户查询、转账汇款、现金存取、消费支付等业务类型，对不同业务类型实现单独的业务限额控制，并在服务协议中予以明确。单位结算卡仅限于在中国境内使用。

单位结算卡开通网上支付功能的，其安全认证方式和使用规则应等同企业网银管理。

单位结算卡开通 POS 等终端消费支付功能的，发卡银行应建循审慎原则，通过设置交易限额、受理商户类别和受理机具类型等措施加强消费支付功能管理。

单位结算卡开通 ATM 取款功能的，其所关联的单位银行结算账户应符合《人民币银行结算账户管理办法》的取现管理要求。单张单位结算卡的 ATM 取款交易上限为每卡每日累计 2 万元；同一单位银行结算账户关联不同单位结算卡的，同一账户的 ATM 取款交易上限为每户每日累计 2 万元。

单位结算卡变更关联账户、调整业务类型、变更持卡人、销卡等业务，单位客户应通过发卡银行柜面办理。单位结算卡的卡片激活、持卡人信息变更、密码重置、补卡等业务，单位客户可授权持卡人通过发卡银行柜面办理。

三、建立健全单位结算卡业务风险防控机制

发卡银行应制定单位结算卡业务专项管理制度、严格规范业务办理流程，防范业务操作风险；根据单位客户风险情况，通过调整交易限额及设定交易对手、升级支付指令认证手段等方式防范支付风险。

发卡银行应建立和完善单位结算卡交易监测系统，加大实时监测和统计分析力度。对单张卡片的大额、可疑交易和关联不同单位结算卡的同一账户的大额、可疑交易及时核查并采取有效措施；强化对单位结算卡消费支付交易的单项业务监测，对商户类型、交易频次、单笔金额和累计金额等多要素进行监控与分析，防范套现风险。

发卡银行应严格执行反洗钱规定，加强对单位客户身份资料信息的维护管理，以及大额、可疑交易监测和信息报送。对发现单位客户非实名开卡，持卡人违规用卡，出租、转借和买卖单位结算卡，以单位结算卡进行洗钱、套现等情形的，发卡银行应停止为其办理单位结算卡业务并注销卡片。

银行卡清算机构应建立其单位结算卡的业务运行、差错处理、数据统计等专项业务规则和风险监测防控体系，协助成员机构规范开展单位结算卡业务。

第二节　网银业务

网上银行又称网络银行、在线银行，是指银行利用 Internet 技术，通过 Internet 向客户提供开户、查询、对账、行内转账、跨行转账、信贷、网上证券、投资理财等传统服务项目，使客户足不出户就能够安全、便捷地管理活期和定期存款、支票、信用卡及个人投资等。可以说网上银行是 Internet 上的虚拟银行柜台。

网上银行是企业办理资金结算的重要工具，使用户可以足不出户就实时、动态地掌握账务信息及资金任务调度。在网络时代，企业网银这个渠道，正快速发展成为企业的一种强大的理财工具。因此，熟练掌握和运用企业网银是出纳必须具备的技能之一。

一、开通企业网银

企业要想通过网上银行办理资金结算业务，应先携带企业相关资料到开户银行申请办理网上银行业务并与开户银行签订协议，银行审批通过并收取开户费用后，会申请企业办理注册手续并将网银盾 U-KEY 交付给企业相关权限人员，网上银行会备有 2 ~ 3 个 U-KEY 并由不同的权限人员保管。U-KEY 操作权限一般由出纳拥有，主要负责账户信息查询及相关交易录入；复核及管理权限一般由财务经理或会计主管人员拥有。

企业需要开通网银时，各个银行要求企业提供的资料不尽相同，这里以中国建设银

行简版网银为例进行说明。

（一）到开户银行网点申请

（1）企业申请。企业相关人员持营业执照正副本原件及复印件、单位介绍信、经办人身份证件和公司印章，到账户开户网点签订“网上银行客户服务协议”、填写“企业客户服务申请表”。

（2）银行审核。银行柜员审核客户提交信息的真实性，包括核对银行预留印鉴确认无误后办理签约手续。

（二）下载并安装网银安全组件

（1）登录建行互联网站→公司机构客户页面，在企业网上银行登录区单击“下载中心”按钮。

（2）在“下载中心”页面选择“企业客户 E 路护航网银安全组件”，单击“下载”按钮，将安全组件下载至计算机。

（3）双击下载至本地计算机的安全组件图标，进入安装页面。

（4）安装页面提示客户安装组件安装成功，单击“完成”按钮后即可使用安全组件的相关功能。安装完成后，电脑桌面显示“中国建设银行 E 路护航网银安全检测工具”的快捷图标，如图 5-2 所示。

图5-2　下载并安装网银安全组件

（三）设置网银盾密码

首先插入网银盾，计算机屏幕弹出修改默认口令的提示，客户输入口令，并单击“确定”按钮。然后，依次按照页面操作提示逐步完成网银盾口令的设置。网银盾密码设置完成后，再次插入网银盾，单击企业网银链接，输入网银密码，即可正常跳转到登录页面。

二、企业网银登录

（1）访问建设银行首页→选择公司机构客户，如图 5-3 所示。

图5-3 建设银行企业网银登录

（2）点击企业网上银行登录，插入网银盾，如图 5-4 所示。

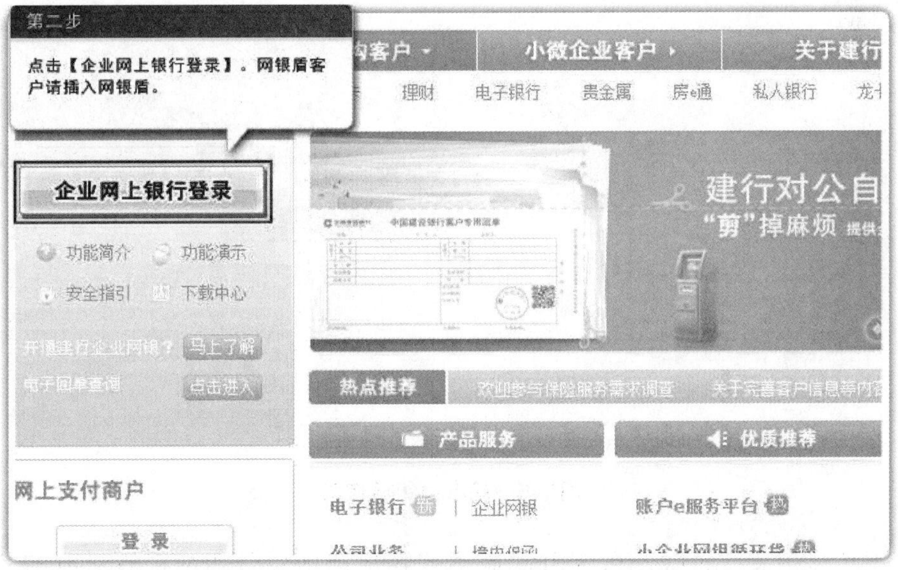

图5-4 点击企业网上银行登录，插入网银盾

（3）弹出证书对应对话框，选择企业网银证书后，点击确定，如图 5-5 所示。

图5-5 选择企业网银证书

（4）输入网银盾密码，点击确定，如图 5-6 所示。

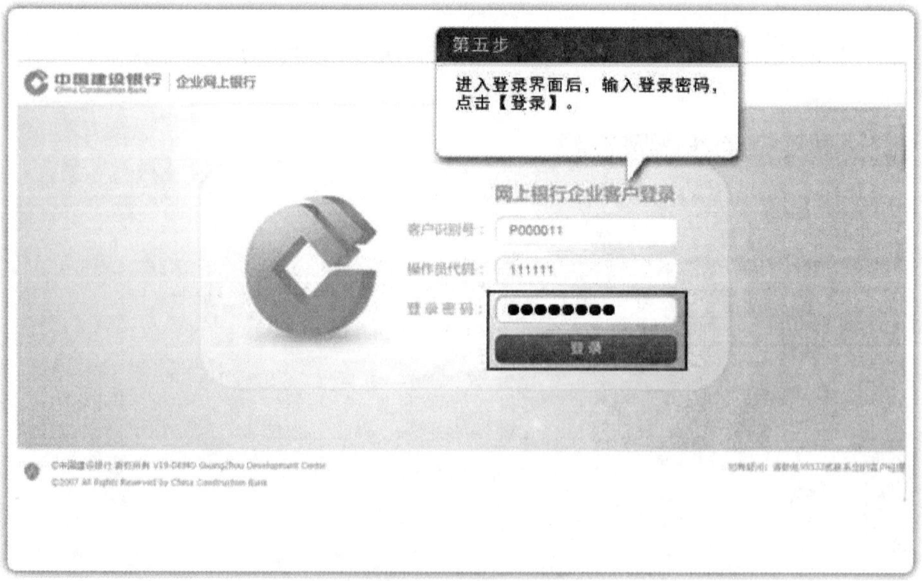

图5-6 输入网银盾密码

（5）进入登录页面后，系统自动显示“客户识别号”和网银盾对应的“操作员代码”，输入登录密码，点击登录，如图 5-7 所示。

图5-7 重新进入登录页面，插入网银盾

（6）进入企业网银欢迎页面，单击“进入操作页面”按钮，进入企业网银主页面，如图 5-8 所示。

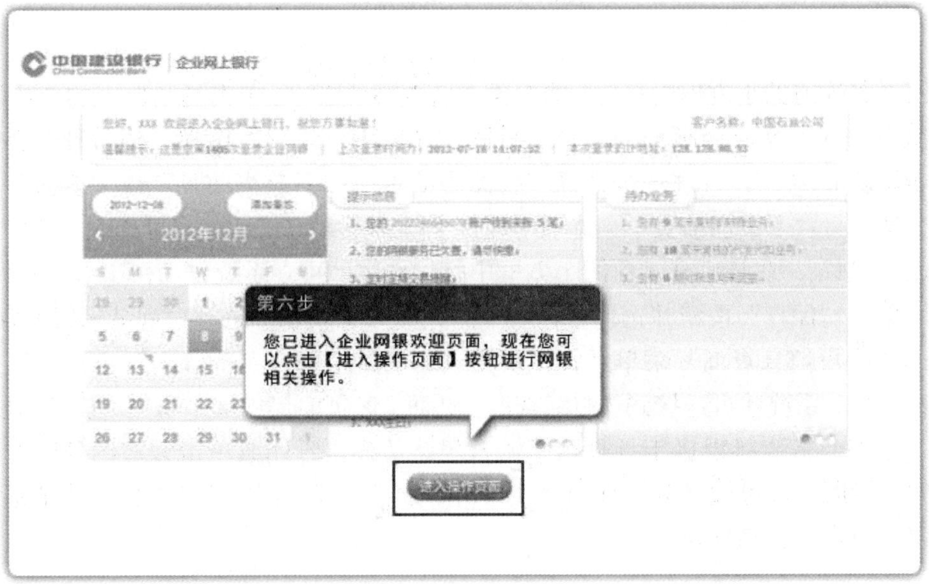

图5-8 进入操作页面

三、账户信息查询

出纳可以查询名下所有签约网上银行的账户余额及账户交易明细的客户。账户包含已签约的客户名下所有币种（人民币和外币）的活期账户。单击“账户信息查询”按钮，页面会显示可查询的账户清单，可以查询账户的余额及交易明细，具体登录操作参照图 5–9。

图5–9　账户信息查询

在账户名称前的小方框内打钩，选中要查询余额的账户。单击显示框下的“余额查询”按钮，就可进入“账户余额查询结果”页面，显示账户余额、币种、按币种分类的多账户合计余额等信息，并可进一步选择“打印当前页”“下载当前页”或“返回”选项，如图 5–9 所示。“下载当前页”，选项中提供了两种下载方式，客户可选择“TXT 下载”或“Excel 下载”，在相应方式前的小方框中打钩选定即可。系统自动弹出名“文件下载”对话框，单击“保存”按钮并选择目标目录后，即可完成账户余额查询结果的下载。

进入“账户信息查询”菜单后，系统先进入的是“账户余额查询”页面，选择任一显示的账号后，系统才可连接到“明细查询”页面。该页面提供选中账户“按时间段查询”的功能，客户只需直接根据年月日顺序输入起始及终止日期或单击旁边的日历进行日期选定即可；同时，也可选择明细查询方式“页面方式全部返回”或“文件方式全部下载”后，单击“查询”按钮即可。

四、企业网银收款业务

当企业通过网银收取款项时，可以查询电子回单，确认款项是否已经进入本单位账户。电子回单具体内容包括交易日期、付款人名称、收款人名称、开户银行及账号、业务发生金额大小写、打印次数等，并印有开户银行加盖的业务章。用网银收款一般不需要支付手续费。汇款人在支付款项时已经将手续费扣除，收款人查询确认时不需要再支付手续费。

网银收款的具体流程：收到查询通知、查询收到款项、到账回执、领取 / 打印回单、登记账簿、整理并传送单据。

五、企业网银付款业务

网银付款业务是指通过网上银行进行款项支付的业务。网银付款业务的具体流程如下：

第一步，收到并审核付款单据。付款单据是指发票及付款申请单。出纳在收到付款单据时需认真审核其真实性、合法性、完整性、正确性等各个方面。

第二步，登录企业网银。将网银盾连接到电脑的 USB 接口后，进入银行网站，选择数字证书，输入网银盾口令，进入企业网银登录界面，输入客户识别号、客户代码及操作员密码，即可进入网银系统。

第三步，查询账户余额。在付款之前，出纳首先应查询账户余额，以保证有足够的款项对外支付。

第四步，出纳制单。出纳查询账户余额足时，登录企业网银，选择“转账业务”→“转账制单”→“单笔付款”，依次输入以下内容，如图 5-10 所示。

图5-10　转账制单

（1）下拉选择付款账户（必须先由主管对该操作开通转账权限），可对付款账户进行默认账户设置，如图 5-11 所示。

图5-11　下拉选择付款账户，进行付款账户设置

（2）手工输入收款方账号及付款金额，或从常用收款账户或签约及授权账户中勾选收款账户，如图 5-12 所示。

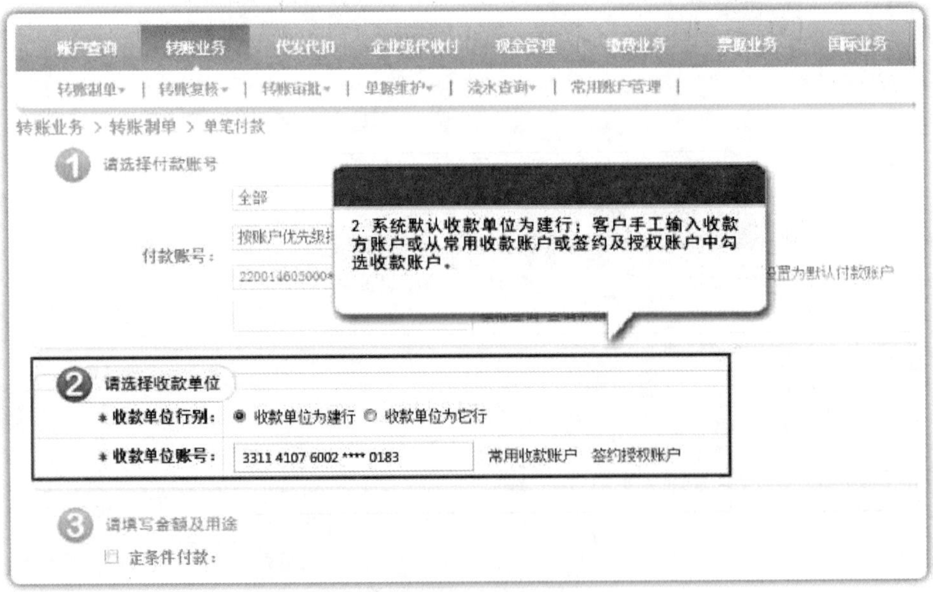

图5-12　输入收款方信息

（3）下拉选择用途或者手工录入自定义用途，如图 5-13 所示。

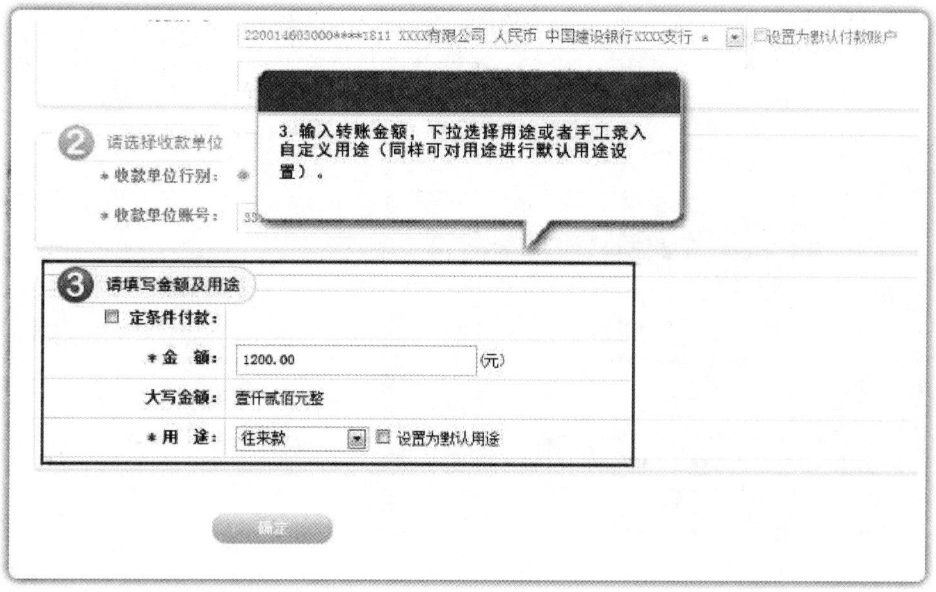

图5–13　输入用途

（4）确认收付款信息无误后，单击“确定”按钮进入下一操作页面，如图 5–14 所示。

图5–14　确定付款信息

（5）输入交易密码，单击“确定”按钮，提交下级复核员复核，完成单笔付款操作，如图 5–15 所示。

图5-15　输入交易密码

第五步，复核员转账复核。复核操作员（一般为财务经理）需要对录入员提交的单据按笔逐条复核。财务经理登录后依次单击“转账业务”→“转账复核”→“单笔复核”，然后选中待复核的单据，单击“确定”按钮，核对信息无误后，输入交易密码，单击“确定”按钮，完成。

对于未通过复核的单据，需要由出纳修改或删除。修改方法为：登录企业网银，选择“转账业务”→“单据维护”→“单据修改”菜单，该菜单包含“复核未通过单据”与“批量提交失败单据修改”两个子功能。显示该单据发起交易的制单页面，将收付款信息自动带到新页面。制单员修改收付款信息后按原制单流程发起。

第六步，出纳收取回单。出纳确认支付款项后要及时打印电子回单，也可携带银行回单提取卡随时到银行领取回单。

第七步，出纳登记日记账。出纳在打印电子回单、收取纸质回单后，依据回单登记日记账。

第八步，整理并传递单据。出纳需要将电子回单和纸质回单一并交给相应的会计人员，用以编制记账凭证。

案例拓展十一：关于银行回单的场景故事，如图5-16所示。

图5-16　什么是银行回单

第六章　现金及银行其他业务

第一节　登记现金日记账

公司现金要日清月结，所以出纳一定要养成良好的职业习惯，做到今日事今日毕。

出纳每天要完成很多的收支业务，如何保证自己经手的每一笔业务都准确无误呢？这就需要有一个记录、核对和跟踪的措施，具体内容包括：

首先，登记现金日记账。根据当天的现金收支业务登记现金日记账。

其次，盘点并核对现金。

再次，单据移交。将当天的业务及凭证进行整理，编制一式两份的交接表，将凭证交给会计做账。

一、登记现金日记账

现金日记账主要是用来登记每天所发生的经济业务中库存现金的收、支、结存情况，它核算和监督库存现金的及时变动情况。现金日记账一般有三栏式和多栏式两种格式，不管它是哪种格式，在财务工作账簿里都必须用订本式账簿来保证它的安全性和完整性，如图 6-1、图 6-2 所示。

图6-1　现金日记账

现金日记账

第 20 页

年		凭证		摘要	借方											贷方											余额											核对
月	日	种类	号数		亿	千	百	十	万	千	百	十	元	角	分	亿	千	百	十	万	千	百	十	元	角	分	亿	千	百	十	万	千	百	十	元	角	分	

图6-2　现金日记账账页

（一）登记流程

登记流程如下：

（1）整理当天所发生的票据和凭证。

（2）移交会计编写记账凭证。

（3）根据记账凭证登记日记账，并在记账凭证上划“√”表示已经记账。

（二）登记方法

1. 启用账簿

新企业纳税人应当在领取营业执照之日起 15 日内按照规定设置相关账簿。账簿是重要的会计档案和历史资料。启用会计账簿时，应当在账簿封面上写明单位名称和账簿名称。在账簿扉页上应当列明科目索引和启用表，科目索引登记账簿中每个账户的名称和页次。其中日记账必须采用订本式。现金日记账账簿启用时，对于账簿扉页的“账簿使用登记表”必须逐项如实填写。现金日记账使用登记表如图 6-3 所示。

账簿启用表

单位名称	北京红星贸易有限公司	负责人	职别	财务经理	盖章
账簿名称	应收账款明细账		姓名	王刚	
账簿号码	1/3	主办会计人员	职别	会计主管	
账簿页数	200		姓名	李丽	
启用日期	2019年1月1日		盖章		

经管本账簿人员一览表

职别	姓名	接管				移交				印花税票粘贴处
		年	月	日	盖章	年	月	日	盖章	
往来账会计	张三	2018	4	1		2019	3	31		
往来账会计	李四	2019	3	31						

图6-3　现金日记账使用登记表

2. 登记账簿

出纳应将每笔现金收支业务及时登记到现金日记账中。登记时，根据复核无误的收、付款凭证，按账簿登记的要求，使用蓝、黑色钢笔或签字笔逐笔、序时、连续地进行登记，不得跳行、跳页。

一般而言，现金日记账上的“日期”“摘要”“借方金额（或增加金额）”“贷方金额（或减少金额）”“余额”为必填项。

（1）“日期”栏：栏中填入业务发生的日期。

（2）“摘要”栏：摘要不能过于简略，应以能够清楚地表述业务内容为度，便于事后查对。

（3）“借方金额（或增加金额）”栏：登记库存现金增加的金额。

（4）“贷方金额（或减少金额）”栏：登记库存现金减少的金额。

（5）“余额”栏：表示库存现金的余额，应根据“本日余额 = 上日余额 + 本日收入 − 本日支出”的公式来计算填列。

（6）日记账首行和末行填写：每一页登记完后，必须按规定结转下页。结转时，应根据“承前页”的借方加上本页的借方发生数，得出“过次页”的借方金额，同理计算“过次页”的贷方金额，并算出余额，写在本页最后一行，并在摘要注明“过次页”。“承前页”的金额可以直接根据上页的“过次页”金额填写，并在摘要栏注明“承前页”字样。具体登记如图 6-4 所示。

现金日记账

第 20 页

2019 年 月	日	凭证 种类	凭证 号数	摘要	借方	贷方	余额	核对
11	01			承前页			200000	√
11	01	记	1	取现	5000000		5200000	√
11	01	记	2	招待山西王总		300000	4900000	√
11	01	记	3	收到客户款项	10000000		14900000	√
11	01	记	4	存现		10000000	4900000	√
11	01			本日合计	15000000	10300000	4900000	
11	10	记	5	孙亮借出差备用金		500000	4400000	√
11	10	记	6	购买办公用品		200000	4200000	√
11	10			本日合计		700000	4200000	
11	20	记	7	报销差旅费退回款项	100000		4300000	√
11	20	记	8	招待山东刘总		200000	4100000	√
11	20	记	9	招待河北孙总		100000	4000000	√
11	20			本日合计	100000	300000	4000000	
11	30	记	10	交水费		50000	3950000	√
11	30	记	11	预存电费		300000	3650000	√
11	30	记	12	交物业费		500000	3150000	√
11	30			本日合计		850000	3150000	
11	30			本月合计	15100000	12150000	3150000	
11	30			本年累计	315100000	312150000	3150000	
11	30			过次页			3150000	

图6-4 现金日记账的正确登记

3. 现金日记账差错更正

登记发生错误时，必须按规定方法更正，严禁刮、擦、挖、补或使用化学药物清除字迹。发现差错，必须根据差错的具体情况采用划线更正、红字更正、补充登记等方法更正。出纳在登记账簿时，填写的文字、数字不能超过行高的二分之一，以备登记错误时可以进行修改操作。

1）划线更正法

划线更正法是在结账之前，发现账簿中所记文字或数字有笔误、数字计算错误，或者只是记账有误，而记账凭证并无错误等情况下使用的一种错误更正方法。

更正时，应先在错误的文字或数字上划一条红线加以注销，然后用蓝字在已注销的文字或数字上面书写正确的文字或数字，但必须使原有字迹仍可辨认，最后在改错处加盖更正人员名章，以明确责任。在采用划线更正法时要将全部错误的数据划去，而不能只更正整个数据的错误部分。

2）红字更正法

红字更正法是用红字冲销原有错误的凭证记录或账户记录，以更正或调整账簿记录的一种方法。通常适用以下两种情况：

第一种，记账以后，发现记账凭证中应借、应贷科目用错，从而引起记账错误。更正时，先用红字填制一张内容与错误的记账凭证完全相同的记账凭证，据以用红字登记入账，以冲销原记的错误记录，然后再用蓝字填制一张正确的记账凭证，据以登记入账。

第二种，记账后发现记账凭证和账簿记录中应借、应贷会计科目无误，只是所记金额大于应记金额所引起的错误。

更正时，按多记金额用红字编制一张与原来记账凭证应借、应贷科目完全相同的记账凭证，以冲销多记金额，并据以记账。

3）补充登记法

补充登记法是在记账以后，发现记账凭证的所记金额小于应记金额，但其会计科目并未用错而采用的一种错账更正方法。

更正时，只需把少记的金额用蓝字编制一张与原来记账凭证应借、应贷科目完全相同的记账凭证，并将其补充登记入账。

4. 现金日记账的日常保管

出纳登记完现金日记账后，应及时将账簿放到抽屉保管。除配合企业内外部查账、稽核等事项外，现金日记账一律不得外借，以防止财务信息泄露。

二、现金盘点

登记现金日记账除作为出纳所经手业务的记录载体外，还有一个用处，就是出纳随时可以根据日记账本上的余额与实际库存的现金对比，及时核对当天的收支业务是否正确。复核现金日记账是将当天登记的现金业务再核实一遍，并保证登记的每一项业务正确无误。

盘点现金，从保险柜取出现金时需遮住密码，取出现金后马上将保险柜锁回，在手工点钞验钞时仍然是正、反面点两遍，一方面确认金额，另一方面确认无假币。

账实核对指的是将盘点的现金和现金日记账的余额进行核对，保证无误。若两者有误差，出纳需马上查找原因，是现金盘点的错误还是日记账登记错误，或是因为出纳的工作失误导致现金盘亏（现金比账上余额少）或盘盈（现金比账上余额多），还是别的什么原因，然后做处理。

三、单据移交

出纳付款的凭证是付款的证明，对出纳而言，这些凭证就跟现金一样，一旦丢失，如果没办法补办，那就很可能要自己承担相应金额的赔偿责任。为了减少因丢失凭证而发生的损失，降低赔偿风险，出纳应及时把相关的付款凭证交接给会计。

为了分清责任，出纳应在交接时编制一式两联的单据交接表（图 6-5），记录交接单据的信息。交接表的表格可以根据公司的要求进行设置，必须涵盖当日的收支业务及金额。对于每天收支比较多的单位，出纳每天均需编制出纳日报，即将当日的现金收支情况、银行存款收支情况进行详细的说明，也有单位用出纳日报来代替交接表。但是出纳在将凭证交给会计时，必须双方确认签字后移交，以保证权责分明。交接完毕，出纳应妥善保管交接表。出纳单据交接表如图 6-5 所示。

出纳单据交接表

____年

日期	编号	收款/付款	摘要	经办人	收入金额	支出金额

图6-5　出纳单据交接表

第二节　登记银行存款日记账

银行存款日记账，专门用来记载银行账户中的收入、支出和结存的数据。出纳要随时记录银行存款的收支明细，提现银行账户当日余额，便于核对、检查和交接。

一、登记银行存款日记账

银行存款日记账也是企业单位重要的经济档案之一，它是用来核算和监督每日银行存款的收入、支出和结余情况的账簿。银行存款日记账也是由出纳根据审核无误后的有关银行存款收、付款凭证，逐日逐笔顺序登记的。与现金日记账相同，也是一种由出纳负责管理的特种日记账，因此它也要求在登记账目时要做到登账及时、单据齐全、账证相符、数据精准、书写清晰等要求，同时账目要按期结算，以保证账目能够明确经济责任。

如图 6-6、图 6-7 所示。

图6-6　银行存款日记账

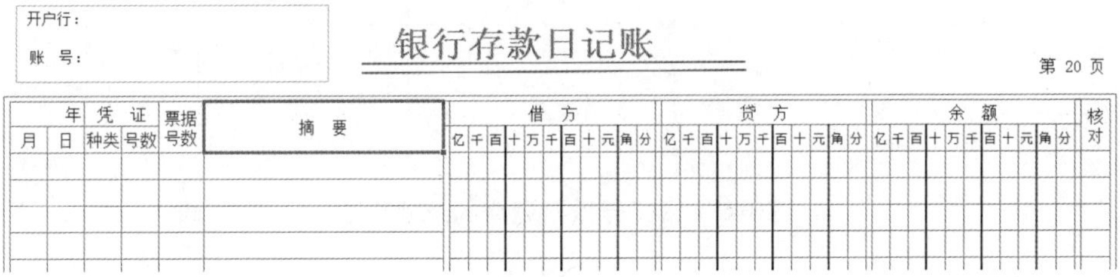

图6-7　银行存款日记账账页

（一）登记方法

出纳应将每笔现金收支业务及时登记到银行存款日记账中。登记时，根据复核无误的收、付款凭证，按账簿登记的要求，使用蓝、黑色钢笔或签字笔逐笔、序时、连续地进行登记，不得跳行、跳页。

一般而言，银行存款日记账上的“日期”“摘要”“借方金额（或增加金额）”“贷方金额（或减少金额）”“余额”为必填项。

（1）“日期”栏：栏中填入业务发生的日期。

（2）“摘要”栏：摘要不能过于简略，应以能够清楚地表述业务内容为度，便于事后查对。

（3）“借方金额（或增加金额）”栏：登记库存现金增加的金额。

（4）“贷方金额（或减少金额）”栏：登记库存现金减少的金额。

（5）“余额”栏：表示库存现金的余额，应根据“本日余额 = 上日余额 + 本日收入 - 本日支出”的公式来计算填列。

（6）日记账首行和末行填写：每一页登记完后，必须按规定结转下页。结转时，应根据“承前页”的借方加上本页的借方发生数，得出“过次页”的借方金额，同理计算“过次页”的贷方金额，并算出余额，写在本页最后一行，并在摘要注明“过次页”。“承前页”的金额可以直接根据上页的“过次页”金额填写，并在摘要栏注明“承前页”字样。

具体登记如图 6-8 所示。

开户行：工商银行北京燕莎东支行

账　号：16050501040002541

银行存款日记账

第 20 页

2019 年		凭证		票据号数	摘要	借方（亿千百十万千百十元角分）	贷方（亿千百十万千百十元角分）	余额（亿千百十万千百十元角分）	核对
月	日	种类	号数						
11	01				承前页			100200000	v
11	01	记	1		存现	5000000		105200000	v
11	01	记	2		支付劳保用品款		300000	104900000	v
11	01	记	3		收到张三货款	10000000		114900000	v
11	01	记	4		存现		10000000	104900000	v
11	01				本日合计	15000000	10300000	104900000	
11	10	记	5		支付办公用品采购款		500000	104400000	v
11	10	记	6		发放工资		3200000	101200000	v
11	10				本日合计		3700000	101200000	
11	20	记	7		报销差旅费退回款项	100000		101300000	v
11	20	记	8		招待山东刘总		200000	101100000	v
11	20	记	9		招待河北孙总		100000	101000000	v
11	20				本日合计	100000	300000	101000000	
11	30	记	10		交水费		50000	100950000	v
11	30	记	11		预存电费		300000	100650000	v
11	30	记	12		交物业费		500000	100150000	v
11	30				本日合计		850000	100150000	
11	30				本月合计	15100000	15150000	100150000	
11	30				本年累计	315100000	315150000	100150000	
11	30				过次页			150000	

图6-8　银行存款日记账的正确登记

（二）差错更正

登记发生错误时，必须按规定方法更正，严禁刮、擦、挖、补或使用化学药物清除字迹。发现差错，必须根据差错的具体情况采用划线更正、红字更正、补充登记等方法更正。出纳在登记账簿时，填写的文字、数字不能超过行高的二分之一，以备登记错误时可以进行修改操作。

（三）银行存款日记账的保管

出纳登记完银行存款日记账后，应及时将账簿放到抽屉保管。除配合企业内外部查账、稽核等事项外，现金日记账一律不得外借，以防止财务信息泄露。

二、单据移交

出纳付款的凭证是付款的证明，对出纳而言，这些凭证就跟现金一样，一旦丢失，如果没办法补办，那就很可能要自己承担相应金额的赔偿责任。为了减少因丢失凭证而发生的损失，降低赔偿风险，出纳应及时把相关的付款凭证交接给会计。

为了分清责任，出纳应在交接时编制一式两联的单据交接表，记录交接单据的信息。交接表的表格可以根据公司的要求进行设置，必须涵盖当日的收支业务及金额。对于每天收支比较多的单位，出纳每天均需编制出纳日报，即将当日的现金收支情况、银行存款收支情况进行详细的说明，也有单位用出纳日报来代替交接表。但是出纳在将凭证交给会计时，必须双方确认签字后移交，以保证权责分明。交接完毕，出纳应妥善保管交接表。

第三节　结　账

结账，是在把一定时期内发生的全部经济业务登记入账的基础上，计算并记录本期发生额和期末余额。《会计基础工作规范》规定的结账程序及方法如下：

（1）结账前，必须将本期内所发生的各项经济业务全部登记入账。

（2）结账时，应当结出每个账户的期末余额。需要结出当月发生额的，应当在“摘要”栏内注明“本月合计”字样，并在下面通栏划单红线；需要结出本年累计发生额的，应当在“摘要”栏内注明“本年累计”字样，并在下面通栏划单红线。12 月末的“本年累计”就是全年累计发生额，全年累计发生额下应当通栏划双红线，年度终了结账时，所有总账账户都应当结出全年发生额和年末余额。

（3）年度终了，要把各账户的余额结转到下一会计年度，并在“摘要”栏注明“结转下年”字样；在下一会计年度新建有关会计账簿的“第一余额”栏内填写上年结转的余额，并在“摘要”栏注明“上年结转”字样。

现金日记账月结账如图 6-9 所示。

现金日记账

第 20 页

2019 年 月	日	凭证 种类	号数	摘要	借方	贷方	余额	核对
1	01			上年结转			200000	v
1	01	记	1	取现	5000000		5200000	v
1	01	记	2	招待山西王总		300000	4900000	v
1	01	记	3	收到客户款项	10000000		14900000	v
1	01	记	4	存现		10000000	4900000	v
				……				
1	31			本月合计	15000000	10300000	4900000	
8	10	记	1	孙亮借出差备用金		500000	4400000	v
8	10	记	2	购买办公用品		200000	4200000	v
				……				
8	31			本月合计		700000	4200000	
12	20	记	1	报销差旅费退回款项	100000		4300000	v
12	20	记	2	招待山东刘总		200000	4100000	v
12	20	记	3	招待河北孙总		100000	4000000	v
12	20			本日合计	100000	300000	4000000	
12	30	记	4	交水费		50000	3950000	v
12	30	记	5	预存电费		300000	3650000	v
12	30	记	6	交物业费		500000	3150000	v
12	30			本日合计		850000	3150000	
12	31			本月合计	15100000	12150000	3150000	
12	31			本年累计	315100000	312150000	3150000	
12	31			结转下年			3150000	

图6-9　现金日记账月结账

第四节　资金日报表的编制

资金报表能反映企业在一段时间内包含现金、银行存款等形式下所有资金收付的总体情况。出纳人员除登记每天的收支流水账外，月末还要总结本月的工作成果，其中之一便是资金报表。因此，编制并提供资金报告是出纳的又一项必不可少的重要工作。

一、资金报表的格式

资金报表主要是为了反映一段时期内企业资金的收支、结余等实用情况，及时准确地编制资金报表能为管理层经营决策提供依据。

资金报表应当包括“编制单位”“编制期间”“资金来源”“收支项目”等，其中“资金来源”主要包括现金和银行存款项目，收支项目包括上期结余数、本期收入项目、本期支出项目、本期资金结余数，如图 6–10 所示。

资金报表

编制单位：　　　　　　期间：　　　　　　编制日期：

资金来源 收支项目	资金合计	建设银行华强支行	库存现金	备注
上期结余数				
收入项目				
销售收入款				
个人偿还借款				
银行贷款				
其他收入				
本期收入合计				
支出项目				
支付材料款				
日常费用				
支付工资				
偿还贷款				
设备款				
支付税款				
其他支出				
本期支出合计				
本期资金结余				

图6–10　资金报表

二、资金报表的编制方法

编制时间：通常情况下，出纳报告单的报告期可与本单位总账会计汇总记账的周期相一致。例如，本单位总账 10 天一汇总，则出纳报告单 10 天编制一次。如果单位内部管理需要或者单位货币收支数量较大，那么出纳报告单就可以根据现金和银行存款的情况每日一报。

出纳报告单填写说明：

（1）期初余额，是指报告期前一期的期末结存数，即本期报告期前一天的账面结存金额，也是上一期出报告单的“本期结存”数字。

（2）本期收入，应按相关账面本期合计借方数字填列。

（3）本期支出，应按账面本期合计贷方数字填列。

（4）期末余额，是指本期期末账面结存数字，其数额为“上期结存 + 本期收入 - 本期支出”。期末余额必须与账面实际结存数一致。

（5）备注是对相关项目一些特殊情况的说明，如银行存款中的未达账项、债券的到期日期等。

需要注意的是，出纳报告单上的内容必须与出纳日记账等有关明细账和备查账簿的内容相符，以保证出纳信息的真实、准确和完整。

三、核对数据的准确性

出纳编制完资金报表，一定要保证其准确性，所以在编制完成后还要进行校验，具体方法是：将库存现金收入合计数与同一时段的现金日记账借方合计数比较，库存现金支出合计数与同一时段的现金日记账贷方合计数比对，期末余额与同一时段现金日记账的余额比对，而且还需将现金余额与实际现金比对。同样，银行存款合计数与银行存款日记账比对，其操作方式与现金一样。

新手会计岗位实训

——出纳工作业务册

杨 南 主编

黄河水利出版社

· 郑州 ·

图书在版编目（CIP）数据

新手会计岗位实训.2，出纳工作业务册／杨南主编. 郑州：黄河水利出版社，2020.10
ISBN 978－7－5509－2817－6

Ⅰ.①新… Ⅱ.①杨… Ⅲ.①出纳-会计实务 Ⅳ. ①F230

中国版本图书馆CIP数据核字（2020）第181324号

策划编辑：张倩　　电话：0371-66026755　　QQ：995858488

出 版 社：黄河水利出版社　　网址：www.yrcp.com
地址：河南省郑州市顺河路黄委会综合楼14层　　邮编：450003
发行单位：黄河水利出版社
发行部电话：0371－66026940、66020550、66028024、66022620（传真）
E-mail：hhslcbs@126.com
承印单位：河南匠心印刷有限公司
开本：787 mm×1 092 mm　1／16
印张：5.5
字数：81千字　　印数：1—1 000
版次：2020年10月第1版　　印次：2020年10月第1次印刷

定价（全三册）：198.00元

前 言

出纳是按照有关规定和制度，办理本单位的现金收付、银行结算及有关账务、保管库存现金、有价证券、财务印章及有关票据等工作的总称。从广义上讲，只要是票据、货币资金和有价证券的收付、保管、核算，就都属于出纳。狭义的出纳则仅指各单位会计部门专设出纳岗位或人员的各项工作。

出纳是随着货币及货币兑换业的出现而产生的，所谓“出”即支出、付出；而“纳”即收入。具体地讲，出纳工作是管理货币资金、票据、有价证券进进出出的一项工作。出纳的最基本职能是收付职能。企业经营活动少不了货物价款的收付、往来款项的收付，也少不了各种有价证券以及金融业务往来的办理。这些业务往来的现金、票据和金融证券的收付和办理，以及银行存款收付业务的办理，都必须经过出纳人员之手。出纳工作越来越重要，只有做好出纳，才能为整个会计工作的良性发展提供必要的支持。出纳工作质量的好坏直接影响单位财务管理水平和单位经营决策。出纳是否合理安排、调度资金，是否能及时准确地提供单位的货币资金活动信息；是否能保证货币资金的安全与完整，这些都会对单位的会计核算和经营管理产生重要影响。但是面对复杂的票据、大笔的资金及烦琐的对账业务，如：如何对账；收到货款如何开票；怎样开具支票；什么是日清月结，如何进行；什么是短款、长款，出现了短款、长款如何处理；怎样辨别钱的真假，收到假钱怎样处理等，这些都是出纳现实中无法回避的问题，新入职的出纳可能会感到晕头转向。

为了使新手出纳尽快地了解出纳工作、热爱出纳工作，逐步胜任出纳这一重要岗位，我们编写了本书。本书图文并茂地诠释了出纳岗位所涉及的工作内容，配备了大量的票样与案例，具有很强的可读性、实用性和操作性。由理论到实践，力求以最短的时间使新手出纳人员掌握该岗位的核心账务处理与核算方法，快速提升其专业技能，轻松驾驭出纳岗位。本书是依据《企业会计准则》及相关法规并参考相关书籍编制而成。限于我们的水平，书中难免有疏漏或不当之处，敬请广大读者批评指正。

会计实操研发中心

目　录

一、出纳工作导图 …………………………………………………… (1)
二、岗前准备 ………………………………………………………… (1)
准备 01　了解企业的基本信息 ……………………………………… (1)
准备 02　了解出纳岗位任职条件、职责权限和相关制度 ………… (5)
准备 03　出纳工作交接 …………………………………………… (11)
三、出纳实训业务 …………………………………………………… (13)
业务 01　收到归还现金借款 ……………………………………… (13)
业务 02　报销广告费 ……………………………………………… (13)
业务 03　收客户预交定金 ………………………………………… (14)
业务 04　提取备用金 ……………………………………………… (16)
业务 05　零星销售款存现 ………………………………………… (17)
业务 06　出差预借差旅费 ………………………………………… (18)
业务 07　报销业务招待费 ………………………………………… (19)
业务 08　员工报销购买凭证打印纸 ……………………………… (20)
业务 09　支付材料款 ……………………………………………… (21)
业务 10　收到客户转账支票 ……………………………………… (23)
业务 11　取得银行承兑汇票一张 ………………………………… (24)
业务 12　登记日记账 ……………………………………………… (25)
业务 13　用银行承兑汇票支付购货款 …………………………… (26)
业务 14　收到电子银行承兑汇票一张 …………………………… (28)
业务 15　申请开具银行承兑汇票并支付采购款 ………………… (29)
业务 16　银行承兑汇票办理托收 ………………………………… (32)
业务 17　报销差旅费并交回多余现金 …………………………… (35)
业务 18　支付采购款 ……………………………………………… (39)
业务 19　支付员工工资 …………………………………………… (39)
业务 20　支付专家顾问费 ………………………………………… (41)
业务 21　支付跨行采购款 ………………………………………… (41)
业务 22　支付采购款 ……………………………………………… (42)
业务 23　支付劳务费 ……………………………………………… (43)
业务 24　登记银行存款日记账 …………………………………… (44)
业务 25　查询打印单 ……………………………………………… (45)

业务 26　库存现金盘点 …………………………………………………………（45）
业务 27　库存现金盘亏处理 ……………………………………………………（46）

一、出纳工作导图

出纳岗位是财务工作的起点，是技能性较强的岗位。出纳人员每天要处理大量的经济业务，协调各方面的关系，如何才能迅速上岗同时提高工作效率呢？

这就需要一个合理有效的工作流程，使出纳工作有条不紊的进行。本手册取自企业的真实业务，模拟实务中的日常工作，通过实训学习满足学员迅速上岗的需要。

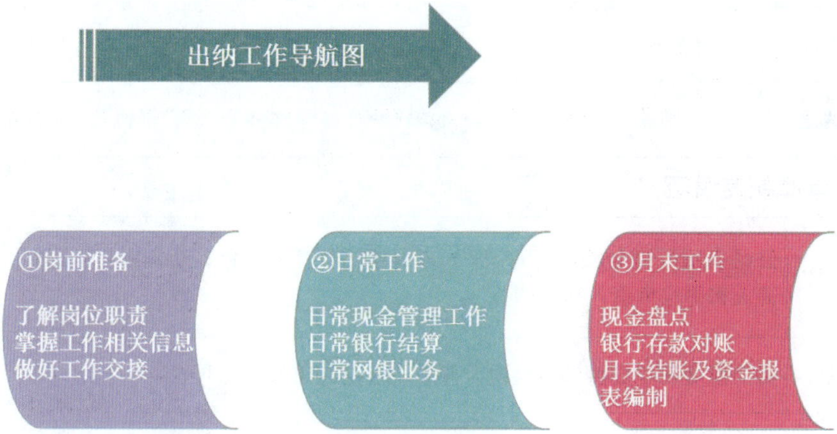

二、岗前准备

出纳正式上岗前必须做好岗前准备，包括了解岗位的基本职责，掌握与工作相关的财务与非财务信息，并与原出纳做好工作交接，以保障工作的有效运行。

准备01　了解企业的基本信息

企业的基本信息有公司基本资料、审批制度说明、公司组织架构等。

（一）公司基本资料

企业全称	广州锐制阀门制造有限公司
公司地址	广州市天河区龙口中路150号
统一社会信用代码	91440101MA32PN013E
联系电话	020-66291116
开户银行（基本户）	中国工商银行广州市龙口路支行 3602001129120357104

开户银行（临时户）	工商银行广州市龙口路支行 3602001129120357001				
开户行账号（一般户）	中国农业银行广州市龙口路支行 44076001040006246				
法定代表人	李凯				
财务主管	何欣				
会　计	王莉				
出纳员	张军	身份证号	4401**********6582	发证机关	广州市公安局

（二）审批制度说明

费用报销审批	公司费用报销金额在1万元以下的由部门负责人审批；金额在1万元以上的由部门负责人和单位负责人同时审批
预支款审批	员工预支款需要由部门负责人和单位负责人审批
公司付款审批	公司给供货商支付货款，金额在1万元以下的由财务负责人审批；金额在1万元以上的由财务负责人和单位负责人同时审批

（三）公司组织架构

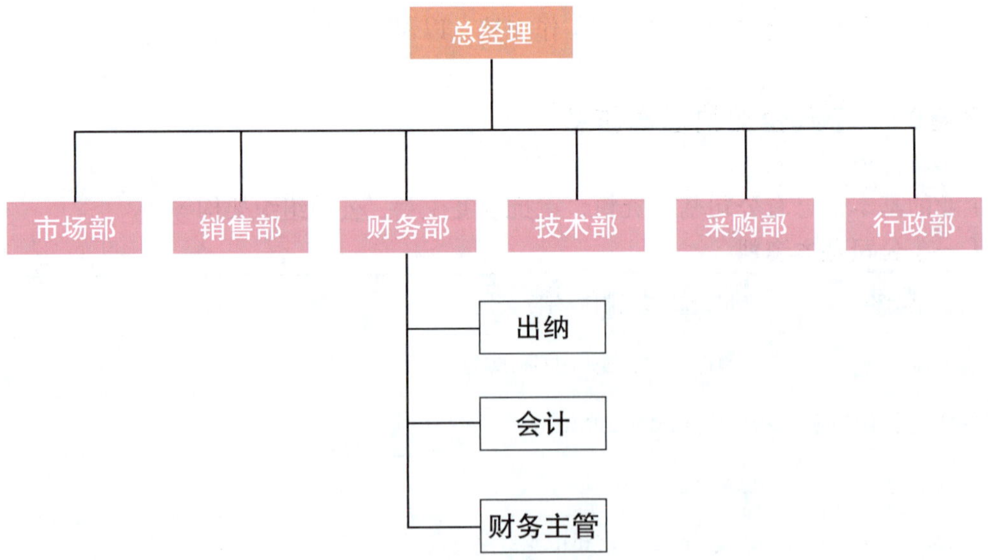

（四）部分员工任职部门

财务部	销售部	技术部	市场部
张军	王芳	张志	王明新
王莉	张强	张磊（部门经理）	钱江
何欣	王强	李楠	

（五）预留银行印鉴

教学专用　　ICBC 中国工商银行（　　　　）分行　　**预留印鉴**

中国工商银行股份有限公司龙口路 支行　　NO：440101225888

户　　名	广州锐制阀门制造有限公司			账 号	3602001129120357104
办公地址	广州市天河区龙口中路150号				
业务类型	基本户　☑开户　☐变更		币 种	☑人民币　☐美元　☐港币　☐其他（　　　）	
联 系 人	李 凯	电 话	020-66291116	手 机	15888888888
联 系 人	张 军	电 话	020-66291116	手 机	18268666666
启用日期	2019 年 3 月 20 日			注销日期	年　月　日
公章或财务章 广州锐制阀门制造有限公司 财务专用章		个人签章 李凯印		开户受理员：李天宇 开户经办员：张天成 审核员：王旺旺 变更经办员： 审核员： 建档操作员： 建档审核员：	

声明与承诺：我单位向贵行提供以上（　　）枚章的预留印鉴，均真实有效，贵行凭上述公章或财务章之印鉴及个人鉴章之印鉴即可为我单位办理相关业务（开户协议等另有约定的除外）。凡使用与上述有效印鉴样式相符之印鉴办理的业务，均有我单位承担全部法律后果和责任。

法定代表人（负责人）或授权代理人签名确认启用印鉴： 李凯　　**2019 年 3 月 20 日**

提示：为方便您日后办理结算业务，请清晰居中盖章。　　条码区：

（六）营业执照

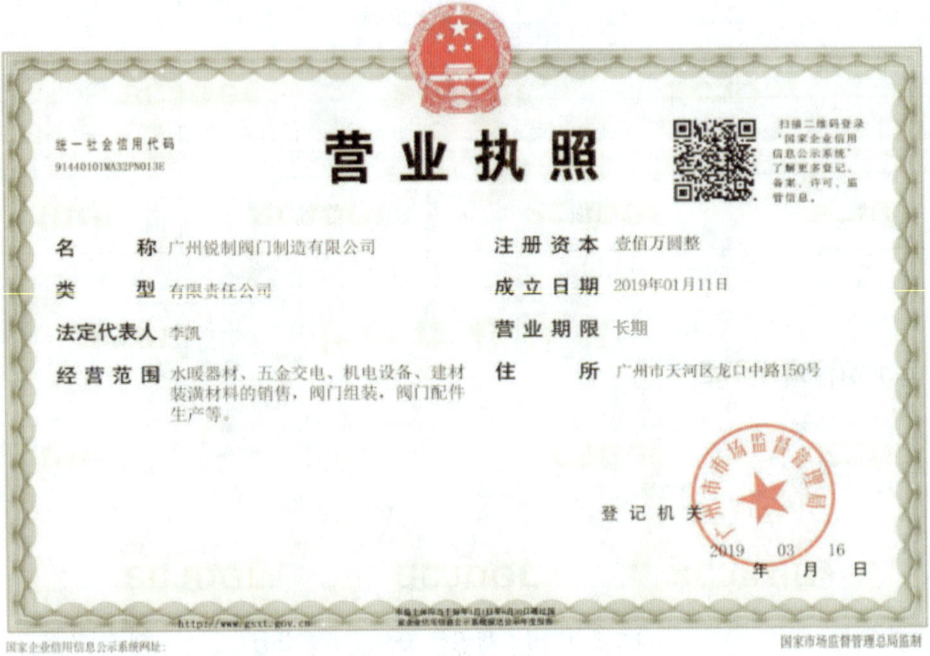

统一社会信用代码
91440101MA32PN013E

营业执照

扫描二维码登录"国家企业信用信息公示系统"了解更多登记、备案、许可、监管信息。

名　　称 广州锐制阀门制造有限公司
注册资本 壹佰万圆整
类　　型 有限责任公司
成立日期 2019年01月11日
法定代表人 李凯
营业期限 长期
经营范围 水暖器材、五金交电、机电设备、建材装潢材料的销售，阀门组装，阀门配件生产等。
住　　所 广州市天河区龙口中路150号

登记机关
2019年03月16日

国家企业信用信息公示系统网址：http://www.gsxt.gov.cn
国家市场监督管理总局监制

（七）信息公示平台查询结果图

国家企业信用信息公示系统
National Enterprise Credit Information Publicity System

企业信用信息 | 经营异常名录 | 严重违法失信企业名单

请输入企业名称、统一社会信用代码或注册号

广州锐制阀门制造有限公司 存续（在营、开业、在册）

统一社会信用代码： 91440101MA32PN013E
法定代表人： 李凯
登记机关： 广州市市场监督管理局白云区分局
成立日期： 2019年01月01日

发送报告 | 信息分享 | 信息打印

基础信息 | 行政许可信息 | 行政处罚信息 | 列入经营异常名录信息 | 列入严重违法失信企业名单（黑名单）信息

营业执照信息

- 统一社会信用代码： 91440101MA32PN013E
- 企业名称： 广州锐制阀门制造有限公司
- 类型： 有限责任公司
- 法定代表人： 李凯
- 注册资本： 100.000000万
- 成立日期： 2019年01月11日
- 营业期限自： 2019年01月11日
- 营业期限至：
- 登记机关： 广州市市场监督管理局白云区分局
- 核准日期： 2019年03月16日
- 登记状态： 存续（在营、开业、在册）
- 住所： 广州市天河区龙口中路150号
- 经营范围： 水暖器材、五金交电、机电设备、建材、装潢材料的销售，阀门组装，阀门配件生产等。

准备02　了解出纳岗位任职条件、职责权限和相关制度

出纳工作的基本信息有出纳岗位任职条件，出纳岗位职责、出纳工作制度等。

出纳岗位任职条件

1. 会计、财务等相关专业，大专以上学历，有会计资格证书；

2. 了解国家财经政策和会计、税务法规，熟悉银行结算业务；

3. 熟练使用各种财务工具和办公软件，电脑操作熟练，有较强的责任心，有良好的职业操守，作风严谨；

4. 善于处理流程性事务、良好的学习能力、独立工作能力和财务分析能力；

5. 工作细致，责任感强，良好的沟通能力、团队精神。

出纳岗位职责

1. 严格执行库存现金管理制度和银行结算制度。

2. 办理库存现金收支业务、银行业务、其他货币资金结算和清算业务等。

3. 负责登记库存现金、银行存款日记账，并编制日报表。

4. 负责保管有关票证、印章和其他贵重物品。

5. 维护财经纪律，执行财务会计制度，抵制不合法的收支。

6. 按照支付结算要求进行网银的支付操作。

出纳工作制度

1. 出纳人员应每天清理库存金额，不得超过银行核定的限额，超出的部分应及时送缴银行；不准违反库存现金管理规定，如“坐支”“白条抵库”“签发空头支票”等。

2. 办理现金收付，审核审批有据。严格按照国家有关现金管理制度规定，根据稽核人员审核签章的收付款凭证进行复核，办理款项收付。对于重大的开支项目，必须经过会计主管人员、单位领导审核签章，方可办理。收付款后，要在收付款凭证上签章，并加盖“收讫”“付讫”戳记。

3. 认真登日记账，保证日清月结。根据已经办理完毕的收付款凭证，逐笔顺序登记现金和银行存款日记账，并结出余额。银行的账面余额要及时与银行对账单核对。

4. 月末要编制银行存款余额调节表，使账面余额与对账单上余额调节相符。对于未达账项，要及时查询，要随时掌握银行存款余额。

5. 保管有关印章，登记注销支票。出纳人员所管的印章必须妥善保管，严格按照规定用途使用，但签发支票的各种印章，不得全部交由出纳一人保管，对于空白收据和空白支票必须严格管理，专设登记簿登记，认真办理领用注销手续。

6. 出纳人员对于违法的收支不予受理，而应当制止和纠正；制止和纠正无效的，应及时汇报给单位领导人。出纳人员对违法的收支不予制止和纠正，并不向单位领导汇报的，也应承担相应的责任。

现金管理制度

1. 凡不属于国家库存现金结算范围的支出，一律不准使用库存现金结算，必须通过银行办理转账结算。

2. 库存现金限额是由银行核定的，其依据一般是企业3~5天的正常开支需要量，远离银行机构或交通不便的企业可以依据情况适当放宽但最高不超过15天的开支需要量。

3. 企业库存现金收入应于当日送存银行，当日送存如有困难，由开户银行确定送存时间。

4. 企业支付库存现金，可从企业库存现金限额中支付或从开户银行中提取，不得从本企业的库存现金收入中直接支付；因特殊情况需要坐支库存现金，应事先提出限额和用途，报请开户银行核定，并在事后将坐支情况通知银行。

5. 企业在规定范围内从银行提取库存现金应当写明用途，由本企业会计部门负责人签字盖章，开出库存现金支票，经银行审核后予以支付。

6. 企业因采购地点不固定、交通不便以及其他特殊情况必须使用库存现金的，应向银行提出申请，经银行审核后予以支付。

7. 钱账分管制度。出纳人员不得兼管稽核、会计档案保管和收入、费用、债权债务账目的登记工作。

8. 库存现金开支、保管要严格按照相关制度进行。

9. 超过库存限额以外的现金应在下班前送存银行。

10. 为加强对现金的管理，除工作时间需要的少量备用金可放在出纳人员的抽屉内外，其余则应放入出纳专用的保险柜内，不得随意存放。

11. 限额内的库存现金当日核对清楚后，一律放在保险柜内并按规定时间送存银行。

12. 库存现金的纸币和铸币，应实行分类保管。出纳人员应对库存票币分别按照纸币的票面金额和铸币的币面金额以及整数（大数）和零数（小数）分类保管。

印章管理制度

1. 印章保管人员必须切实负责，不得随意放置或转交他人。

2. 如因事离开岗位需要移交他人的，可由部门负责人指定专人负责。但必须办理移交手续，并填写“移交登记表”。

3. 为保证资金的绝对安全，财务专用章、公章、法定代表人私章等银行预留印鉴由两人以上分开保管监督使用。

4. 银行预留印鉴章为财务专用章和法人章，财务专用章由财务经理保管，法人章由总经理保管。

5. 未经批准，不得在空白文件上加盖公司印章。

6. 除特殊情况，不准携带印章外出或外借。

准备03 出纳工作交接

任务分析：出纳工作交接是保证出纳账目清晰、出纳工作连续以及分清责任的一项重要工作，应按照规定认真进行账目核对、财产清点等工作。

2020 年 8 月 20 日，广州锐制阀门制造有限公司原出纳员杨梦琪，因工作调动，财务处已决定将出纳工作移交给张军接管。交接工作过程如下：

在 8 月 20 日前，原出纳杨梦琪将已经受理的出纳业务办理完毕，将尚未登记的账目登记完毕，并在最后一笔余额后签字。整理应该移交的各项资料，对未了事项写出书面材料。将需要交接的资料及物品进行了清理，并填列了移交清单，如下表所示：

移交清单

序号	项目		单位	移交金额（数量）	备注
1	现金日记账		1本	账面余额4350元，与实际相符	
2	银行存款日记账（基本户）	工商银行广州市龙口路支行3602001129120357104	1本	账面余额1500000元	编制银行存款余额调节表后，账实相符
3	银行存款日记账（临时户）	工商银行广州市龙口路支行3602001129120357001	1本	账面余额36500元	编制银行存款余额调节表后，账实相符
4	银行存款日记账（一般户）	农业银行广州市龙口路支行44076001040006246	1本	账面余额1840000元	编制银行存款余额调节表后，账实相符
5	保险柜		个	1	
6	文件柜两个		个	2	
7	点钞机		台	1	
8	计算器		个	1	
9	财务专用章		枚	1	
10	现金收讫章		枚	1	
11	现金付讫章		枚	1	
12	支票领用登记簿		本	2	
13	（工行）空白转账支票	1020411204042047–1020411204042050	张	4	
14	（工行）空白现金支票	1020311020484652–1020311020484661	张	10	
15	（农行）空白转账支票	1030424504043014–1030424504043023	张	10	
16	空白收据	201900351–201900400	本	1	
17	在用收据	201900301–201900350	本	1	已开到201900343
18	印鉴卡片		张	1	

移交人：杨梦琪　　　　接管人：张军　　　　监交人：何欣

交接情况说明书

原出纳杨梦琪，因工作调动，财务处已决定将出纳工作交给张军接管。现办理如下交接：

一、交接日期：2020 年 8 月 19 日。

二、具体业务的移交：1. 现金收付业务；2. 银行存款收付业务；3. 资金核算业务；4. 保管现金；5. 保管印鉴和各种票据。

三、移交的会计凭证、账簿、文件如下：

1. 现金日记账一本，2020 年 8 月 19 日账面余额 4350 元，与实际相符。

2. 银行存款日记账三本。

工商银行广州市龙口路支行（基本户）3602001129120357104，2020 年 8 月 19 日账面余额 1500000 元，编制银行存款余额调节表后，账实相符。

工商银行广州市龙口路支行（临时户）3602001129120357001，2020 年 8 月 19 日账面余额 36500 元，编制银行存款余额调节表后，账实相符。

农业银行广州市龙口路支行（一般户）44076001040006246，2020 年 8 月 19 日账面余额 1840000 元，编制银行存款余额调节表后，账实相符。

3. 支票领用登记簿两本。

4.（工行）空白转账支票 4 张：1020411204042047-1020411204042050。

5.（工行）空白现金支票 10 张：1020331020484652-1020331020484661。

6.（农行）空白转账支票 10 张：1030424504043014-1030424504043023。

7. 空白收据 1 本：201900351-201900400。

8. 在用收据 10 本：201900301-201900350（已开到 201900343）。

四、印鉴：财务专用章 1 枚、现金收讫章 1 枚、现金付讫章 1 枚、印鉴卡片 1 张。

五、其他物品移交：保险柜 1 个、文件柜 2 个、点钞机 1 台、计算器 1 个。

六、交接前后工作责任的划分：2020 年 8 月 20 日及之前的出纳责任事项由杨梦琪负责；2020 年 8 月 20 日后的出纳工作由张军负责。以上移交事项均经交接双方认定无误。

七、本交接书一式三份，双方各执一份，存档一份。

移交人（签名或盖章）：杨梦琪

接管人（签名或盖章）：张军

监交人（签名或盖章）：何欣

广州锐制阀门制造有限公司 财务专用章

广州锐制阀门制造有限公司财务部

三、出纳实训业务

◆业务01◆　收到归还现金借款

2020 年 9 月 1 日，员工李楠归还现金借款 1000 元。

步骤一：出纳员张军填写一式三联的收款收据。

步骤二：出纳员张军在收款收据各联次上盖公司财务章。

步骤三：出纳员张军把盖章的收据联交对方，会计联再加盖现金收讫章交给会计记账。

1-1

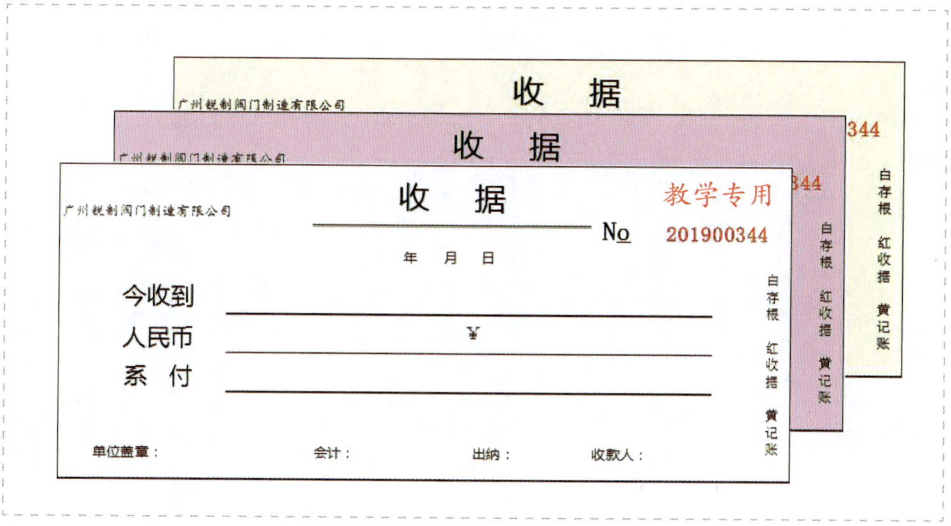

广州锐制阀门制造有限公司

收　据

教学专用

No 201900344

年　月　日

今收到

人民币　¥

系　付

单位盖章：　会计：　出纳：　收款人：

白存根　红收据　黄记账

◆业务02◆　报销广告费

2020 年 9 月 1 日，销售部王芳报销广告费 900 元，以现金支付。

步骤一：出纳员张军审核王芳已填写并经各部门负责人签字的费用报销单。

步骤二：出纳员张军盖章（现金付讫）并付款。

2–1

教学专用

044011901304 广东增值税普通发票 No 58970251 044011901304 58970251

发票联

机器编号：928805152362 开票日期：2020年09月01日

购买方	名　　称：广州锐制阀门制造有限公司 纳税人识别号：91440101MA32PN013E 地 址、电 话：广州市天河区龙口中路150号020-66291116 开户行及账号：中国工商银行广州市龙口路支行3602001129120357104	密码区：>*06 04/52/+90*+80 99>3795 039>7/1062<><**13+7>71*< 4</-21<+82018<30031-+55+7 *69>90/04/52/+90*+80 99

货物或应税劳务、服务名称	规格型号	单位	数量	单价	金额	税率	税额
*广告服务费*广告费		次	1	873.79	873.79	3%	26.21
合　计					¥873.79		¥26.21
价税合计（大写）	⊗玖佰元整				（小写）¥900.00		

销售方	名　　称：广州荣俊广告有限公司 纳税人识别号：91110105457891488J 地 址、电 话：广州天河黄埔大道259号9-101 开户行及账号：农业银行白云支行同和分理处 160505010400005356	备注：校验码：10295 21105 19233 69887

收款人：孙芳　　复核：李磊　　开票人：孙芳　　销售方：（章）

第二联：发票联 购买方记账凭证

2–2

广州锐制阀门制造有限公司

教学专用

费　用　报　销　单

2020年 09 月 01 日

报销部门	销售部		经办人	王芳	附单据 1 张	
事由用途	报销广告费					
报销金额	人民币玖佰元整				（小写）	¥900.00
审核	同意 张强	财务负责人审批意见	同意 何欣	费用归类项目	单据张数	金额
				广告费	1	¥900.00

部门负责人：张强　　财务审核：王莉　　报销人：王芳

◆业务03◆　收客户预交定金

2020 年 9 月 1 日，出纳当日收到个人客户预交 3000 元的定金。

步骤一：根据销售合同填写《收款收据》。

步骤二：出纳在《收款收据》各联次盖财务章。

步骤三：出纳把《收款收据》联交给对方，记账联加盖现金收讫章并交会计记账。

3–1

教学专用

销 售 合 同

甲方：广州锐制制造有限公司

地址、电话：广州市天河区龙口中路150号 020-66291116

乙方：王志

甲、乙双方经友好协商，以自愿、平等互利为原则，根据《中华人民共和国合同法》，达成如下协议：

一、双方权利和义务

1. 甲方是产品的供应商，乙方是经销商。

2. 乙方作为甲方的经销商，应尽经销商的责任，在上述区域按甲方销售策略、销售要求，尽最大努力销售甲方产品。甲方应保证供应足够的货源。

3. 产品的型号由订单、收货单确定，最终以收货单位为准。

二、费用及支付方式

1. 首次付款方式为现金支付，预付订金￥3000.00（大写：人民币叁仟元整）

2. 后续付款方式为转账支付。

三、违约责任

若任何一方违反本合同，即视为违约，给双方造成损失的，应给予损失额的同等赔偿。

…………

六、本合同自签字之日起即发生法律效力，若在履行过程中出现本合同未尽事宜，双方可协商形成补充合同，与本合同具有同等法律效力。

七、本合同一式两份，双方各执一份，双方签字、盖章后生效。

甲方（委托方）盖章　　　　乙方：王志

2020年09月01日　　　　2020年09月01日

3–2

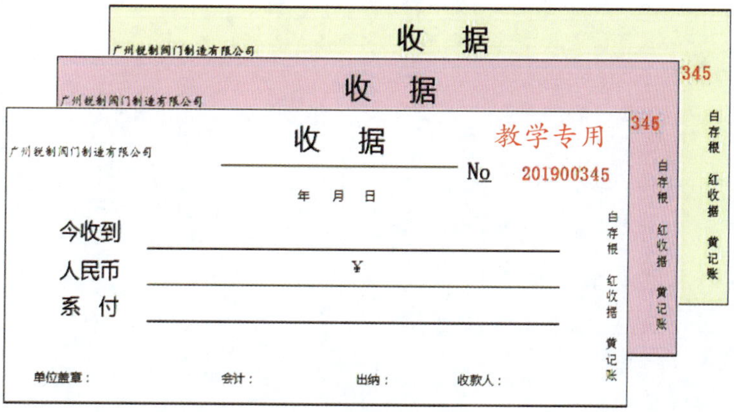

◆业务04◆ 提取备用金

2020 年 9 月 1 日，签发现金支票去银行提取备用金 5000 元。

步骤一：出纳员张军填写现金支票使用登记簿。

步骤二：填写现金支票并加盖银行预留印鉴。

步骤三：现金支票背面加盖本单位的预留印鉴章并填上经办人员（出纳）的身份证号。

辅助资料：

公司名称：广州锐制阀门制造有限公司

公司账户：中国工商银行广州市龙口路支行

账　　号：36020011291 20357104

购入支票号码：1020331020484652-1020331020484661

支票号码：20484652

收 款 人：张军

身份证件名称：身份证

发证机关：广州市公安局

证件号码：4401**********6582

支票密码：5682 1235 4325 2016

4-1

教学专用

（工行）现金支票使用登记簿

日期	购入支票号码	使用支票号码	领用人	金额	用途

4–2

教学专用

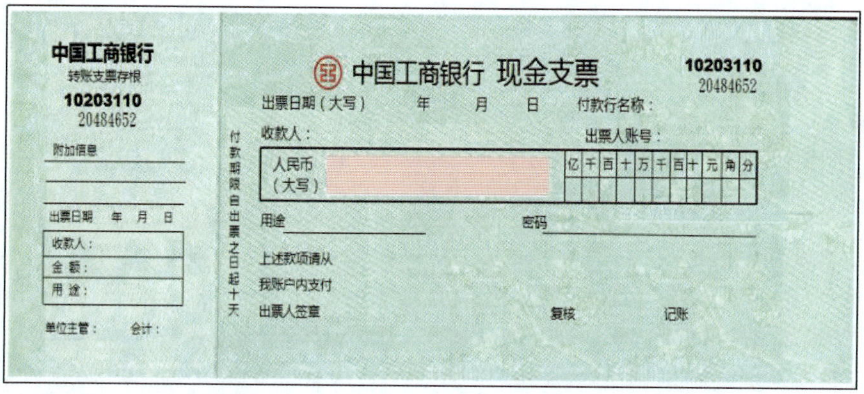
中国工商银行
转账支票存根
10203110
20484652
附加信息
出票日期 年 月 日
收款人：
金 额：
用 途：
单位主管： 会计：

中国工商银行 现金支票 10203110 20484652
出票日期（大写） 年 月 日 付款行名称：
收款人： 出票人账号：
人民币（大写） 亿 千 百 十 万 千 百 十 元 角 分
用途 密码
付款期限自出票之日起十天
上述款项请从
我账户内支付
出票人签章 复核 记账

4–3

教学专用

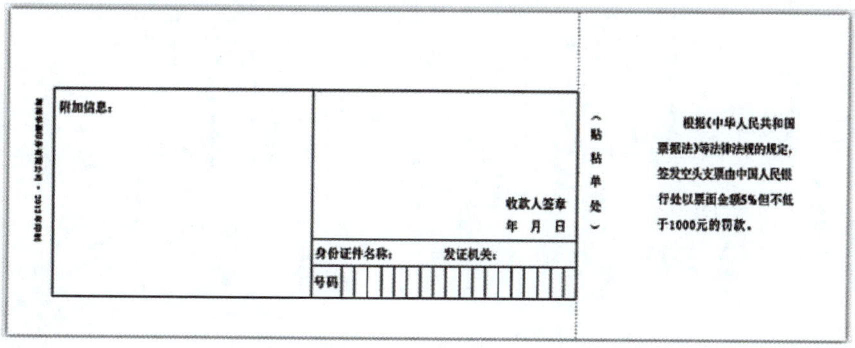
附加信息：
收款人签章
年 月 日
身份证件名称： 发证机关：
号码
（粘贴单处）
根据《中华人民共和国票据法》等法律法规的规定，签发空头支票由中国人民银行处以票面金额5%但不低于1000元的罚款。

◆业务05◆ 零星销售款存现

2020 年 9 月 1 日，出纳员张军将现金（零星销售款）702 元存入银行。其中，100 元面值 6 张、50 元面值 2 张、1 元面值 2 张。步骤：出纳员张军去银行填写现金交款单，办理现金存入。

步骤一：出纳员张军填写一式两联的银行现金存款凭条。

步骤二：审核填制的单子后交付银行。

辅助资料：

公司名称：广州锐制阀门制造有限公司

公司账户：中国工商银行广州市龙口路支行 3602001129120357104

5–1

教学专用

ICBC 中国工商银行　　现金存款凭条

日期：　年　月　日

存款人	全称			
	账号		款项来源	
	开户行		交款人	
金额（大写）			金额（小写）	亿 千 百 十 万 千 百 十 元 角 分

票面	张数	十	万	千	百	十	元	票面	张数	千	百	十	元	角	分	备注
壹佰元								伍角								
伍拾元								贰角								
贰拾元								壹角								
拾元								伍分								
伍元								贰分								
贰元								壹分								
壹元								其他								

第一联　银行核对联次

◆业务06◆　出差预借差旅费

2020 年 9 月 1 日，技术部张志出差预借差旅费 3000 元，现金支付。

步骤一：出纳员张军审核借款单，包括借款金额、原因、领导签字等。

步骤二：出纳员张军取出并清点现金，在进行复核后支付。

步骤三：出纳员张军在审核无误的借款单上加盖现金付讫印章。

6–1

教学专用

广州锐制阀门制造有限公司

借款单

所属部门	技术部	借款日期	2020年9月1日	借款人	张志
借款理由	预支出差差旅费				
借款金额（大写）	叁仟元整			（小写）	¥3000.00
公司领导意见	同意　李凯	财务负责人审批意见	同意　何欣	部门经理审批意见	同意　张磊

备注：

财务入账联

◆业务07◆ 报销业务招待费

2020年9月1日，销售部王强报销业务招待费1200元，以现金支付。

步骤一：出纳员张军审核王强已填写并经各部门负责人签字的费用报销单，并进行盖章。

步骤二：出纳员张军审核后据实用现金支付并签现金付讫章。

7-1

广州锐制阀门制造有限公司

教学专用

费 用 报 销 单

2020年 09 月 01 日

报销部门	销售部门		经办人		王强	附单据 2张	
事由用途	业务招待费						
报销金额	人民币壹仟贰佰元整					（小写）	¥1 200.00
审核	张强	财务负责人审批意见	同意 何欣	费用归类项目		单据张数	金额
				业务招待费		2张	¥1 200.00

部门负责人：张强　　财务审核：王莉　　报销人：王强

7-2

教学专用

044011901304　广东增值税普通发票　№ 58970251　044011901304　58970222

发票联

机器编号：28805152362　　开票日期：2020年09月01日

购买方	名称：广州锐制阀门制造有限公司 纳税人识别号：91440101MA32PN013E 地址、电话：广州市天河区龙口中路150号020-66291116 开户行及账号：中国工商银行广州市龙口路支行3602001129120357104						密码区：> * 06 04 / 52 / + 90 * + 80 99 > 3795 039 > 7 / 1062 < > < * * 13 + 7> 71 *< 4 < / - 21 < + 82018 < 30031 - +55+ 7 * 69 > 90 / 04 / 52 / + 90 * + 80 99	
货物或应税劳务、服务名称		规格型号	单位	数量	单价	金额	税率	税额
*餐饮服务*餐费			次	1	1091.26	1091.26	3%	32.74
合计						¥1091.26		¥32.74
价税合计（大写）		⊗壹仟壹佰贰拾肆元整				（小写）¥1124.00		
销售方	名称：广州阿勇美食有限公司 纳税人识别号：91110105457891456D 地址、电话：广州市天河区长椿路020-66191154 开户行及账号：农业银行广州市长椿路支行 160505010400005356					备注：校验码：10295 21105 19235 69887		

第二联：发票联 购买方记账凭证

（印章：全国统一发票监制章 国家税务总局监制）（印章：广州阿勇美食有限公司 91110105457891456D 发票专用章）

收款人：徐光辉　　复核：石婷玉　　开票人：刘雨　　销售方：（章）

7-3

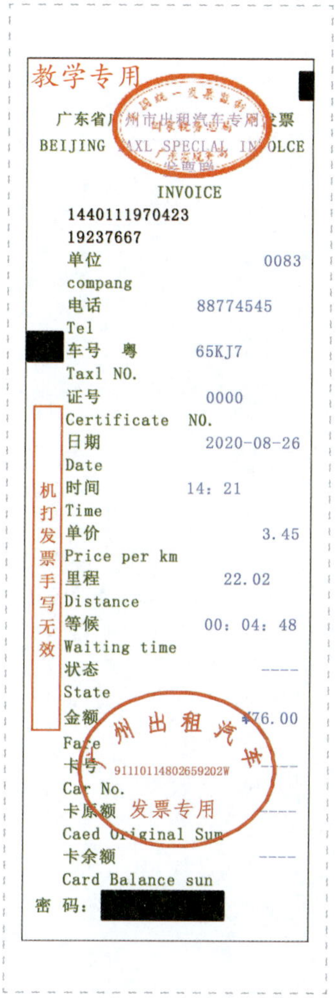

教学专用

广东省广州市出租汽车专用发票

BEIJING TAXL SPECIAL INVOLCE

INVOICE

1440111970423

19237667

单位 0083

compang

电话 88774545

Tel

车号 粤 65KJ7

Taxl NO.

证号 0000

Certificate NO.

日期 2020-08-26

Date

时间 14：21

Time

单价 3.45

Price per km

里程 22.02

Distance

等候 00：04：48

Waiting time

状态 ----

State

金额 ¥76.00

Fare

卡号 ----

Car No.

卡原额 ----

Caed Original Sum

卡余额 ----

Card Balance sun

密 码：[redacted]

机打发票手写无效

广州出租汽车 91110114802659202W 发票专用

◆业务08◆ 员工报销购买凭证打印纸

2020年9月1日，用现金支付方式报销出纳员张军外出购买凭证打印纸的费用565元，并取得发票。

步骤一：出纳员张军根据购买打印纸所取得的发票填写费用报销单，并交由领导审核。

步骤二：出纳员张军报销的费用经财务经理审核并签字后，付款盖章。

8-1

教学专用

4401190013　广东增值税专用发票　№ 58970221　440119013　58970221

发票联

机器编号：928805152321　　开票日期：2020年09月01日

购买方	名　　称：广州锐制阀门制造有限公司 纳税人识别号：91440101MA32PN013E 地 址、电 话：广州市天河区龙口中路150号020-66291116 开户行及账号：中国工商银行广州市龙口路支行3602001129120357104	> * 06 04 / 52 / + 90 * + 80 99 > 3795 039 > 7 / 1062 < > < * * 13 + 7> 71 *< 4 < / - 21 < + 82018 < 30031 - +55+ 7 * 69 > 90 / 04 / 52 / + 90 * + 80 99

货物或应税劳务、服务名称	规格型号	单位	数量	单价	金额	税率	税额
*纸质品*打印纸		包	10	50.00	500.00	13%	65.00
合　计					¥500.00		¥65.00
价税合计（大写）	⊗伍佰陆拾伍元整				（小写）¥565.00		

销售方	名　　称：广州方正纸业有限公司 纳税人识别号：9151010125634516CX 地 址、电 话：广州市中山街24号　020-66191154 开户行及账号：农业银行广州市中山街支行　160505010400005356	校验码：10295 21105 10235 69887

收款人：孙芳　　复核：李磊　　开票人：孙芳　　销售方：（章）

第二联：发票联　购买方记账凭证

（印章：广州方正纸业有限公司 91110105457891456D 发票专用章）

8-2

广州锐制阀门制造有限公司

教学专用

费　用　报　销　单

2020年 09 月 01 日

报销部门	财务部		经办人	张军	附单据 1 张		
事由用途	购买凭证打印纸						
报销金额	人民币伍佰陆拾伍元整				（小写）	¥565.00	
审核		财务负责人审批意见	同意 何欣	费用归类项目	单据张数	金额	
				购买凭证纸		¥565.00	

部门负责人：何欣　　财务审核：王莉　　报销人：张军

◆业务09◆　支付材料款

2020 年 9 月 1 日，出纳员张军开具转账支票给广州圣德金属有限公司，支付材料款 567000 元。

步骤一：出纳员张军填写付款申请单和转账支票使用登记簿。

步骤二：出纳员张军签发转账支票并在正面加盖银行预留印鉴。

步骤三：出纳员张军将签发的转账支票交付给供应商。

辅助资料：

付款公司名称：广州锐制阀门制造有限公司

付款公司账户：中国工商银行广州市龙口路支行 3602001129120357104

购入支票号码：1020411204042047—1020411204042050

支票号码：1020411204042047

支票密码：5432-5532-4685-5966

收款公司名称：广州圣德金属有限公司

开户行及账号：广州市工行黄浦路支行 60702011278945770011

9-1

教学专用

广州锐制阀门制造有限公司

付款申请单

年 月 日

收款单位			付款原因
账 号			
开户银行			
金 额			
附件 张	小 写		
审批		财务主管	

会计： 出纳： 制单：

9-2

教学专用

工行转账支票登记簿

日期	购入支票号	使用支票号码	领用人	金额	用途	备注

9-3

教学专用

中国工商银行
转账支票存根
10204112
04042047
附加信息

出票日期 年 月 日
收款人：
金 额：
用 途：
单位主管： 会计：

中国工商银行 转账支票 10204112 04042047

出票日期（大写） 年 月 日 付款行名称：
收款人： 出票人账号：

付款期限自出票之日起十天

人民币（大写）	亿	千	百	十	万	千	百	十	元	角	分

用途 密码
上述款项请从
我账户内支付
出票人签章 复核 记账

◆业务10◆　收到客户转账支票

2020 年 9 月 1 日，公司收到客户广州隆安机械有限公司签发的金额为 10000 元的转账支票，并办理入账。

步骤一：审核收到的转账支票。

步骤二：出纳在转账支票背面加盖本公司银行预留印鉴。

步骤三：出纳拿着盖好章的转账支票到自己的开户银行填写一式三联的进账单，办理进账。

辅助资料：

付款公司名称：广州隆安机械有限公司

付款行名称：农业银行广州市民主路支行

出票人账号：4407600102100623253

票据号码：1030424504043014

收款公司名称：广州锐制阀门制造有限公司

收款行名称：中国农业银行广州市龙口路支行

收款账号：44076001040006246

10–1

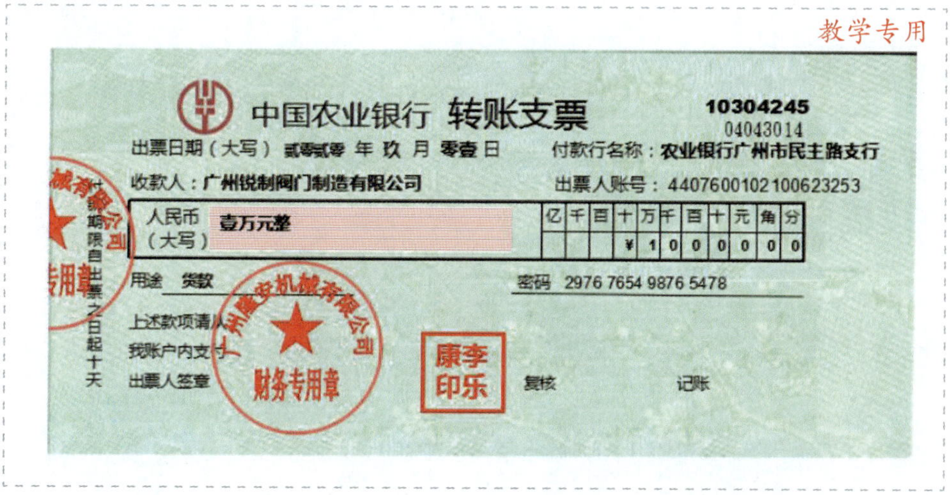
教学专用

中国农业银行　转账支票　10304245 04043014

出票日期（大写）贰零贰零 年 玖 月 零壹 日　付款行名称：农业银行广州市民主路支行

收款人：广州锐制阀门制造有限公司　出票人账号：4407600102100623253

付款期限自出票之日起十天

人民币（大写）	壹万元整	亿	千	百	十	万	千	百	十	元	角	分
					¥	1	0	0	0	0	0	0

用途　货款　密码　2976 7654 9876 5478

上述款项请从我账户内支付

出票人签章　广州隆安机械有限公司 财务专用章　康李印乐

复核　记账

10–2

教学专用

附加信息：	被背书人	被背书人
	背书人签章 年 月 日	背书人签章 年 月 日

（贴粘单处）

根据《中华人民共和国票据法》等法律法规的规定，签发空头支票由中国人民银行处发票面金额5%但不低于1000元的罚款。

10–3

教学专用

中国农业银行 AGRICULTURAL BANK OF CHINA

进账单（回单） 1

年 月 日

出票人	全 称		收款人	全 称	
	账 号			账 号	
	开户银行			开户银行	

金额	人民币（大写）	亿	千	百	十	万	千	百	十	元	角	分

票据种类		票据张数		开户银行签章
票据号码				
复核 记账				

此联是开户银行交给持出票人的回单

◆业务11◆ 取得银行承兑汇票一张

2020年9月1日，公司收到背书转让银行承兑汇票一张，金额为300000元，系郑州锐制阀门制造有限公司偿付前欠货款。

出纳审核收到的银行承兑汇票。

11–1

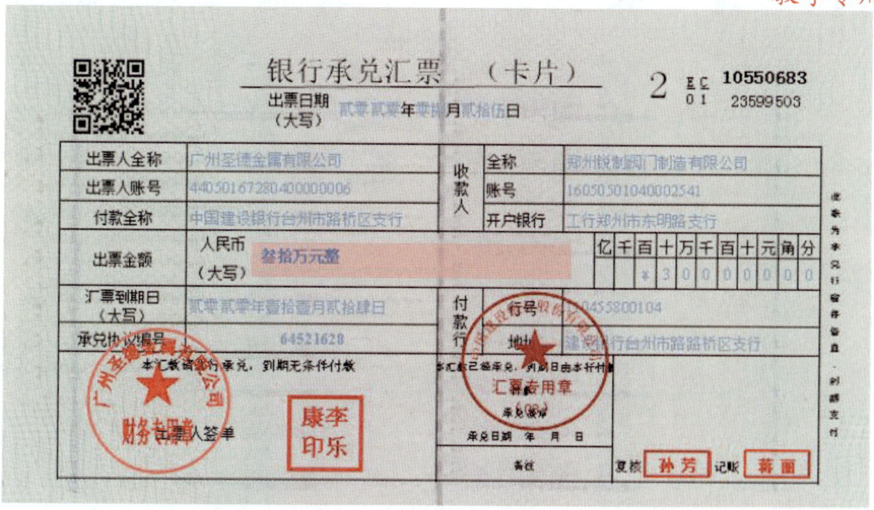
教学专用

银行承兑汇票　（卡片）　2　10550683　23599503

出票日期（大写）贰零贰零年零捌月贰拾伍日

出票人全称	广州圣德金属有限公司	收款人	全称	郑州锐制阀门制造有限公司
出票人账号	440501672804000000006		账号	16050501040002541
付款全称	中国建设银行台州市路桥区支行		开户银行	工行郑州市东明路支行
出票金额	人民币（大写）叁拾万元整			¥30000000
汇票到期日（大写）	贰零贰零年壹拾壹月贰拾肆日	付款行	行号	0455800104
承兑协议编号	64521628		地址	建设银行台州市路路桥区支行

本汇款请你行承兑，到期无条件付款　出票人签章　康李印乐

本汇款已经承兑，到期日由本行付款　汇票专用章　承兑日期　年　月　日

备注　复核　孙芳　记账　蒋丽

11–2

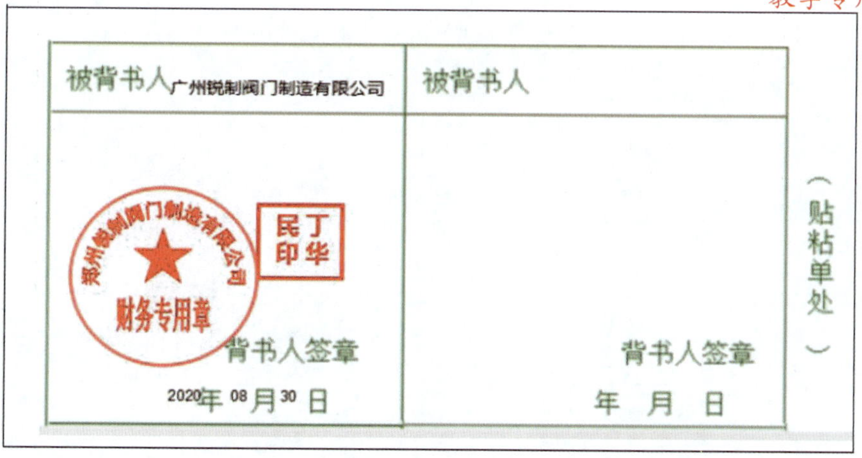
教学专用

被背书人广州锐制阀门制造有限公司	被背书人
财务专用章　丁华民印　背书人签章　2020年08月30日	背书人签章　年　月　日

（贴粘单处）

◆业务12◆　登记日记账

2020 年 9 月 1 日，出纳登记本日现金日记账并进行日清。（本行余额 = 上一行余额 + 本行借方发生额 – 本行贷方发生额）期初余额：4350 元

1.2020 年 9 月 1 日，员工李楠归还现金借款 1000 元。（记 001）

2.2020 年 9 月 1 日，销售部王芳报销广告费 900 元，以现金支付。（记 002）

3.2020 年 9 月 1 日，出纳当日收到个人客户预交 3000 元的定金。（记 003）

4.2020 年 9 月 1 日，签发现金支票去银行提取备用金 5000 元。（记 004）

5.2020 年 9 月 1 日，出纳将现金（零星销售款）702 元存入银行。（记 005）

6.2020 年 9 月 1 日，技术部张志出差预借差旅费 3000 元，以现金支付。（记 006）

7.2020 年 9 月 1 日，销售部王强报销业务招待费 1200 元，以现金支付。（记 007）

8.2020 年 9 月 1 日，用现金支付方式报销出纳员张军外出购买凭证打印纸的费用 565 元，并取得发票。（记 008）

12–1

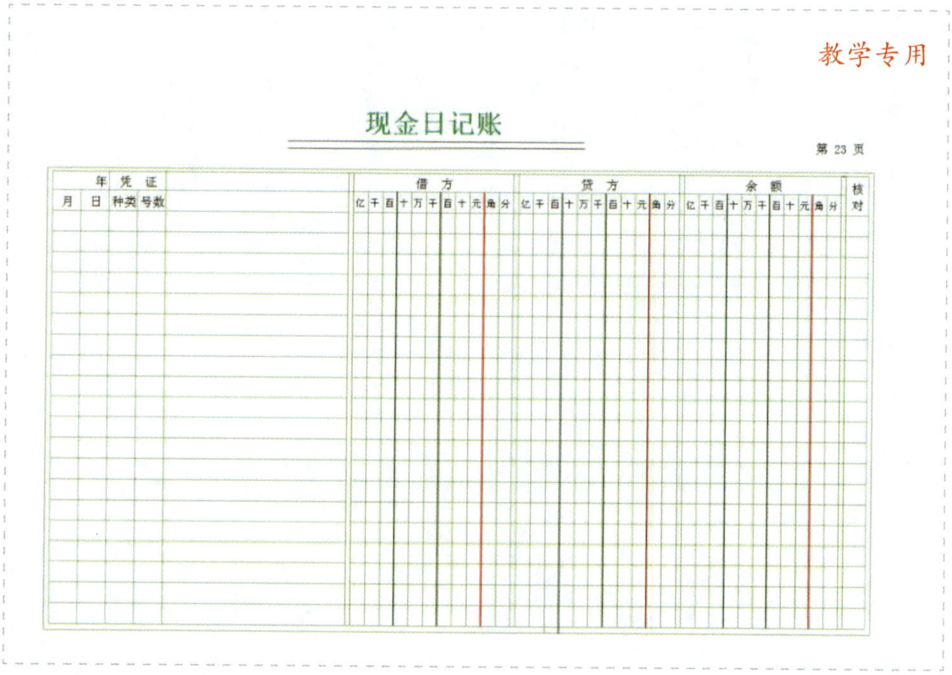

教学专用

现金日记账

第 23 页

年		凭证			借方											贷方											余额											核对
月	日	种类	号数		亿	千	百	十	万	千	百	十	元	角	分	亿	千	百	十	万	千	百	十	元	角	分	亿	千	百	十	万	千	百	十	元	角	分	

◆业务13◆　用银行承兑汇票支付购货款

2020 年 9 月 5 日，公司将银行承兑汇票背书转让给浙江先锋机械股份有限公司用于支付货款，价税合计 300000 元。

收款单位：浙江先锋机械股份有限公司

账号：44070501040003987

开户银行：农业银行杭州市天城路支行

步骤一：出纳填写付款申请单。

步骤二：出纳需要在银行承兑汇票背面做票据的背书转让。

13-1

教学专用

广州锐制阀门制造有限公司

付款申请单

年 月 日

收款单位				付款原因
账 号				
开户银行				
金 额				
		小 写		
审批		财务主管		

会计： 出纳： 制单：

13-2

教学专用

银行承兑汇票 （卡片） 2 EC 01 10550683 23599503

出票日期（大写） 贰零贰零年零[illegible]月贰拾伍日

出票人全称	广州圣德金属有限公司	收款人	全称	郑州锐制阀门制造有限公司
出票人账号	44050167280400000006		账号	16050301040002541
付款全称	中国建设银行台州市路桥区支行		开户银行	工行郑州市东明路支行
出票金额	人民币（大写） 叁拾万元整			亿 千 百 十 万 千 百 十 元 角 分 ¥ 3 0 0 0 0 0 0 0
汇票到期日（大写）	贰零贰零年壹拾壹月贰拾肆日	付款行	行号	0455800104
承兑协议编号	64521628		地址	建设银行台州市路路桥区支行
本汇票请你行承兑，到期无条件付款 广州圣德金属有限公司 财务专用章 康李印乐 出票人签章		本汇票已经承兑，到期日由本行付款 汇票专用章 (002) 承兑行签章 承兑日期 年 月 日 备注		复核 孙芳 记账 [illegible]

此联为承兑行留存备查，到期支付

13–3

教学专用

被背书人广州锐制阀门制造有限公司	被背书人
常州锐制阀门制造有限公司 财务专用章 民丁 印华 背书人签章 2020年08月30日	背书人签章 年　月　日

（贴粘单处）

◆业务14◆　收到电子银行承兑汇票一张

2020年9月5日，公司向广州圣德金属有限公司销售蝶阀一批，开具增值税专用发票，价税合计56160元，收到电子银行承兑汇票一张，并办理进账。

出纳审核网银收到的电子银行承兑汇票。

14–1

票据明细　　　　教学专用

电子银行承兑汇票

出票日期 2020/06/04　　　　票据状态　背书已签收

汇票到期日　2020/12/03　　　　票号　1313164030028 20190601 36470935 3

出票人	全　称	山西永利配件商贸有限公司	收票人	全　称	山西泰和钢珠制造有限公司
	账　号	35510130000015328		账　号	0505241819200003829
	开户银行	晋商银行股份有限公司长治分行		开户银行	中国工商银行股份有限公司长治长兴支行
出票保证信息	保证人姓名：		保证人地址：		保证日期：
票据金额	人民币（大写）	伍万陆仟壹佰陆拾元整		十亿千百十万千百十元角分	¥5616000
承兑人信息	全　称	晋商银行股份有限公司长治分行	开户行行号	313164030028	
	账　号	35510130000015328	开户行名称	晋商银行股份有限公司长治分行	
交易合同号			承兑信息	出票人承诺：本汇票信息请予以承兑，到期无条件付款	
能否转让	可转让			承兑人承诺：本汇票已经承兑，到期无条件付款 承兑日期 2020/06/04	
承兑保证信息	保证人姓名：		保证人地址：		保证日期：
评级信息（由出票、承兑人自己记载，仅供参考）	出票人	评级主体：	信用等级：		评级到期日：
	承兑人	评级主体：	信用等级：		评级到期日：
备注					

14–2

教学专用

票据详细

转让背书	
背书人名称	广州圣德金属有限公司
被背书人名称	广州锐制阀门制造有限公司
能否转让	可以转让
背书日期	2020/09/05
转让背书	
背书人名称	山东咏春雨工贸有限公司
被背书人名称	广州圣德金属有限公司
能否转让	可以转让
背书日期	2020/07/01
转让背书	
背书人名称	山西泰和钢珠制造有限公司
被背书人名称	山东咏春雨工贸有限公司
能否转让	可以转让
背书日期	2020/06/05

◆业务15◆　申请开具银行承兑汇票并支付采购款

2020 年 9 月 9 日，购入广州金星配件有限公司设备一台，设备款共计 234000 元，用银行承兑汇票结算，出纳到银行申请开具银行承兑汇票（申请开具银行承兑汇票的保证金 234000 元由工商银行基本户转入临时户）。

步骤一：出纳填写付款申请单。

步骤二：出纳填写转账支票和进账单向保证金专户存入保证金，办理承兑申请。

步骤三：出纳去银行签订银行承兑协议并办理银行承兑汇票。

辅助资料：

付款人：广州锐制阀门制造有限公司

付款行名称：工商银行广州市龙口路支行

付款人账号：3602001129120357104

收款人：广州金星配件有限公司

收款人账号：44070501040003987

收款人开户银行：农业银行广州市紫辰路支行

支票支付密码：2976–7654–9876–6735

15–1

广州锐制阀门制造有限公司

付款申请单

年 月 日

收款单位			付款原因
账 号			
开户银行			
金 额			
	小 写		
审批		财务主管	

会计： 出纳： 制单：

15–2

银行承兑协议

编号：64521628

收款人全称 广州金星配件有限公司
开户银行 农业银行广州市紫辰路支行
账 号 44070501040003987
汇票号码 23599503
签发日期 2020年09月09日

付款人全称 广州锐制阀门制造有限公司
开户银行 工商银行广州市龙口路支行
账 号 3602001129120357104
汇票金额（大写）贰拾叁万肆仟元整
到期日期 2020年12月08日

以上汇票经承兑银行承兑，承兑申请人（下称申请人）愿遵守《支付结算办法》的规定及下列条款：

1.申请人于汇票到期日期将应付票款足额交存承兑银行。

2.承兑手续费按票面金额万分之五计算,在银行承兑时一次付清。

3.承兑汇票如发生任何交易纠纷，均由收付双方自行处理，票款于到期前仍按第一条办理不误。

4.承兑汇票到期日，承兑银行凭票无条件支付票款。如到期日之前申请人不能足额交付票款时，承兑银行对不足支付部分的票款转作承兑申请人逾期贷款，并按照有关规定计收罚息。

5.承兑汇票款付清后，本协议自始自动失效。

本协议第一、二联分别由承兑银行信贷部门和承兑申请人存执，协议副本由银行会计部门存查。

承兑银行（盖章）（中国工商银行股份有限公司 汇票专用章）
订立承兑协议日期

承兑申请人（盖章）（广州锐制阀门制造有限公司 财务专用章）
年 月 日

15-3

教学专用

中国工商银行
转账支票存根
10204112
04042048

附加信息

出票日期 年 月 日

收款人：	
金 额：¥	
用 途：	

单位主管：何欣 会计：

中国工商银行 转账支票 10204112 04042048

付款期限自出票之日起十天

出票日期（大写） 年 月 日 付款行名称：

收款人： 出票人账号：

人民币（大写）	亿	千	百	十	万	千	百	十	元	角	分

用途 密码

上述款项请从
我账户内支付
出票人签章 复核 记账

15-4

教学专用

ICBC 中国工商银行 进账单（回 单）

年 月 日

出票人	全 称		收款人	全 称	
	账 号			账 号	
	开户银行			开户银行	
金额				亿 千 百 十 万 千 百 十 元 角 分	
票据种类		票据张数			
票据号码					
复核 记账				受理银行签章	

此联是出票人开户行交给持（出）票人的回单

15-5

教学专用

银行承兑汇票 1 EC 01 10204451 23599503

出票日期（大写） 贰零贰零年玖月零玖日

出票人全称	广州锐制阀门制造有限公司	收款人	全称	广州金星配件有限公司
出票人账号	3602001129120357104		账号	44070501040003987
付款全称	中国工商银行广州市龙口路支行		开户银行	中国农业银行广州市紫辰路支行
出票金额	人民币（大写）贰拾叁万肆仟元整			亿 千 百 十 万 千 百 十 元 角 分 ¥ 2 3 4 0 0 0 0 0
汇票到期日（大写）	贰零贰零年壹拾贰月零捌日	付款行	行号	4400520
承兑协议编号	64521628		地址	工商银行广州市龙口路支行
本汇款请你行承兑，到期无条件付款 出票人签单		备注	密押 复核 记账	

此联承兑行留存备查 到期支付票款时作借方凭证附件

15-6

教学专用

银行承兑汇票 2 EC 01 10204451 23599503

出票日期（大写）贰零贰零年零玖月零玖日

出票人全称	广州锐制阀门制造有限公司	收款人	全称	广州金星配件有限公司
出票人账号	3602001129120357104		账号	44070501040003987
付款全称	工商银行广州市龙口路支行		开户银行	中国农业银行广州市紫宸路支行
出票金额	人民币（大写）贰拾叁万肆仟元整		亿千百十万千百十元角分	￥23400000
汇票到期日（大写）	贰零贰零年壹拾贰月零捌日	付款行	行号	440520
承兑协议编号	64521628		地址	工商银行广州市龙口路支行
本汇票请你行承兑，到期无条件付款 出票人签单		本汇票已经承兑，到期日由本行付款 承兑行签章 承兑日期 年 月 日 备注		密押 复核 孙芳 记账 蒋丽

15-7

教学专用

银行承兑汇票（存根） 3 GA 01 10204451 23599503

出票日期（大写）贰零贰零年玖月零玖日

出票人全称	广州锐制阀门制造有限公司	收款人	全称	广州金星配件有限公司
出票人账号	3602001129120357104		账号	44070501040003987
付款全称	中国工商银行广州市龙口路支行		开户银行	中国农业银行广州市紫宸路支行
出票金额	人民币（大写）贰拾叁万肆仟元整		亿千百十万千百十元角分	￥23400000
汇票到期日（大写）	贰零贰零年壹拾贰月零捌日	付款行	行号	44070520
承兑协议编号	64521628		地址	中国工商银行广州市龙口路支行
		中国工商银行股份有限公司 汇票专用章（03） 备注		复核 孙芳 记账 蒋丽

此联由出票人存查

◆业务16◆　银行承兑汇票办理托收

2020 年 9 月 16 日，出纳把到期的银行承兑汇票 100000 元拿到银行采用邮划方式办理托收。

步骤一：出纳在收到的银行承兑汇票背面加盖银行预留印鉴，并注明委托收款字样。

步骤二：出纳填制一式五联的托收凭证并在第二联上加盖银行预留印鉴，并和银行承兑汇票一起，向银行提示付款。

辅助资料：

付款人全称：河南金星机床设备有限公司

付款人账号：16050501040005553

付款人地址：河南省新郑市

付款人开户行：农业银行新郑市文昌路支行

收款人全称：广州锐制阀门制造有限公司

收款人账号：44076001040006246

收款人地址：广东省广州市

收款人开户行：中国农业银行广州市龙口路支行

16–1

教学专用

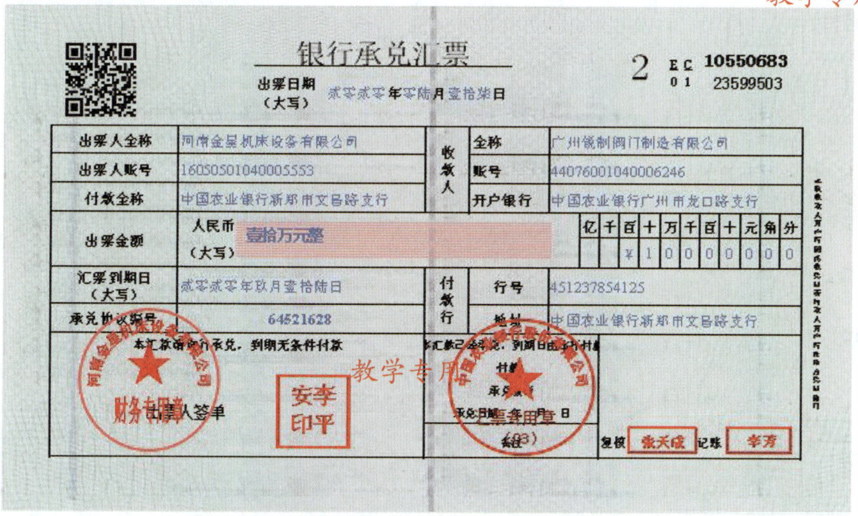

银行承兑汇票

2 EC 01 10550683 23599503

出票日期（大写） 贰零贰零年零陆月壹拾柒日

出票人全称	河南金星机床设备有限公司	收款人	全称	广州锐制阀门制造有限公司
出票人账号	16050501040005553		账号	44076001040006246
付款全称	中国农业银行新郑市文昌路支行		开户银行	中国农业银行广州市龙口路支行
出票金额	人民币（大写）壹拾万元整		亿千百十万千百十元角分	¥10000000
汇票到期日（大写）	贰零贰零年玖月壹拾陆日	付款行	行号	451237854125
承兑协议编号	64521628		地址	中国农业银行新郑市文昌路支行

本汇款请你行承兑，到期无条件付款

出票人签章

承兑日期 年 月 日

复核 张天成 记账 李芳

16–2

教学专用

被背书人	被背书人
背书人签章 年 月 日	背书人签章 年 月 日

（贴粘单处）

16–3

教学专用

中国农业银行 AGRICULTURAL BANK OF CHINA

托收凭证（受理回单） 1

委托日期 年 月 日

业务类型		委托收款（□邮划、□电化）			托收承付（□邮划、□电化）			
汇款人	全 称			收款人	全 称			
	账 号				账 号			
	地 址	省 市	开户行		地 址	省 市	开户行	
金额	金额	人民币（大写）	叁拾万元整			亿 千 百 十 万 千 百 十 元 角 分		
款项内容		货款	托收凭据名称	银行承兑汇票		附寄单证张数	壹	
商品发运情况						合同名称号码		
备注： 复核： 经办：		款项收托日期 年 月 日				收款人开户银行签章 年 月 日		

此联作收款人开户银行给收款人的受理回单

16-4

教学专用

托收凭证（贷方凭证）

2

委托日期　　年　月　日

业务类型		委托收款（☑邮划、☐电化）		托收承付（☐邮划、☐电化）			
汇款人	全　称			收款人	全　称		
	账　号				账　号		
	地　址		开户行		地　址		开户行
金　额	人民币（大写）					亿 千 百 十 万 千 百 十 元 角 分	
款项内容		托收凭据名称				附寄单证张数	
商品发运情况						合同账号名称	
备注： 复核：　　经办：		上列款项随附有关债务证明，请予以办理 收款人签章				收款人开户银行签章 年　月　日	

收款人开户银行作贷方凭证

◆业务17◆　报销差旅费并交回多余现金

2020年9月16日，市场部王明新出差回来，报销差旅费3175元，并将剩余的825元归还。

17-1

教学专用

差旅费报销单

2020年9月16日

所属部门		市场部		姓名	王明新	出差事由	制造业的产品展销会	
出发		到达		起止地点	交通费	住宿费	伙食费	其他
月	日	月	日					
9	11	9	12	广州一北京	960.00			
9	12	9	14	北京	65.00	680.00	270.00	
9	15	9	16	北京一广州	1200.00			
合计	小写金额：¥3175.00				预支旅费	4000.00	退回金额	¥825.00
	大写金额：叁仟壹佰柒拾伍元整						补付金额	

现金收讫

财务经理：何欣　会计：王莉　出纳：张军　部门经理：钱江　报销人：王明新

17–2

教学专用

17–3

教学专用

17–4

教学专用

011001900104 北京增值税普通发票 № 00398488 1001900104 00398488

发 票 联

机器编号：928805152322

开票日期：2020年09月13日

购买方	名　　称：广州锐制阀门制造有限公司 纳税人识别号：91440101MA32PN013E 地 址、电 话：广州市天河区龙口中路150号020-66291116 开户行及账号：中国工商银行广州市龙口路支行16050501640002541	> * 06 04 / 52 / + 90 * + 80 99 > 3795 039 > 7 / 1062 < > < * * 13 + 7> 71 *< 4 < / - 21 < + 82018 < 30031 - +55+ 7 * 69 > 90 / 04 / 52 / + 90 * + 80 99

货物或应税劳务、服务名称	规格型号	单位	数量	单价	金额	税率	税额
*餐饮服务*餐饮		次	1	262.14	262.14	3%	7.86
合　　计					¥262.14		¥7.86
价税合计（大写）	⊗贰佰柒拾元整				（小写）¥270.00		

销售方	名　　称：北京市南粉北面餐饮有限公司 纳税人识别号：91110103987456300C 地 址、电 话：北京市天明路10号010-868832245 开户行及账号：建行北京市天明路支行11860254545800001254	校验码：10295 21105 19235 69887

收款人：何江　　复核：司娟　　开票人：何静　　销售方：（章）

第二联：发票联　购买方记账凭证

（印章：北京市南粉北面餐饮有限公司 911101051256DG3401 发票专用章）

17–5

教学专用

011001900104 北京增值税普通发票 № 58970351 001900104 58970351

发 票 联

机器编号：928805152322

开票日期：2020年09月13日

购买方	名　　称：广州锐制阀门制造有限公司 纳税人识别号：91440101MA32PN013E 地 址、电 话：广州市天河区龙口中路150号020-66291116 开户行及账号：中国工商银行广州市龙口路支行16050501640002541	> * 06 04 / 52 / + 90 * + 80 99 > 3795 039 > 7 / 1062 < > < * * 13 + 7> 71 *< 4 < / - 21 < + 82018 < 30031 - +55+ 7 * 69 > 90 / 04 / 52 / + 90 * + 80 99

货物或应税劳务、服务名称	规格型号	单位	数量	单价	金额	税率	税额
*住宿服务*住宿		次	1	660.19	660.19	3%	19.81
合　　计					¥660.19		¥19.81
价税合计（大写）	⊗陆佰捌拾元整				（小写）¥680.00		

销售方	名　　称：北京市7天酒店管理有限公司 纳税人识别号：91110104417895263V 地 址、电 话：北京市天明路10号010-32337960 开户行及账号：北京长兴路78号1152365852000253587	校验码：10295 21105 19235 69887

收款人：王明　　复核：司甜甜　　开票人：刘东　　销售方：（章）

第二联：发票联　购买方记账凭证

（印章：北京市7天酒店管理有限公司 911101051256DG3401 发票专用章）

17-6

教学专用

北京市出租汽车专用发票

BEIJING TAXI SPECIAL INVOICE

发票联

INVOICE

4 4 8 5 9 6 7 4 1 2 3

8 3 1 7 5 2 0 6

单位 compang	0083
电话 Tel	643521822
车号 Taxi NO.	B-N3347
证号 Certificate NO.	452520
日期 Date	2020-09-12
时间 Time	16：43-15：08
单价 Price per km	7
里程 Distance	5.7857
等候 Waiting time	00：06：48
状态 State	----
金额 Fare	¥40.50
卡号 Car No.	----
卡原额 Caed Original Sum	----
卡余额 Card Balance sun	----

机打发票手写无效

密　码：[redacted]

北京出租汽车 91110114802659202W 发票专用

教学专用

北京市出租汽车专用发票

BEIJING TAXI SPECIAL INVOICE

发票联

INVOICE

1 1 1 0 0 1 4 8　1 0 0 4

8 3 1 7 5 2 0 6

单位 compang	0083
电话 Tel	83611888
车号 Taxi NO.	京　BN3347
证号 Certificate NO.	452520
日期 Date	2020-09-12
时间 Time	09：43-10:00
单价 Price per km	7
里程 Distance	3.5
等候 Waiting time	00：06：48
状态 State	1
金额 Fare	¥24.50
卡号 Car No.	----
卡原额 Caed Original Sum	----
卡余额 Card Balance sun	----

机打发票手写无效

密　码：[redacted]

北京出租汽车 91110114802659202W 发票专用

17-7

广州锐制阀门制造有限公司

收　据

教学专用

No 201900346

年　月　日

今收到 ________________

人民币 ¥ ________________

系　付 ________________

单位盖章：　　会计：　　出纳：　　收款人：

白存根　红收据　黄记账

◆业务18◆　支付采购款

2020 年 9 月 29 日，用网银支付一笔同行的采购预付款 10000 元（请在网银系统操作）。

18–1

教学专用

广州锐制阀门制造有限公司

付款申请单

2020 年 09 月 29日

收款单位	北京市丰鑫制造有限公司			付款原因
账　号	6110061439030071603			支付采购款
开户银行	北京建设银行帽儿胡同支行			
金　额	人民币壹万元整			
附件　张		小　写	¥10000.00	
审批	同意　何欣	财务	同意　王莉 银行付讫	

教学专用

会计主管：何欣　　出纳：张军　　制单：钱江

18–2

教学专用

登录配套线上网银系统

ICBC 中国工商银行　　中国建设银行 China Construction Bank　　中国农业银行 AGRICULTURAL BANK OF CHINA

◆业务19◆　支付员工工资

2020 年 9 月 29 日，用网银支付公司部分员工上个月的工资 63200 元（请在网银系统操作）。

19–1

教学专用

工资计提表

日期：2020年09月29日

所属部门	姓名	工资项目				
		基本工资	岗位工资	工龄工资	绩效考核	应发合计
财务部	何欣	2500.00	500.00	200.00	1000.00	4200.00
	王莉	2200.00	300.00	200.00	1000.00	3700.00
	张军	2000.00	300.00	200.00	1000.00	3500.00
行政部	李芳	2500.00	500.00	200.00	1000.00	4200.00
	赵静如	2500.00	500.00	200.00	1000.00	4200.00
	赵鑫	2200.00	300.00	200.00	1000.00	3700.00
	周发发	2000.00	300.00	200.00	1000.00	3500.00
小计		15900.00	2700.00	1400.00	7000.00	27000.00
市场部	薛丽	2500.00	300.00	200.00	1000.00	4000.00
	齐风	2500.00	200.00	200.00	1000.00	3900.00
	曾明亮	2200.00	200.00	200.00	1000.00	3600.00
	钱江	2200.00	600.00	200.00	1000.00	4000.00
	孙荣	2000.00	500.00	200.00	1000.00	3700.00
	王明新	2500.00	1000.00	200.00	1000.00	4700.00
	张欣	2500.00	800.00	200.00	1000.00	4500.00
	刘铭	2200.00	600.00	200.00	1000.00	4000.00
	徐文静	2000.00	600.00	200.00	1000.00	3800.00
小计		20600.00	4800.00	1800.00	9000.00	36200.00
	合计	36500.00	7500.00	3200.00	16000.00	63200.00

19–2

教学专用

登录配套线上网银系统

ICBC 中国工商银行

中国建设银行 China Construction Bank

中国农业银行 AGRICULTURAL BANK OF CHINA

◆业务20◆　支付专家顾问费

2020 年 9 月 29 日，用网银支付一笔专家顾问费 5000 元（请在网银系统操作）。

20–1

广州锐制阀门制造有限公司

付款申请单

2020年 09 月 29 日

收款单位	赵梓树			付款原因
账 号	62980456811003123			顾问费
开户银行	中国工商银行			
金 额	人民币伍仟元整			
		小 写	¥5000.00	
审批		财务	同意 何欣 银行付讫	

会计：王莉　　出纳：张军　　制单：丁一

20–2

◆业务21◆　支付跨行采购款

2020 年 9 月 29 日，用网银支付了一笔跨行的采购款 8000 元（请在网银系统操作）。

21-1

教学专用

广州锐制阀门制造有限公司

付款申请单

2020年 09 月 29 日

收款单位	广州宏达制造有限公司	付款原因
账　号	3600145681100316234	支付采购款
开户银行	中国建设银行	
金　额	人民币捌仟元整	
	小　写　¥8 000.00	
审批	财务　同意　何欣　银行付讫	

会计：王莉　　出纳：张军　　制单：张一

21-2

教学专用

登录配套线上网银系统

ICBC 中国工商银行

中国建设银行 China Construction Bank

中国农业银行 AGRICULTURAL BANK OF CHINA

◆业务22◆　支付采购款

2020 年 9 月 29 日，用网银支付一笔同城采购款 20000 元。

22-1

教学专用

广州锐制阀门制造有限公司

付款申请单

2020年 09 月 29 日

收款单位	广州华贸家具有限公司	付款原因
账　号	4420003419030090001	同城采购
开户银行	建行广州市广电路支行	
金　额	贰万元整	
附件1张	小　写　¥20 000.00	
审批　同意　李凯	财务　同意　何欣　银行付讫	

会计：王莉　　出纳：张军　　制单：刘军

22–2

教学专用

登录配套线上网银系统

ICBC 中国工商银行　　中国建设银行 China Construction Bank　　中国农业银行 AGRICULTURAL BANK OF CHINA

◆业务23◆　支付劳务费

2020 年 9 月 29 日，用网银支付了一笔个人劳务费 60000 元（超过 50000 元）。

23–1

教学专用

劳务合同

甲方（用人单位）:广州锐制阀门制造有限公司
地址、电话:广州市天河区龙口中路150号020-66291116
乙方（劳动者）：王仙儿
身份证号:1102**********4042
甲、乙双方根据《劳务合同》及相关法律规定，本着平等自愿的原则，
经协商一致，签订本次短期劳动合同。
一、劳动合同
自2020年09月29日至2021年05月29日止或工作（工程）结束止。
二、工作内容
甲方分配乙方在管理岗位担任顾问职务（工种）
三、劳务报酬
经双方协商，本次的劳务费用为人民币壹拾万元整（¥100,000.00 ），甲方按协议于签订之日首次付金额的60%，劳务完成结束后支付剩下的40%的尾款。
....

七、违约责任
1. 本合同具有法律效力，双方应严格履行。
2. 甲方克扣或者无故拖欠乙方劳务费用的，除全额支付工资外，还须支付乙方经济补偿金。
3. 一方违反本合同，给对方造成损失的，依照国家有关规定赔偿相关损失。

甲方（签章）　　　　乙方（签章）：王仙儿

法定代表人（签章）：李凯

广州锐制阀门制造有限公司 91110105126DG6401

2020年9月29日　　　　2020年9月29日

23–2

教学专用

广州锐制阀门制造有限公司

付款申请单

2020 年09 月 29 日

收款单位	王仙儿			付款原因
账　号	62011456811003110002			接受对方提供劳务
开户银行	广州市建设银行黄埔路支行			
金　额	人民币陆万元整			
		小　写	¥60 000.00	
审批	同意 李凯	财务	同意 何欣	

会计：王莉　　出纳：张军　　银行付讫　　制单：钱江

23–3

教学专用

登录配套线上网银系统

ICBC 中国工商银行

中国建设银行 China Construction Bank

中国农业银行 AGRICULTURAL BANK OF CHINA

◆业务24◆　登记银行存款日记账

2020 年 9 月 29 日，出纳登记本日银行存款日记账。（本行余额 = 上一行余额 + 本行借方发生额 – 本行贷方发生额）（本月合计余额 = 期初余额 + 本月合计借方发生额 – 本月合计贷方发生额）上月结转：1500000 元。（开户行：中国工商银行广州市龙口路支行；账号：3602001129120357104）

1.2020 年 9 月 29 日，用网银支付一笔同行的采购款 10000 元。（记 030）

2.2020 年 9 月 29 日，用网银支付公司员工上个月的工资 63200 元。（记 031）

3.2020 年 9 月 29 日，用网银支付专家顾问费 5000 元。（记 032）

4.2020 年 9 月 29 日，用网银支付了一笔跨行的采购款 8000 元。（记 033）

5.2020 年 9 月 29 日，用网银支付一笔同城采购款 20000 元。（记 034）

6.2020 年 9 月 29 日，用网银支付了一笔个人劳务费 6000 元。（记 035）

24-1

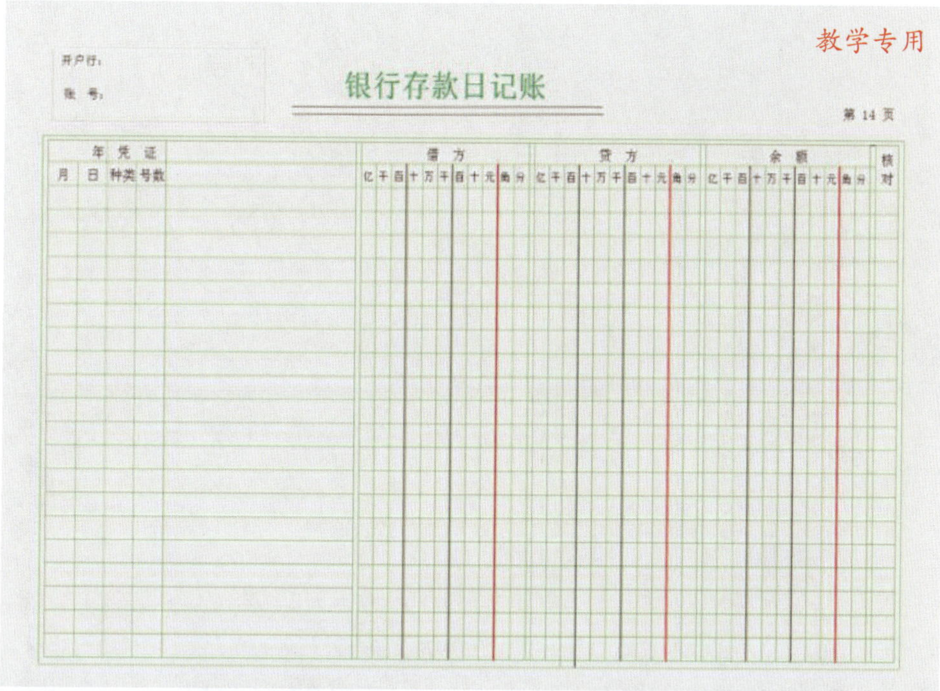
教学专用

开户行：

账 号：

银行存款日记账

第 14 页

年		凭证		摘要	借方	贷方	余额	核对
月	日	种类	号数		亿千百十万千百十元角分	亿千百十万千百十元角分	亿千百十万千百十元角分	

◆业务25◆ 查询打印单

2020 年 9 月 30 日，用网银查询并打印银行回单。配图：登录配套的网银系统。

25-1

◆业务26◆ 库存现金盘点

2020 年 9 月 30 日，出纳用实地盘点法盘点库存现金，盘点的金额为：100 元 70 张，50 元 15 张，10 元 25 张（截至 9 月 30 日，广州锐制阀门制造有限公司库存现金账面余额为 8212 元）。

根据盘点结果填制现金盘点报告单。

26-1

教学专用

现金盘点报告单			(单位：元)		
单位名称：		年 月 日			
清点现金			核对账目		
货币面额	张 数	金 额	项 目	金 额	备 注
100元			现金账面余额		
50元			加：收入凭证未记账		
10元			减：付出凭证未记账		
5元			调整后现金余额		
1元			实点现金		
5角			盘盈（+）		
			盘亏（-）		
监盘人员（签章）：			出纳员（签章）：		

◆业务27◆ 库存现金盘亏处理

2020 年 9 月 30 日，经查，现金盘亏系出纳工作失误导致的，出纳赔偿损失 212 元整。

27-1

教学专用

现金盘点报告单			(单位：元)		
单位名称：广州锐制阀门制造有限公司		2020年09月30日			
清点现金			核对账目		
货币面额	张 数	金 额	项 目	金 额	备 注
100元	70	7000	现金账面余额	8212	
50元	15	750	加：收入凭证未记账		
10元	25	250	减：付出凭证未记账		
5元	0	0	调整后现金余额	8212	
1元	0	0	实点现金	8000	
5角	0	0	盘盈（+）		
			盘亏（-）	212	
监盘人员（签章）：何欣			出纳员（签章）：张军		

27-2

教学专用

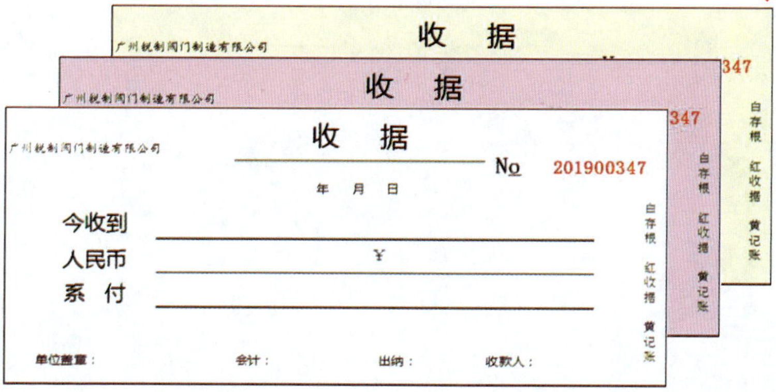

新手会计岗位实训

——新设企业全真账务实训

杨　南　主编

黄河水利出版社
·郑州·

图书在版编目（CIP）数据

新手会计岗位实训.3，新设企业全真账务实训／杨南主编.—郑州：黄河水利出版社，2020.10

ISBN 978－7－5509－2817－6

Ⅰ.①新…　Ⅱ.①杨…　Ⅲ.①企业会计-会计账簿　Ⅳ.①F275.2

中国版本图书馆CIP数据核字（2020）第182253号

策划编辑：张倩　　电话：0371-66026755　　QQ：995858488

出 版 社：黄河水利出版社　　网址：www.yrcp.com

地址：河南省郑州市顺河路黄委会综合楼14层　　邮编：450003

发行单位：黄河水利出版社

发行部电话：0371－66026940、66020550、66028024、66022620（传真）

E-mail：hhslcbs@126.com

承印单位：河南匠心印刷有限公司

开本：787 mm×1 092 mm　1／16

印张：8.25

字数：130千字　　印数：1—1 000

版次：2020年10月第1版　　印次：2020年10月第1次印刷

定价（全三册）：198.00元

前　言

随着社会经济的快速发展，财务在公司中的重要性也逐渐体现出来，各行各业对于会计人才的需求越来越多。对于在校的财会专业学生来说，财会理论知识若不能与实际相结合就不能胜任未来的会计工作。对于有志于从事财会工作的人员而言，怎样做到无工作经历却能拥有丰富的实操经验？一直是一个困扰的问题。

会计讲究实践，很多人对会计虽然有一定的理论基础，但是面对实际工作却往往还是无从下手。在实际工作中，也很少会有企业把会计工作交给未曾接触过会计实践工作的新手。如何快速掌握会计工作的实务操作是一个迫切需要解决的问题。

财会实操系列，是以真实发生的业务为基准，通过理论联系实际，以真实业务、真实凭证、真实账本开展形象的教学和实操演练，使理论和实际操作达到完美结合，同时将会计实操与企业管理结合起来，为社会培养了大批复合型会计人才。

会计实操研发中心

目 录

一、企业设立流程…………………………………………………………………………（1）

（一）线上办理流程 ……………………………………………………………………（1）

（二）线下办理流程 ……………………………………………………………………（11）

二、了解企业相关的信息…………………………………………………………………（25）

三、公司简介………………………………………………………………………………（25）

四、掌握岗前职责…………………………………………………………………………（25）

五、企业机构设置及人员配置……………………………………………………………（26）

六、适用的会计准则………………………………………………………………………（26）

七、公司财务制度…………………………………………………………………………（27）

八、会计核算的流程………………………………………………………………………（34）

九、商业公司会计科目设置………………………………………………………………（34）

十、商业公司税务处理……………………………………………………………………（36）

（一）增值税 ……………………………………………………………………………（36）

（二）企业所得税 ………………………………………………………………………（36）

（三）印花税 ……………………………………………………………………………（36）

（四）附加税费 …………………………………………………………………………（37）

（五）个人所得税 ………………………………………………………………………（37）

（六）相关税费的计提 …………………………………………………………………（37）

（七）税收优惠政策 ……………………………………………………………………（38）

十一、新设企业训战结合…………………………………………………………………（39）

业务 01 接受投资 ………………………………………………………………………（39）

业务 02 取备用金 ………………………………………………………………………（40）

业务 03 缴纳印花税 ……………………………………………………………………（41）

业务 04 付办公室租金 …………………………………………………………………（42）

业务 05 报销打包用品 …………………………………………………………………（45）

业务 06 报销交通费及刻章费 …………………………………………………………（46）

业务 07 购买 A4 纸………………………………………………………………………（48）

业务 08 购买固定电话 …………………………………………………………………（49）

业务 09 租入专柜 ………………………………………………………………………（50）

业务 10 购入轿车 ………………………………………………………………………（53）

业务 11 报销人才招聘费用 ……………………………………………………………（55）

业务 12　购买联想电脑 ……………………………………………………………（56）
业务 13　购买服装销售软件 ………………………………………………………（58）
业务 14　购买格力空调 ……………………………………………………………（59）
业务 15　租入地下仓库 ……………………………………………………………（61）
业务 16　购买办公桌椅 ……………………………………………………………（63）
业务 17　借支差旅费 ………………………………………………………………（65）
业务 18　初次购买防伪税控系统及专用设备 ……………………………………（65）
业务 19　购打印机 …………………………………………………………………（67）
业务 20　支付广告费 ………………………………………………………………（68）
业务 21　报销专柜装修费用 ………………………………………………………（70）
业务 22　报销差旅费 ………………………………………………………………（71）
业务 23　购进风衣，未收到发票 …………………………………………………（75）
业务 24　支付电费及水费 …………………………………………………………（76）
业务 25　销售风衣，未收到款项 …………………………………………………（77）
业务 26　计提本月无形资产摊销额 ………………………………………………（79）
业务 27　计提本月工资 ……………………………………………………………（79）
业务 28　分摊房屋租金 ……………………………………………………………（80）
业务 29　结转本月销售成本 ………………………………………………………（80）
业务 30　计提本月相关税费 ………………………………………………………（81）
业务 31　结转本月损益 ……………………………………………………………（81）
业务 32　计提本月所得税费用 ……………………………………………………（82）
业务 33　结转本月所得税费用 ……………………………………………………（82）

一、企业设立流程

公司设立时，需要办理的相关证照大致如下：市场监督管理局印发工商营业执照、公安局备案的印章以及其他与企业经营相关的资格证书。

具体办理分线上、线下两种模式，公司设立流程如图 1–1 所示。

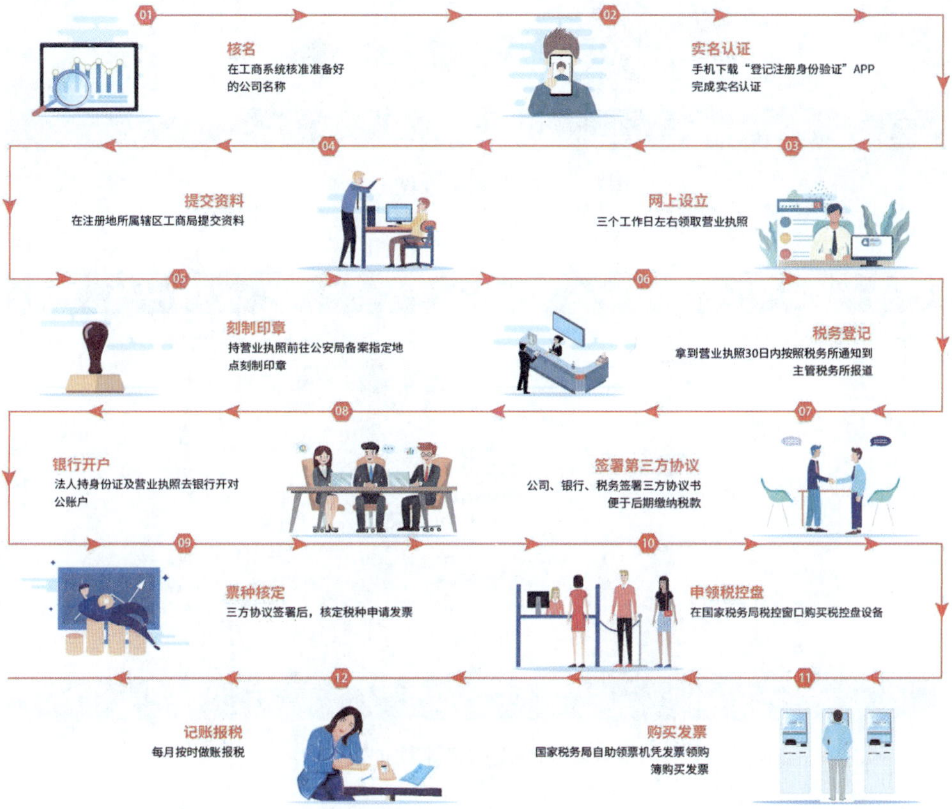

图1–1　公司设立流程图

（一）线上办理流程

第一步，核准名称。首先，确定公司类型、名字、注册资本、股东及出资比例，去工商局现场或线上提交核名申请，名称自主申报，审核时间为 1~3 个工作日。

核名注意事项：提前准备两到三个名称，注意不要与驰名商标、知名商标、知名人士或已被注册的公司重名或者相近，容易引起法律风险。

网上核名流程如图 1–2~ 图 1–5 所示。

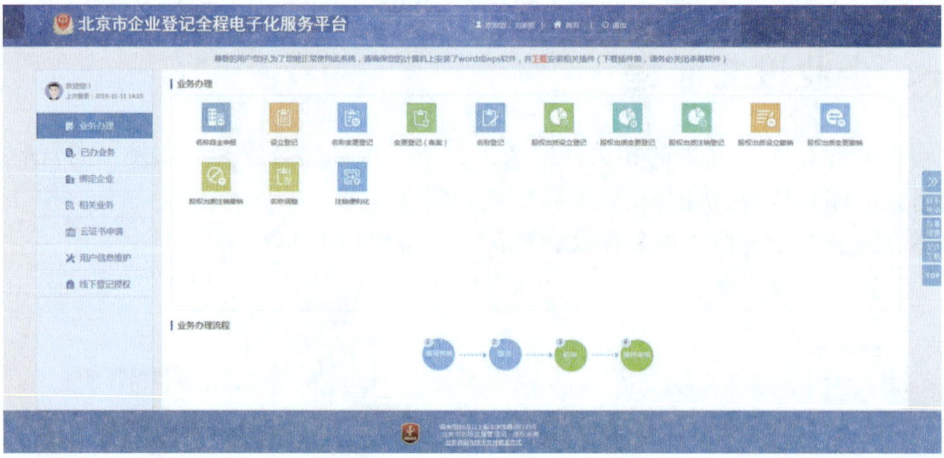

图1–2　网上核名流程（一）

图1–3　网上核名流程（二）

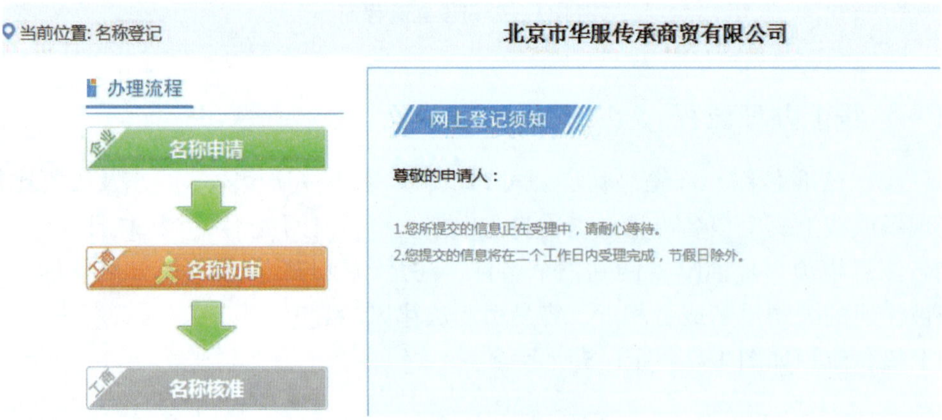

图1–4　网上核名流程（三）

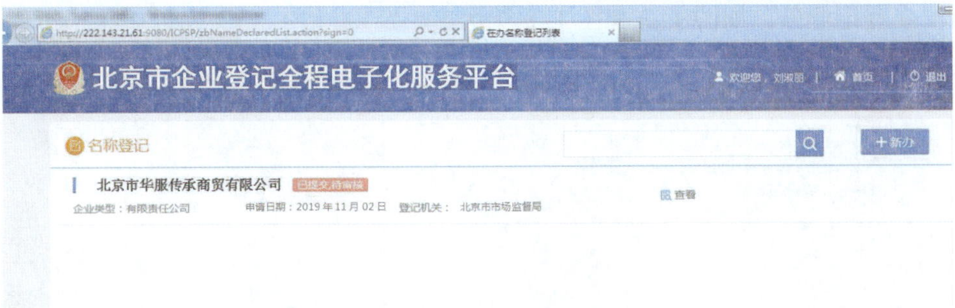

图1–5　网上核名流程（四）

用户自行勾选想用的组合方式，整个企业名称，只有企业字号和行业特点可以手动编辑录入，其他组成部分均选择即可，这个名称申请流程和上述名称登记一样，唯有不同的就是规定了行政区划和系统查重判定能用的企业名称后无需工商人员对名称进行审核。企业名称应当由以下部分依次组成：字号（或者商号，下同）、行业或者经营特点、组织形式。

提交名称登记的数据在工商人员审核完成后，系统会给企业名称登记申请人推送一条短信告知，提醒用户去做设立业务及名称保留期限。

注：当前系统规定，名称自主申报的企业名称，从提交成功到设立保留 30 天期限，超出 30 天，该名称自主申报的名称作废释放。审核通过如图 1–6 所示。

图1–6　名称自主申报通过

第二步，设立登记、提交资料。核名通过后，确认地址信息、高管信息、经营范围，在线提交预申请，审核时间为 5~15 个工作日，在线预审通过之后，按照预约时间去工商局递交申请材料。

根据所选企业类型的不同，设立登记所需填写的内容也不一样，可通过以下两种方式进行设立登记业务，如图 1–7 和图 1–8 所示。

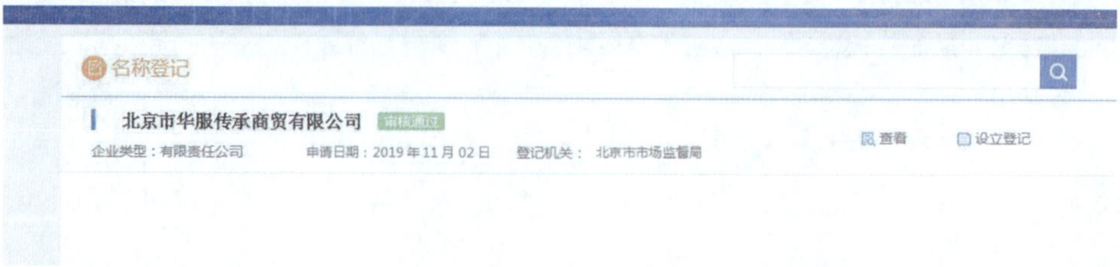

图1–7 设立登记入口图（一）

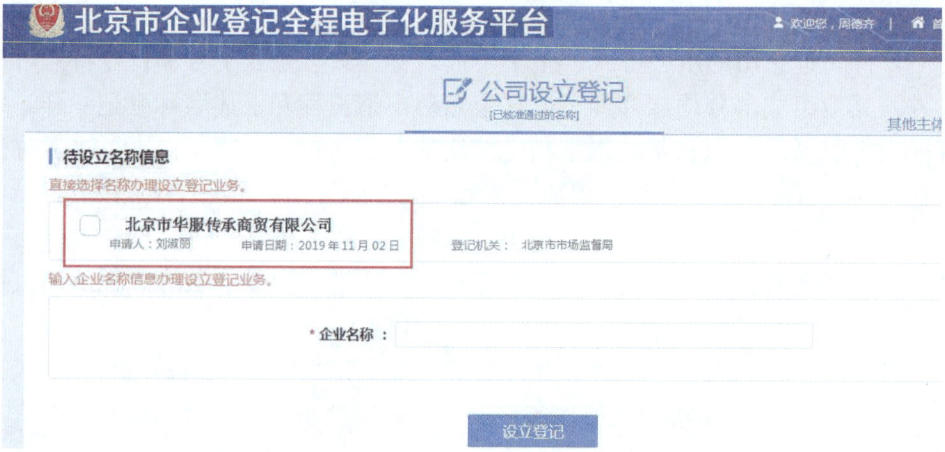

图1–8 设立登记入口图（二）

确认地址信息、经营范围、经营期限等，在线提交预申请，如图 1–9 具体信息所示。

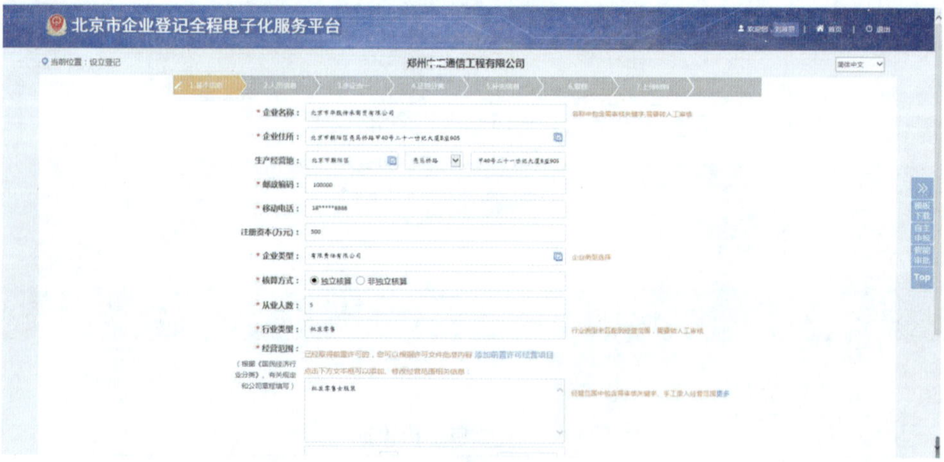

图1–9 具体信息

确认股东、监事、法人、经理等高管信息、企业其他补充信息等，股东会决议、公司章程等可自动生成或者上传，股东、法人、董事、监事、经理、财务等身份信息上传等，如图 1–10、图 1–11、图 1–12、图 1–13 具体信息所示。

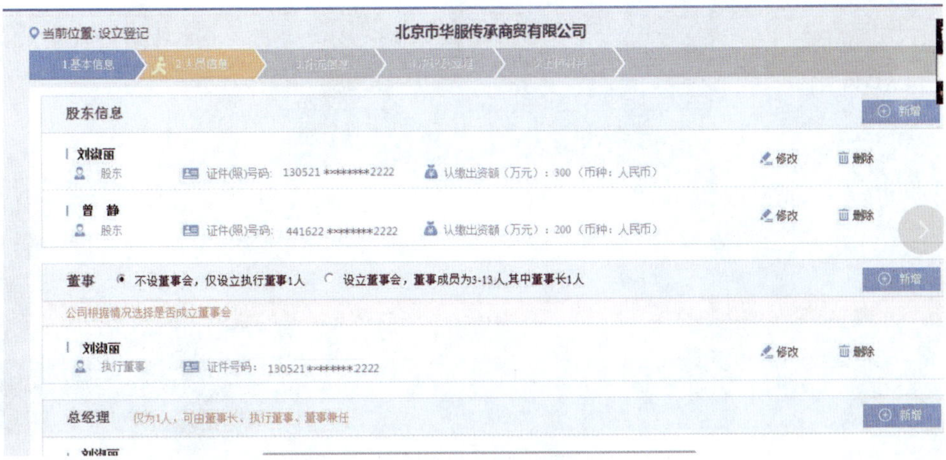

图1-10　董监高信息

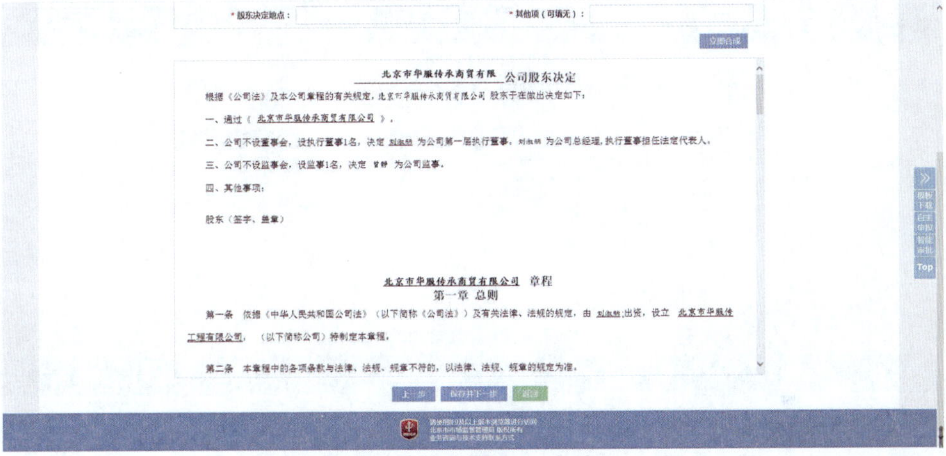

图1-11　股东会决议和章程

图1-12　多证合一

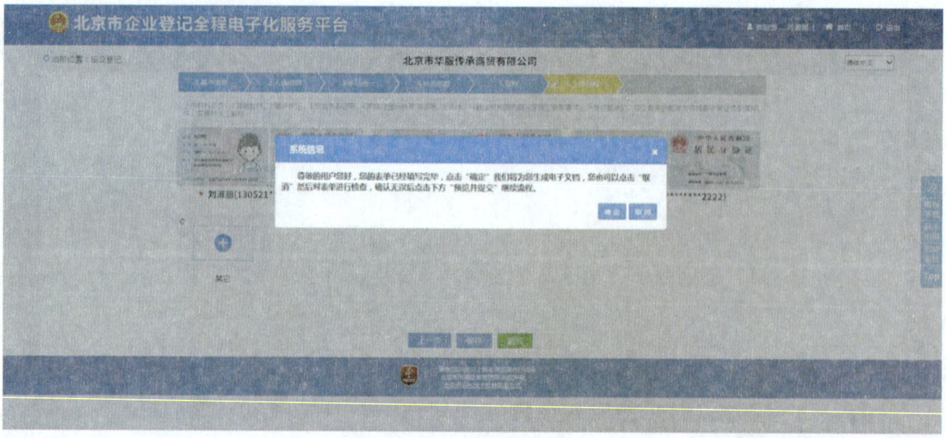

图1-13 信息上传

确认保存后，提交或者返回确认所有填写的信息及上传的资料，如图 1-14 所示。

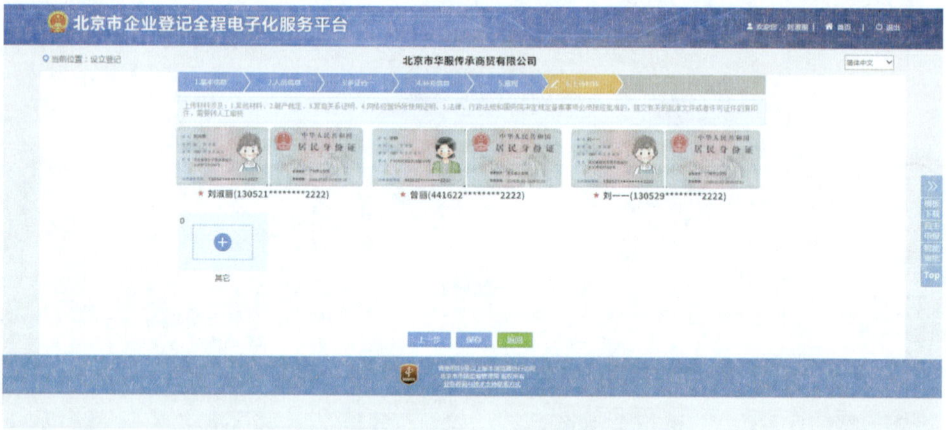

图1-14 全部信息确认上传

点击确定后会生成所有填写过的手续电子档预览，如图 1-15 所示。

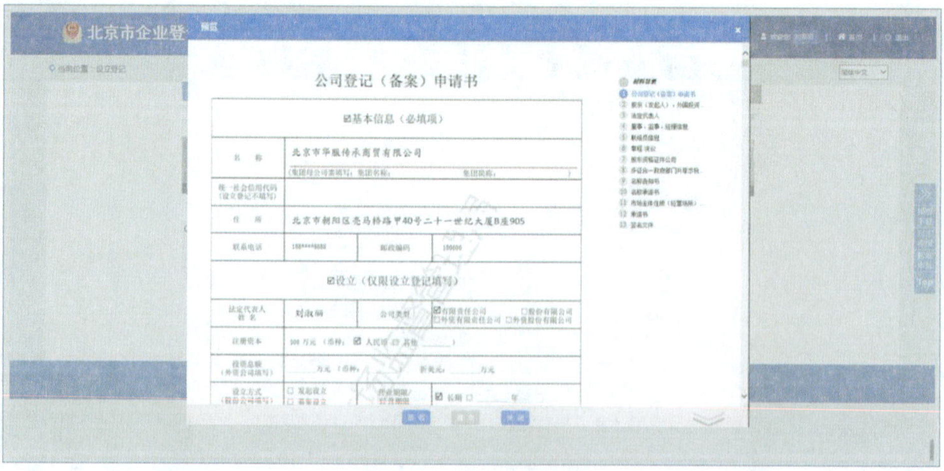

图1-15 电子档预览

确认没有问题后，由股东、法定代表人、监事全部高管通过实名认证后的 APP 签名提交，提交后等待工作人员审核，一般是 1~3 个工作日就会有是否通过的通知，不论是在核名还是在设立的过程中，法定代表人的联系电话必须保持畅通，方便工商部门随时发送信息通知。

第三步，设立登记审核通过。工商人员对企业审核通过后，企业申请人会收到一条告知短信，用户登录全程电子化系统后，也可以看到审核完成的状态及详细设立信息；点击查看，进入设立流程图，鼠标放在设立核准流程，可以下载设立核准通知书，审核通过后的电子营业执照在全程电子化系统中已经不再提供下载，电子营业执照请在电子营业执照 APP 上获取。设立核准通过如图 1–16 和图 1–17 所示。

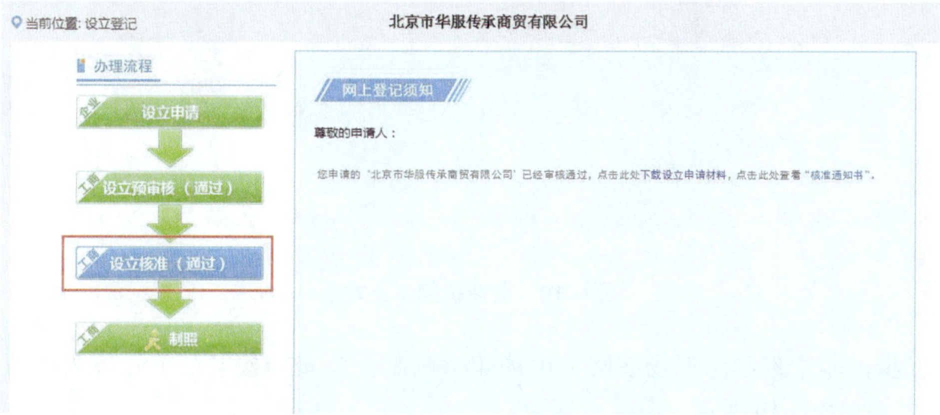

图1–16　设立核准通过（一）

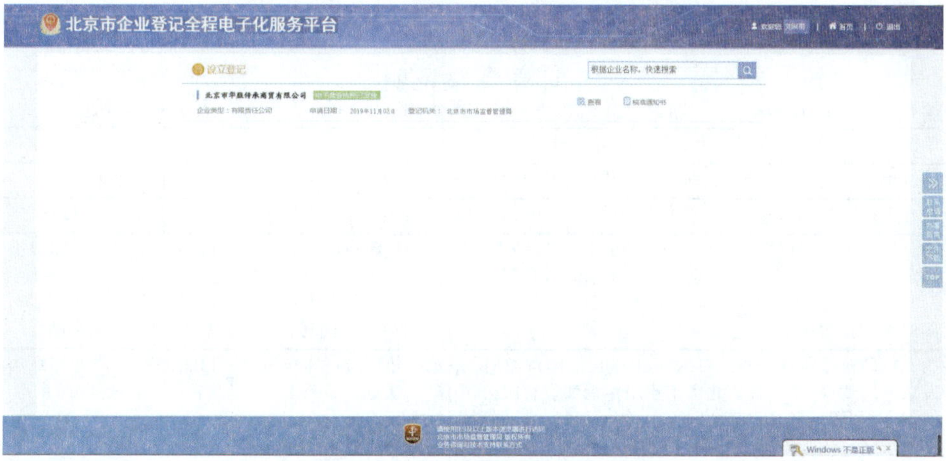

图1–17　设立核准通过（二）

第四步，领取执照。

时间：预约当天。

操作：携带准予设立登记通知书、办理人身份证原件，到工商局领取营业执照正、副本。领取营业执照，如图 1–18 所示。

图1-18　营业执照（正本）

第五步，印章刻制。现场或网上申请印章刻制（公安局备案章），备案证明留存，仅此一张，如图 1-19 所示。

印章备案证明

编号：11010500******　　备案印印章数：4枚　　第1页/共1页　　备案单位：朝阳区分局

单位名称	北京市华服传承商贸有限公司				
单位类型	企业单位	统一社会代码	9111010505228579XQ	法定代表人/负责人	刘淑丽
经办人	刘淑丽	经办人证件号	130521********2222	经办人电话	180****8888
第一枚印章：印章编号　1101058888345/印章类型　法定名称章/印章名称　北京市华服传承商贸有限公司/印章形状　圆形/印章规格　40/40/章面材料　--/备案原因　新增印章			第一枚印章：印章编号　1101058888346/印章类型　财务专用章/印章名称　北京市华服传承商贸有限公司财务专用章/印章形状　圆形/印章规格　38/38/章面材料　--/备案原因　新增印章		
第一枚印章：印章编号　1101058888347/印章类型　发票专用章/印章名称　北京市华服传承商贸有限公司发票专用章9111010505228579XQ/印章形状　椭圆形/印章规格　40/30/章面材料　--/备案原因　新增印章			第一枚印章：印章编号　1101058888348/印章类型　法定代表人名章/印章名称　刘淑丽/印章形状　正方形/印章规格　20/20/章面材料　--/备案原因　新增印章		

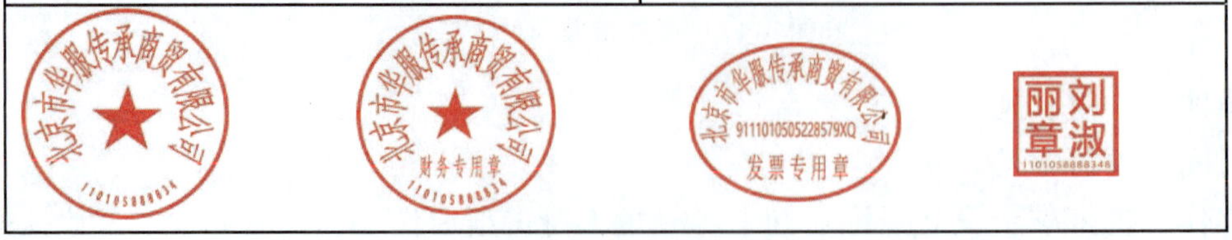

图1-19　印章备案证明

第六步，税务备案。电子税务局进行税务报道，填写一照一码户登记信息确认，如图 1-20~ 图 1-22 所示。

图1-20　电子税务局公众服务

图1-21　基础信息补充

财务会计制度及核算软件备案报告书

纳税人名称	北京市华服传承商贸有限公司	纳税人识别号	9111010505228579XQ
催报责任机关	税务局		
经办人	杨瑞	负责人	曲玉洁
资料	名称		备注
财务会计制度备案信息	会计制度名称	小企业会计准则	
	有效期起	有效期止	
	2019-11-05	2025-11-05	
财务制度	企业财务通则		
低值易耗品摊销方法	一次摊销		
折旧方法	折旧方法（大类）名称	折旧方法（小类）名称	
	直线折旧法	平均年限法	
	开采油（气）资源企业开发资产折旧方法	请选择	
	开采油（气）资源企业勘探支出摊销方法	请选择	
	开采油（气）资源企业矿区权益支出折耗方法	请选择	
成本核算方法	全月一次平均法		
会计核算软件	□有使用软件（软件信息须填写）	☑无使用软件	
	会计核算软件名称		
	会计核算软件版本号		
	会计核算软件启用日期		
	会计核算软件数据库类型		
核算方式	独立核算自负盈亏		
财务报表报送小类	请选择		

会计报表情况					
会计报表名称	报送期间	报送期限	会计报表类型	备注	
请选择	请选择		请选择		添加 删除

图1–22 财务制度备案

第七步，银行开户。自行选择合适银行合作开具账户。

第八步，税务、银行、企业三方协议签订，如图 1–23 和图 1–24 所示。

表单信息　资料信息　办理流程

委托扣款三方协议

纳税人识别号	9111010505228579XQ	纳税人名称	北京市华服传承商贸有限公司
法定代表人	刘淑丽	签订日期	2019年11月05日
开户银行	中国工商银行北京燕莎东支行	缴税账号	0202011509102435425
开户银行行号	********	清算行行号	*********
缴款账号名称	北京市华服传承商贸有限公司	三方协议号	*********

反馈意见：

打印　返回　打印协议书　验证

图1–23 网签三方协议

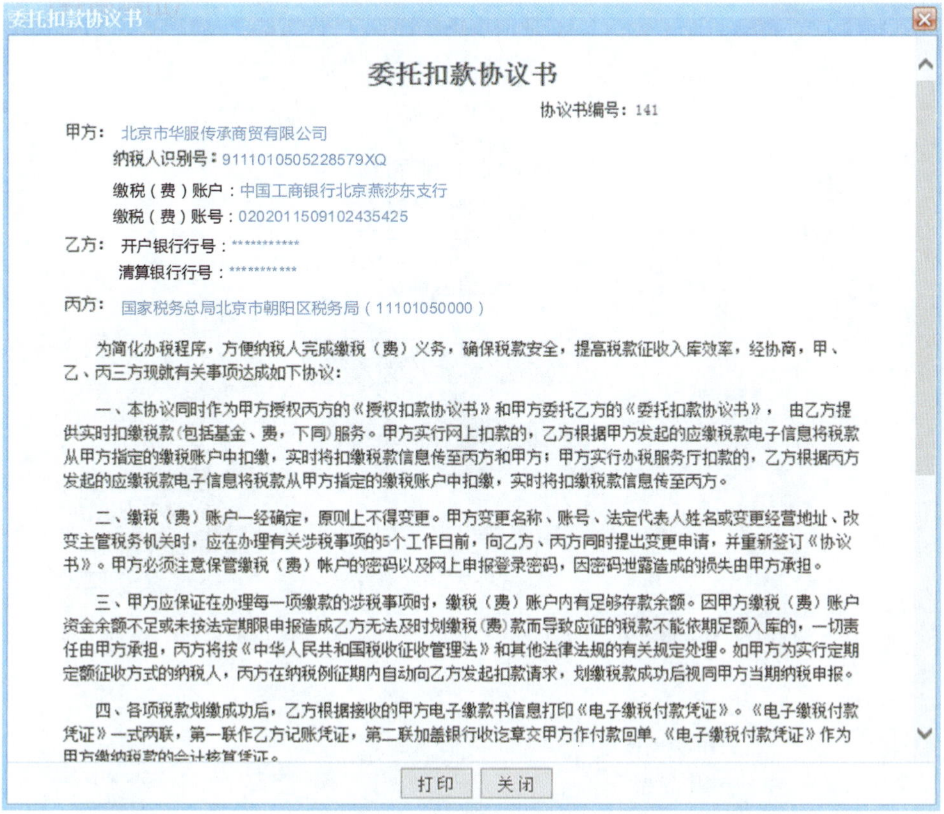

委托扣款协议书

委托扣款协议书

协议书编号：141

甲方： 北京市华服传承商贸有限公司

纳税人识别号：911101050522857 9XQ

缴税（费）账户：中国工商银行北京燕莎东支行

缴税（费）账号：0202011509102435425

乙方： 开户银行行号：***********

清算银行行号：***********

丙方： 国家税务总局北京市朝阳区税务局（11101050000）

为简化办税程序，方便纳税人完成缴税（费）义务，确保税款安全，提高税款征收入库效率，经协商，甲、乙、丙三方现就有关事项达成如下协议：

一、本协议同时作为甲方授权丙方的《授权扣款协议书》和甲方委托乙方的《委托扣款协议书》，由乙方提供实时扣缴税款（包括基金、费，下同）服务。甲方实行网上扣款的，乙方根据甲方发起的应缴税款电子信息将税款从甲方指定的缴税账户中扣缴，实时将扣缴税款信息传至丙方和甲方；甲方实行办税服务厅扣款的，乙方根据丙方发起的应缴税款电子信息将税款从甲方指定的缴税账户中扣缴，实时将扣缴税款信息传至丙方。

二、缴税（费）账户一经确定，原则上不得变更。甲方变更名称、账号、法定代表人姓名或变更经营地址、改变主管税务机关时，应在办理有关涉税事项的5个工作日前，向乙方、丙方同时提出变更申请，并重新签订《协议书》。甲方必须注意保管缴税（费）帐户的密码以及网上申报登录密码，因密码泄露造成的损失由甲方承担。

三、甲方应保证在办理每一项缴款的涉税事项时，缴税（费）账户内有足够存款余额。因甲方缴税（费）账户资金余额不足或未按法定期限申报造成乙方无法及时划缴税（费）款而导致应征的税款不能依期足额入库的，一切责任由甲方承担，丙方将按《中华人民共和国税收征收管理法》和其他法律法规的有关规定处理。如甲方为实行定期定额征收方式的纳税人，丙方在纳税例征期内自动向乙方发起扣款请求，划缴税款成功后视同甲方当期纳税申报。

四、各项税款划缴成功后，乙方根据接收的甲方电子缴款书信息打印《电子缴税付款凭证》。《电子缴税付款凭证》一式两联，第一联作乙方记账凭证，第二联加盖银行收讫章交甲方作付款回单，《电子缴税付款凭证》作为甲方缴纳税款的会计核算凭证。

打印 关闭

图1-24 网签三方协议

第九步，票种核定 ——→ 税控盘申领 ——→ 发票购买等。

第十步，企业经营。

税务：每年 5 月 31 日前进行年度汇算清缴，核定月度、季度申报。

工商：每年 6 月 30 日前自行网上年度公告。

（二）线下办理流程

企业开办涉税事项办理参考流程如下图所示。

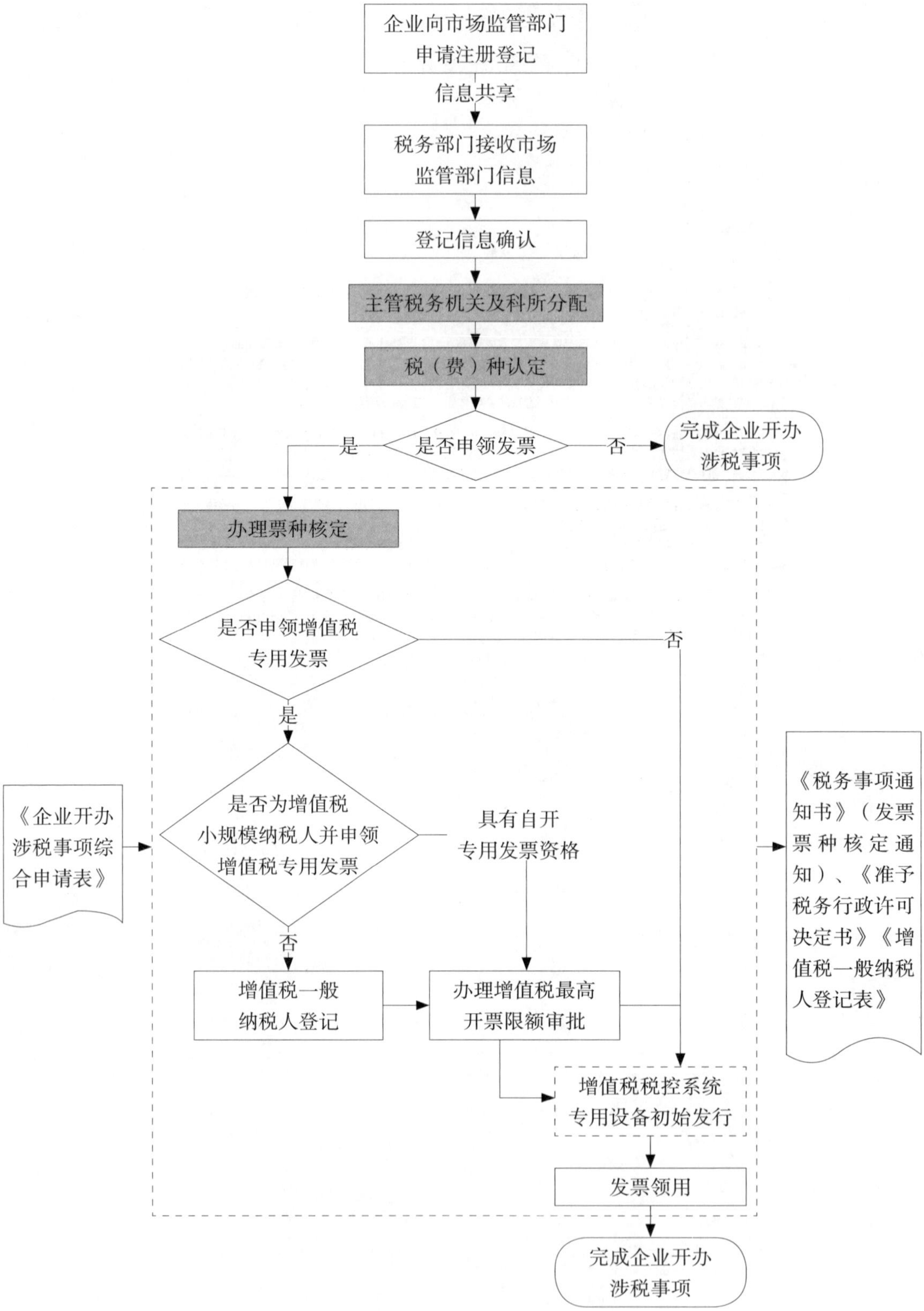
企业向市场监管部门申请注册登记
信息共享
税务部门接收市场监管部门信息
登记信息确认
主管税务机关及科所分配
税（费）种认定
是否申领发票
是
否
完成企业开办涉税事项
办理票种核定
是否申领增值税专用发票
否
是
《企业开办涉税事项综合申请表》
是否为增值税小规模纳税人并申领增值税专用发票
具有自开专用发票资格
否
增值税一般纳税人登记
办理增值税最高开票限额审批
增值税税控系统专用设备初始发行
发票领用
《税务事项通知书》（发票票种核定通知）、《准予税务行政许可决定书》《增值税一般纳税人登记表》
完成企业开办涉税事项

第一步，核准名称。首先，确定公司类型、名字、注册资本、股东及出资比例，去工商局现场柜台提交核名申请，叫号排队现场审核。提前准备两到三个名称，注意不要与驰名商标、知名商标、知名人士或已被注册的公司重名或者相近，容易引起法律风险。具体填写如表 2–1 所示。

表2–1　企业名称预先核准申请书

<table>
<tr><td colspan="6">☑企业设立名称预先核准</td></tr>
<tr><td>申请企业名称</td><td colspan="5">北京市华服传承商贸有限公司</td></tr>
<tr><td rowspan="2">备选企业字号</td><td colspan="3">北京市华服商贸有限公司</td><td colspan="2">北京市传承商贸有限公司</td></tr>
<tr><td colspan="3">北京市华翼商贸有限公司</td><td colspan="2">北京市红妆商贸有限公司</td></tr>
<tr><td>企业住所</td><td colspan="5">______省（市/自治区）____北京市____市（地区/盟/自治州）__朝阳区__县（自治县/旗/自治旗/市/区）__亮马桥__村（路/社区）__甲40__号__二十一世纪大厦B座905__</td></tr>
<tr><td>投资总额（外资）</td><td colspan="3">500　　万元</td><td>币种（外资）</td><td></td></tr>
<tr><td>注册资本（金）</td><td colspan="3">500　　万元</td><td>币种（外资）</td><td></td></tr>
<tr><td>企业类型</td><td colspan="3">有限责任公司</td><td>经营期限</td><td>5年</td></tr>
<tr><td>经营范围</td><td colspan="5">批发和零售女服装</td></tr>
<tr><td>投资人名称或姓名</td><td>证照号码</td><td>国别（地区）（外资）</td><td>出资额（万元）（外资）</td><td>币种（外资）</td><td>出资比例（外资）</td></tr>
<tr><td>刘淑丽</td><td>130521********2222</td><td>中国</td><td>300</td><td>人民币</td><td>60%</td></tr>
<tr><td>曾　静</td><td>441622********2222</td><td>中国</td><td>200</td><td>人民币</td><td>40%</td></tr>
<tr><td></td><td></td><td></td><td></td><td></td><td></td></tr>
<tr><td></td><td></td><td></td><td></td><td></td><td></td></tr>
<tr><td></td><td></td><td></td><td></td><td></td><td></td></tr>
<tr><td></td><td></td><td></td><td></td><td></td><td></td></tr>
<tr><td colspan="6">□已核准名称项目调整（投资人除外）</td></tr>
<tr><td>已核准名称</td><td colspan="2"></td><td>通知书文号</td><td colspan="2"></td></tr>
<tr><td>拟调整项目</td><td colspan="2">原申请内容</td><td colspan="3">拟调整内容</td></tr>
<tr><td></td><td></td><td></td><td></td><td></td><td></td></tr>
<tr><td></td><td></td><td></td><td></td><td></td><td></td></tr>
<tr><td></td><td></td><td></td><td></td><td></td><td></td></tr>
<tr><td></td><td></td><td></td><td></td><td></td><td></td></tr>
</table>

续表

□已核准名称延期			
已核准名称		通知书文号	
原有效期		有效期延至	____年___月___日
指定代表或者共同委托代理人			
指定代表或委托代理人/或者经办人姓名	刘淑丽	移动电话	180****8888
授权期限	自2019年10月25日至2019年11月30日		
授权权限 1. 同意☑不同意□核对登记材料中的复印件并签署核对意见； 2. 同意☑不同意□修改有关表格的填写错误； 3. 同意☑不同意□领取《企业名称预先核准通知书》。			
（指定代表或委托代理人、具体经办人身份证件复印件粘贴处）			

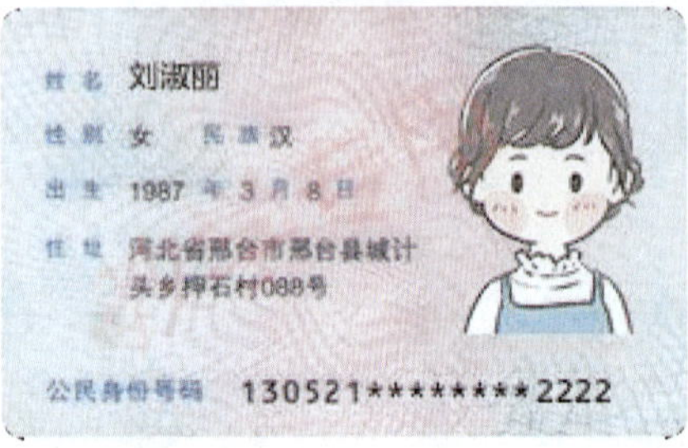

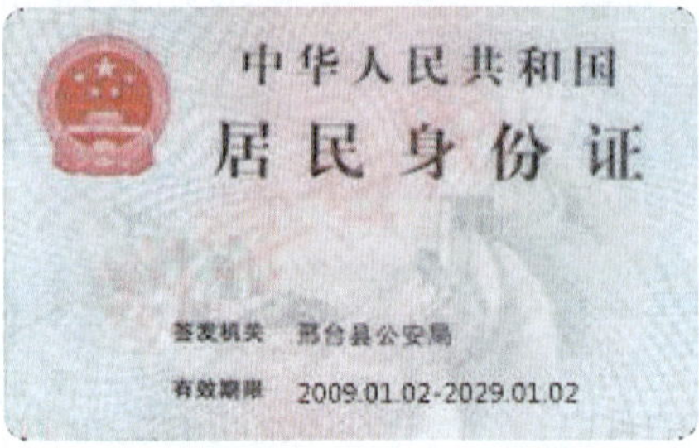

申请人 签字或盖章	刘淑丽 2019年10月28日

注：请仔细阅读本申请书《填写说明》，按要求填写。

第二步，设立登记。核名通过后，确认地址信息、高管信息、经营范围，在线提交预申请，审核时间为5~15个工作日，按照预约时间去工商局递交申请材料。具体填写如表2-2所示。

表2-2 公司登记（备案）申请书

□基本信息（必填项）			
名　　称	北京市华服传承商贸有限公司 （集团母公司需填写：集团名称：　　　　集团简称：　　　　）		
统一社会信用代码（设立登记不填写）			
住　　所	省（市/自治区）＿北京＿市（地区/盟/自治州）＿朝阳＿县（自治县/旗/自治旗/市/区）＿＿乡（民族乡/镇/街道）＿亮马桥＿村（路/社区）＿甲40＿号＿二十一世纪大厦B座905＿		
联系电话		邮政编码	

续表

<table>
<tr><td colspan="6">□设立（仅限设立登记填写）</td></tr>
<tr><td>法定代表人
姓名</td><td>刘淑丽</td><td>公司类型</td><td colspan="3">□有限责任公司　　□股份有限公司
□外资有限责任公司　　□外资股份有限公司</td></tr>
<tr><td>注册资本</td><td colspan="5">500 万元（币种：☑人民币　　□其他＿＿＿＿）</td></tr>
<tr><td>投资总额
（外资公司填写）</td><td colspan="5">＿＿＿＿万元（币种：＿＿＿＿）　折美元：＿＿＿＿万元</td></tr>
<tr><td>设立方式
（股份公司填写）</td><td colspan="2">☑发起设立
□募集设立</td><td colspan="2">营业期限/经营期限</td><td>☑长期　□＿＿＿＿年</td></tr>
<tr><td>申领执照</td><td colspan="5">☑申领纸质执照
其中：副本 壹 个（电子执照系统自动生成，纸质执照自行勾选）</td></tr>
<tr><td>经营范围
（根据《国民经济行业分类》、有关规定和公司章程填写）</td><td colspan="5">批发和零售女服装
（申请人须根据企业自身情况填写《企业登记政府部门共享信息表》相关内容。）</td></tr>
<tr><td colspan="6">□变更（仅限变更登记填写，只填写与本次申请有关的事项）</td></tr>
<tr><td>变更事项</td><td colspan="2">原登记内容</td><td colspan="3">变更后登记内容</td></tr>
<tr><td></td><td colspan="2"></td><td colspan="3"></td></tr>
<tr><td></td><td colspan="2"></td><td colspan="3"></td></tr>
<tr><td></td><td colspan="2"></td><td colspan="3"></td></tr>
<tr><td></td><td colspan="2"></td><td colspan="3"></td></tr>
<tr><td></td><td colspan="2"></td><td colspan="3"></td></tr>
<tr><td></td><td colspan="2"></td><td colspan="3"></td></tr>
<tr><td></td><td colspan="2"></td><td colspan="3"></td></tr>
<tr><td></td><td colspan="2"></td><td colspan="3"></td></tr>
<tr><td></td><td colspan="2"></td><td colspan="3"></td></tr>
<tr><td colspan="6">注：变更事项包括名称、住所、法定代表人（姓名）、注册资本、公司类型、经营范围、营业期限/经营期限、有限责任公司股东（股东姓名或者名称）、股份有限公司发起人的姓名或者名称。
申请公司名称变更，在名称中增加“集团或（集团）”字样的，应当填写集团名称、集团简称（无集团简称的可不填）</td></tr>
<tr><td colspan="6">☑备案（仅限备案登记填写）</td></tr>
<tr><td>事　　项</td><td colspan="5">□董事　☑监事　☑经理　☑章程　□章程修正案
☑联络员　□外国投资者法律文件送达接受人</td></tr>
<tr><td rowspan="2">清算组
(清算委员会)</td><td>成　　员</td><td colspan="4"></td></tr>
<tr><td>负 责 人</td><td></td><td>联系电话</td><td colspan="2"></td></tr>
</table>

续表

<table>
<tr><td colspan="6">☐指定代表/委托代理人（必填项）</td></tr>
<tr><td>委托权限</td><td colspan="5">1.同意☑不同意☐核对登记材料中的复印件并签署核对意见；
2.同意☑不同意☐修改企业自备文件的错误；
3.同意☑不同意☐修改有关表格的填写错误；
4.同意☑不同意☐领取营业执照和有关文书。</td></tr>
<tr><td>固定电话</td><td>86***888</td><td>移动电话</td><td></td><td>指定代表/委托代理人签字</td><td>刘淑丽</td></tr>
<tr><td colspan="6">（指定代表或者委托代理人身份证件复、影印件粘贴处）

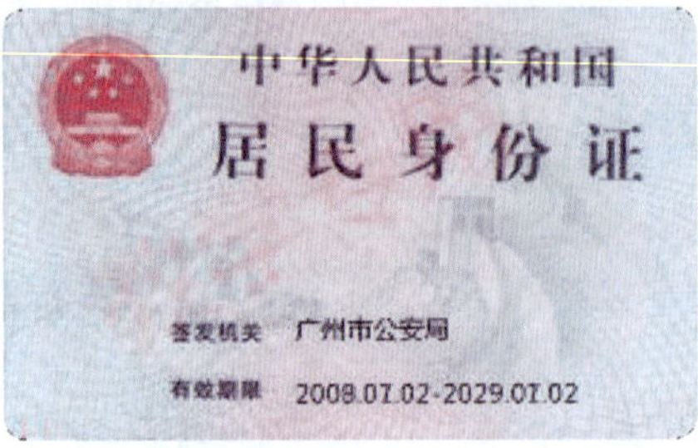
</td></tr>
<tr><td colspan="6">全体股东签字或盖章（仅限内资、外资有限责任公司设立登记）：
董事会成员签字（仅限内资、外资股份有限公司设立登记）：
刘淑丽　曾　静</td></tr>
<tr><td colspan="6">☐申请人承诺（必填项）</td></tr>
<tr><td colspan="6">本申请人和签字人承诺提交的材料文件和填报的信息真实有效，并承担相应的法律责任。
法定代表人签字（限设立、变更及清算组备案以外的备案）：
清算组负责人签字（限清算组备案）：
公司盖章
年　月　日</td></tr>
</table>

注：1.本申请书适用于内资、外资公司申请设立、变更、备案。

2.申请书应当使用A4纸。依本表打印生成的，使用黑色墨水钢笔或签字笔签署；手工填写的，使用黑色墨水钢笔或签字笔工整填写、签署。

附件：

附表1：法定代表人信息表。

法定代表人信息表

姓　名	刘淑丽	国别（地区）	
职　务	☐董事长　☑执行董事☑经理	产生方式	股东会选举
身份证件类型	身份证	身份证件号码	130521********2222
固定电话	010–86****88	移动电话	180****8888
住　所	北京市朝阳区***小区12号楼	电子邮箱	180****8888@139.com

（身份证件复、影印件粘贴处）

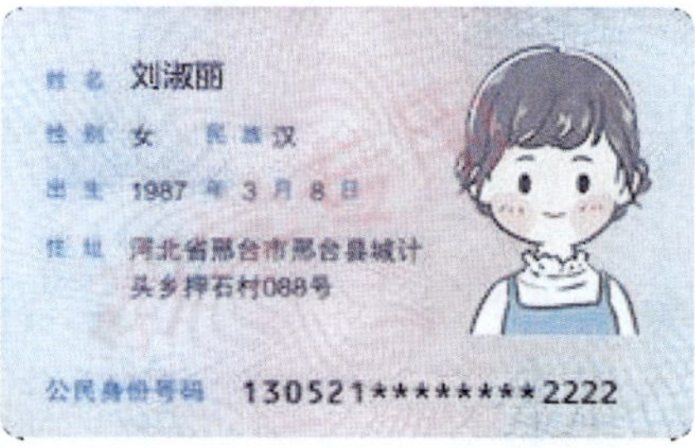

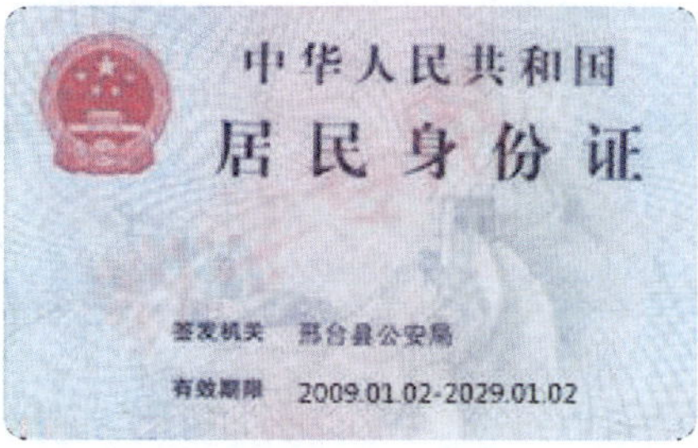

拟任法定代表人签字：

刘淑丽

2019年10月28日

注：本表适用于设立及变更法定代表人填写。

附表 2：董事、监事、经理信息表。

董事、监事、经理信息表

姓名<u>曾　静</u>　　国别（地区）<u>中　国</u>　　身份证件类型<u>身份证</u>

身份证件号码<u>441622********2222</u>　　职务<u>监　事</u>　　产生方式<u>股东会选举</u>

（身份证件复、影印件粘贴处）

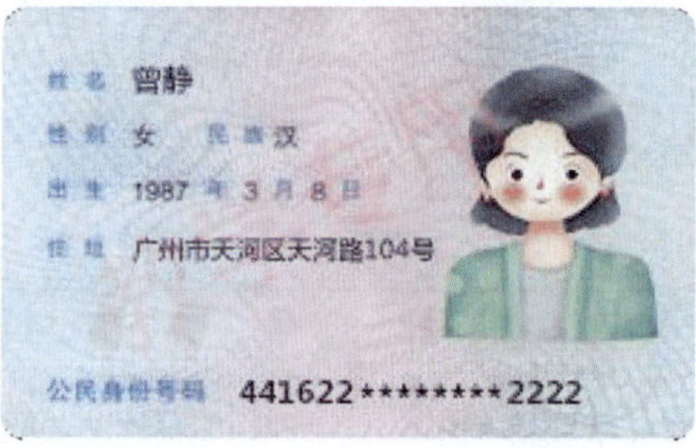

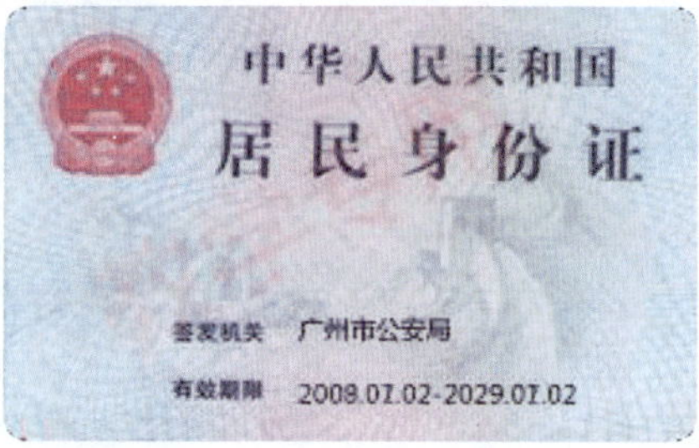

注：1.“职务”指董事长（执行董事）、董事、经理、监事会主席、监事。上市股份有限公司设置独立董事的应在“职务”栏内注明。

2.“产生方式”按照章程规定填写，董事、监事一般应为“选举”或“委派”；经理一般应为“聘任”。中外合资（合作）企业应当明确上述人员的委派方。

姓名________　　国别（地区）________　　身份证件类型________

身份证件号码________________　　职务________　　产生方式________

（身份证件复、影印件粘贴处）

备注事项同上

姓名________　　国别（地区）________　　身份证件类型________

身份证件号码________________　　职务________　　产生方式________

（身份证件复、影印件粘贴处）

备注事项同上

注：担任法定代表人的董事长、执行董事、经理不重复填写。

附表 3：股东（发起人）、外国投资者出资情况。

股东（发起人）、外国投资者出资情况

单位：万元（币种：☑人民币 □其他＿＿＿＿＿＿）

股东（发起人）、外国投资者名称或姓名	国别（地区）	证件类型	证件号码	认缴出资额	实缴出资额	出资（认缴）时间	出资方式	出资比例
刘淑丽	中国	身份证	130521********2222	300	300	2019.11.03	货币	60%
曾 静	中国	身份证	441622********2222	200	200	2019.11.03	货币	40%

附表 4：联络员信息表。

联络员信息表

姓 名	曾 静	固定电话	010-86***888
移动电话	180****6666	电子邮箱	180****6666@139.com
身份证件类型	身份证	身份证件号码	441622********2222
（身份证件复、影印件粘贴处）			

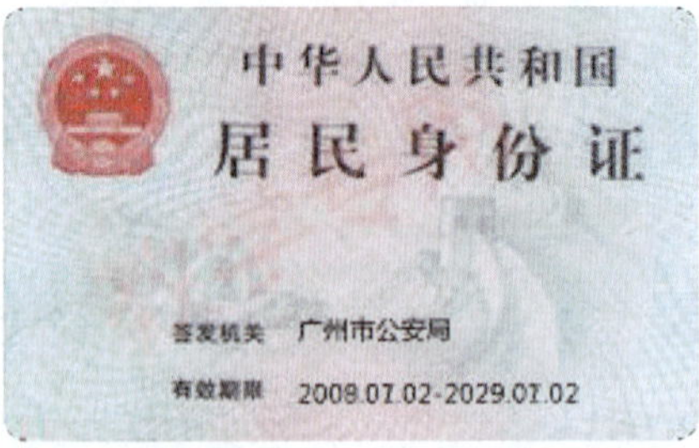

注：1.联络员主要负责本企业与企业登记机关的联系沟通，以本人个人信息登录国家企业信用信息公示系统，依法向社会公示本企业有关信息等。联络员应了解企业登记相关法规和企业信息公示有关规定。

2.联络员信息未变更的不需重填。

附表 5：承诺书。

承　诺　书

　　北京市朝阳区市场监督分局　　　　（登记机关名称）：

　　北京市华服传承商贸有限公司　　　　（企业名称）郑重承诺：登记机关已告知相关审批事项和审批部门。在领取营业执照后，本企业将及时到审批部门办理审批手续，在取得行政审批前不从事相关经营活动。如有超出登记经营范围从事后置审批事项经营的需要，也将先行办理经营范围变更登记和相应审批手续，未取得相关审批前不从事相关经营活动。

如有违反上述承诺内容情形发生的，愿自行承担相应的法律责任。

签字：刘淑丽　　曾静

2019 年 10 月 28 日

注：1.《承诺书》只在企业设立和经营范围变更时填写。

2.申请人为公司、非公司企业法人、非公司外商投资企业的，由法定代表人签字，设立时由拟任法定代表人签字；申请人为外国（地区）企业在中国境内从事生产经营活动的，由有权签字人签字；申请人为合伙企业、外商投资合伙企业的，由全体合伙人或委托执行事务合伙人签字；申请人为个人独资企业的，由投资人签字。变更登记时还须加盖公章，外国（地区）企业在中国境内从事生产经营活动除外。

3.有限责任公司和股份有限公司的分公司、非公司企业法人分支机构由隶属企业的法定代表人签字，营业单位由隶属单位的法定代表人签字，个人独资企业分支机构由隶属企业投资人签字，合伙企业分支机构由合伙企业执行事务合伙人或委派代表签字。设立、变更登记时，还须加盖隶属企业（单位）公章，外国（地区）企业在中国境内从事生产经营活动除外。

首次股东会决议

　　北京市华服传承商贸有限公司　　首次股东会于 2019 年 10 月 28 日在本公司会议室（地点）召开。本次会议召开的时间和地点，已于 15 日前（☑口头 □电话□传真□邮寄□公告□其他）方式通知了全体股东。代表公司表决权 100 %的股东参加了会议。

会议出资最多的股东 刘淑丽 召集会议。经代表公司表决权的 100% 股东同意，会议审议并通过以下事项：

1. 审议通过了公司章程。

2. 决定不设立董事会，选举 刘淑丽 为公司执行董事，并担任公司法定代表人兼总经理。

3. 决定不设立监事会（设监事 1 名），选举 曾静 为公司监事。

4. 确认了股东出资方式及缴纳期限：

股东名称	认缴金额	实缴金额	出资比例	出资时间	出资方式	币种
刘淑丽	300万元	300万元	60%	2019.11.3	货币资金	人民币
曾静	200万元	200万元	40%	2019.11.3	货币资金	人民币
合计	500万元	500万元	100%	2019.11.3		人民币

股东（法人）盖章、自然人签字：

刘淑丽　曾　静

2019年100月28日

北京市华服传承商贸有限公司章程

为了规范本公司的组织和行为，保护公司、股东和债权人的合法权益，维护社会经济秩序，促进社会主义市场经济的发展，依据《中华人民共和国公司法》（以下简称《公司法》）及其他有关法律、行政法规的规定，制定本章程。

第一章　公司名称和住所

第一条　公司名称：北京市华服传承有限公司

第二条　公司住所：北京市朝阳区亮马桥路甲40号二十一世纪大厦B座905

第二章　公司经营范围

第三条　公司经营范围：批发和零售女服装

第三章　公司注册资本

第四条　公司注册资本：人民币500万元整。

公司增加或减少注册资本，须经代表三分之二以上表决权的股东通过并作出决议。公司减少注册资本，还应当自作出决议之日起10日内通知债权人，并于30日内在报纸上公告。公司变更注册资本应依法向登记机关办理变更登记手续。

第五条　公司股东名录：

股东名称	认缴出资额	实缴出资额	持股比例	出资方式	出资时间
刘淑丽	3000000.00	3000000.00	60（%）	货币	2019.11.03
曾　静	2000000.00	2000000.00	40（%）	货币	2019.11.03

第四章　公司的机构及其产生办法、职权、议事规则

第六条　股东会由全体股东组成，是公司的权力机构，行使下列职权：

（1）决定公司的经营方针和投资计划；

（2）选举和更换执行董事、监事，决定有关执行董事、监事的报酬事项；

（3）审议批准执行董事、监事的报告；

（4）审议批准公司的年度财务预算方案、决算方案；

（5）审议批准公司的利润分配方案和弥补亏损的方案；

（6）对公司增加或者减少注册资本作出决议；

（7）对公司合并、分立、解散、清算或者变更公司形式作出决议；

（8）修改公司章程。

对前款所列事项股东以书面形式一致表示同意的，可以不召开股东会会议，直接作出决定，并由全体股东在决定文件上签名、盖章。

第七条 股东会的首次会议由出资最多的股东召集和主持。

第八条 股东会会议由股东按照出资比例行使表决权。

第九条 股东会会议分为定期会议和临时会议，并应当于会议召开15日以前通知全体股东。定期会议应于每年1月按时召开。代表10%以上表决权的股东，执行董事，监事提议召开临时会议的，应当召开临时会议。

第十条 股东会会议由执行董事召集并主持。执行董事不能履行或者不履行召集股东会会议职责的，由监事召集和主持；监事不召集和主持的，代表10%以上表决权的股东可以自行召集和主持。

第十一条 股东会会议应对所议事项作出决议，决议应由所有拥有表决权的股东表决通过。但公司修改章程、增加或者减少注册资本，以及公司合并、分立、解散或者变更公司形式，必须经所有股东通过。股东会应当对所议事项的决定作出会议记录，出席会议的股东应当在会议记录上签名。

第十二条 公司不设董事会，设执行董事一人，股东会选举产生，由曾静担任。执行董事任期三年，任期届满，可连选连任。

第十三条 公司执行董事、高级管理人员不得兼任公司监事。

第五章 公司法定代表人

第十四条 公司法定代表人姓名为刘淑丽。

第六章 附 则

第十五条 本章程经各方出资人共同订立，自公司设立之日起生效。

第十六条 本章程一式四份，股东各留存一份，公司留存一份，并报公司登记机关备案一份。

全体股东签名、盖章：刘淑丽 曾静

2019年10月28日

第三步，新办企业税务报表。

新办企业税务报表有纳税人首次办税补充信息表、财务会计制度及核算软件备案报告书及税（费）种申报表。

纳税人首次办税补充信息表

统一社会信用代码	9111010505228579XQ		纳税人名称	北京市华服传承商贸有限公司	
核算方式	请选择对应项目打“√” ☑独立核算　□非独立核算		从业人数	__6__其中外籍人数__	
适用会计制度	请选择对应项目打“√” □企业会计制度　□企业会计准则　☑小企业会计准则　□行政事业单位会计制度				
生产经营地	____省（市/自治区）_北京市_市（地区/盟/自治州）_朝阳区_县（自治县/旗/自治旗/市/区）____乡（民族乡/镇/街道）_亮马桥路_村（路/社区）_二十一世纪大厦B座905_号				
办税人员	身份证件种类	身份证件号码	固定电话	移动电话	电子邮箱
杨瑞	身份证	415922********6666	010-86****88	158****8888	
财务负责人	身份证件种类	身份证件号码	固定电话	移动电话	电子邮箱
曲玉洁	身份证	415922********8888	010-86****88	156****6666	
税务代理人信息					
纳税人识别号	名称		联系电话	电子信箱	
代扣代缴、代收代缴税款业务情况					
代扣代缴、代收代缴税种			代扣代缴、代收代缴税款业务内容		
经办人签章： 曲玉洁 _2019_年_11_月_05_日			纳税人公章： _2019_年_11_月_05_日		
国标行业（主）	批发、零售		主行业明细行业	女服装	
国标行业（附）			国标行业（附）明细行业		
纳税人所处街乡			隶属关系		
主管税务局			主管税务所（科、分局）		
经办人			信息采集日期		

财务会计制度及核算软件备案报告书

纳税人名称	北京市华服传承商贸有限公司	纳税人识别号	9111010505228579XQ
资　料	名　称		备　注
1．财务、会计制度	小企业会计准则		
2．低值易耗品摊销方法	一次性摊销法		
3．折旧方法	平均年限法		
4．成本核算方法	月末一次加权成本法		
5．会计核算软件	用友畅捷通		
6．会计报表	资产负债表、利润表		
纳税人： 经办人：　负责人：　纳税人（签章） 报告日期：　年　月　日		税务机关： 经办人：　负责人：　纳税人（签章） 报告日期：　年　月　日	

注：从事生产、经营的纳税人应当自领取税务登记证件之日起15日内，将本表报送税务机关备案。

税（费）种申报表

申报日期：2019年11月5日

纳税人名称： 北京市华服传承商贸有限公司			纳税人识别号（统一社会信用代码）： 911101050522857 9XQ		
国标行业：	批发零售				
申报税（费）种信息	税（费）种类别	税目	税率	备注一	备注二
	增值税			所属期（季初）	季
	城市维护建设税	市区（增值税附加）	0.07	所属期（季初）	季
	教育费附加	市区（增值税附加）	0.03	所属期（季初）	季
	地方教育附加	市区（增值税附加）	0.02	所属期（季初）	季
	企业所得税	应纳税所得额	0.25	所属期（季初）	季
	个人所得税	工资薪金		所属期（月初）	月
	印花税	购销合同	0.0003	所属期（季初）	季
	其他收入	工会经费	0.008	所属期（月初）	月

纳税人声明：

此表是我（单位）根据国家税收法律、法规和国家有关税收规定填报的，我（单位）确定它是真实、完整、可靠的，提交的资料真实、合法、有效。如有虚假，愿负法律责任。

纳税人（签章）： 2019 年 11 月 5 日

法定代表人（负责人）： 刘淑丽 财务负责人： 曲玉洁 财务负责人联系电话： 156****6666 经办人：杨瑞	如代理人填报，应填写以下内容：		
	兹授权　　　　为我（单位）税务代理人，代为办理我（单位）此项税务事宜。任何与本报表有关的来往文件都可寄与此代理人。 授权人（签章）： 年　月　日	代理人证件类型：	受理人：
		证件号码：	受理税务机关（签章）：
		代理人：	年　月　日
		代理人联系电话：	

注： 1.根据《中华人民共和国税收征收管理法》的规定，纳税人、扣缴义务人若不如实申报，将承担虚假申报、偷（逃）税的法律责任。

2.本表一式两份，一份纳税人留存，一份由受理税务机关留存。

二、了解企业相关的信息

商业会计可以通过翻阅公司资料，如营业执照、公司章程等自我了解公司的其他相关信息。

三、公司简介

企业名称：北京市华服传承商贸有限公司
统一社会信用代码：9111010505228579XQ
成立时间：2019 年 11 月 2 日
注册地址：北京市朝阳区亮马桥路甲 40 号二十一世纪大厦 B 座 905
电　　话：010-86898888
法定代表人：刘淑丽
注册资本：500 万元整
股权架构：刘淑丽出资 60%，曾静出资 40%（出资情况详见“公司章程”）
企业类型：有限责任公司
经营范围：批发和零售女服装
基本存款账户：
开户银行：中国工商银行北京燕莎东支行
账　　号：0202011509102435425

本企业 2019 年 11 月属于成立初期，2019 年 12 月为小规模纳税人，2020 年 1 月由小规模纳税人转为一般纳税人。

四、掌握岗前职责

商业会计单据簿取自一家真实企业的业务，基本上包含了商业会计接触到的所有原始单据业务，全面模拟一个商业会计人员的岗前准备、日常工作和月末工作，学员可以自己凭借业务单据填写记账凭证、登记账簿及编制会计报表等。商业会计正式上岗前必须做好岗前准备，包括掌握本岗位的基本职责、了解工作相关的信息，从而来保障工作的有效运行。

一般企业财务经理会传递给会计人员该岗位的岗位职责书，本企业的岗位职责书如下所示：

（1）商业企业全套账务的处理；
（2）商业企业财务部门人员安排及职责设置；
（3）商业企业财务制度的制定；

银行存款管理制度

1. 出纳应及时将公司银行存款日记账与银行对账单逐笔进行核对，于次月初编制银行存款余额调节表。

2. 所有的对内对外付款申请均需要经部门经理、财务部经理、总经理审批，出纳才能执行付款。

3. 所有空白支票、有价证券均必须存放保险柜内，严禁空白支票在使用前先盖上印章。

4. 出纳每日要把当天发生的单据及时交给会计人员。

费用报销制度

1. 因公出差，经总经理批准借支的款项，应当及时结清，不得拖欠。

2. 所有费用报销均由主管部门经理审核签字之后交给财务经理复核，再由总经理审批。

3. 借款人必须按规定填写借款单，注明借款事由、借款金额（大小写金额须完全一致，不得涂改），出纳应对借款事项专门设置台账进行跟踪管理。

4. 报销单填写必须完整，原始单据必须真实、合法，签章必须符合以上相关规定，出纳才给予报销。

5. 手续完整、填写无误的，出纳凭审批后的单据付款。

往来款项核算制度

1. 应收账款管理：企业为加强对应收账款的管理，在总分类账的基础上，按客户的名称设置明细分类账，详细、及时、准确地序时登记与客户的往来情况，定期与客户进行对账，并及时催收款项。

2. 其他应收账款的管理：公司形成的出差借款、采购借款、各部门备用金应于业务发生后及时报销冲借款。

3. 应付账款管理：企业因购买库存商品而发生的负债，按照实际发生额入账，在总分类账的基础上，按供应商的名称设置明细分类账，详细、及时、准确地序时登记与供应商的往来情况，定期与供应商进行核对。

4. 应付职工薪酬核算：根据有关规定，应付给职工的各种薪酬，按工资、员工福利、社保费、住房公积金等进行明细核算。

5. 其他应付款的管理：公司形成的其他应付款业务要及时登记，并及时核销。

存货核算制度

1. 企业设立库存商品、周转材料等存货数量金额明细账，记录库存商品、周转材料的收发情况，并结出其结存数量。

2. 购入库存商品时，按买价加运输途中的合理损耗，入库前的挑选整理费用和按规定应计入成本的税金及其他费用，作为实际成本，为了简化核算，企业购销过程中发生的运输费用应计入当期损益。

3. 库存商品的发出按全月一次加权平均法，一律以出库单的形式出库，在出库单上一般须注明产品名称、数量、领用部门等。

4. 每月末及年末需对库存商品进行盘点，务必做到账、表、物三者相符。在盘点中发现的盘盈、盘亏、损毁、变质等情况，应及时查明原因。若因管理不善造成的或无法查明原因的盘盈盘亏，经相关领导审批后，扣除收回的保险赔偿及过失人赔偿，计入当期损益。

固定资产核算制度

1. 固定资产在取得时，按取得时的成本入账，取得时的成本包括买价、相关税费、运输和保险等相关费用，以及为使固定资产达到预定可使用状态前所必要的支出。

2. 按企业实际情况， 固定资产分类及预计使用期限如下：房屋、建筑物为20年：飞机火车、轮船、机器、机械和其他生产设备为10年：与生产经营活动有关的器具、工具、家具等为5年；飞机、火车、轮船以外的运输工具为4年；电子设备为3年。

3. 企业对固定资产采用年限平均法（直线法）计提折旧，按月计提固定资产的折旧，本月增加的固定资产从下月起计提折旧，本月减少的固定资产从下月起停止计提折旧。

4. 固定资产管理由财务部和行政部共同负责，财务部设立固定资产明细账，行政部建立固定资产卡片，并定期对账。

5. 每年年底，由行政部牵头、财务部配合，组织使用部门对固定资产进行盘点，编制盘点表。

低值易耗品核算制度

1. 按企业实际情况，单位价值在50元~1000元之间的、不能作为固定资产处理的用具物品列为低值易耗品。

2. 低值易耗品在取得时，按取得时的成本入账，取得时的成本包括买价、相关税费、运输和保险等相关费用支出。

3. 低值易耗品摊销方式：领取时一次性摊销，借记“销售费用”“管理费用”等科目，贷记本科目。低值易耗品的残料价值作为当月低值易耗品摊销额的减少，冲减有关成本费用科目。

4. 每年年底，由行政部牵头、财务部配合，组织使用部门对低值易耗品进行盘点，编制盘点表。

八、会计核算的流程

会计核算的流程如下：

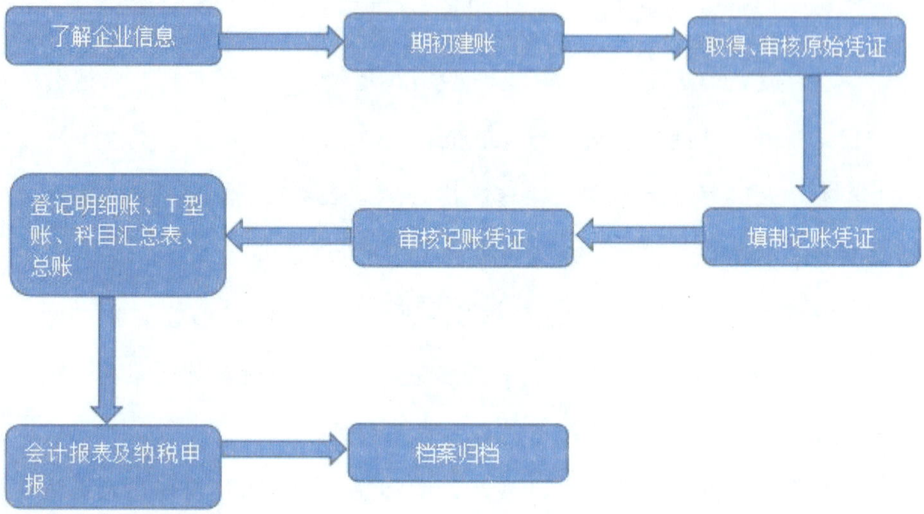

九、商业公司会计科目设置

《企业会计准则应用指南》附录了会计科目和使用说明，总共设计一级科目 156 个，企业根据实际情况选择和使用部分科目，按照通用习惯设置明细科目。

会计科目和主要账务处理依据《企业会计准则》中确认和计量的规定制定，涵盖了各类企业的交易或者事项。

企业在不违反会计准则中确认、计量和报告规定的前提下，可以根据本单位的实际情况自行增设、分拆、合并会计科目。

企业不存在的交易或者事项，可不设置相关会计科目。

对于明细科目，企业可以比照本附录中的规定自行设置。

会计科目编号供企业填制会计凭证、登记会计账簿、查阅会计账目、采用会计软件系统参考，企业可结合实际情况自行确定会计科目编号。

具体会计科目设计如下：

会计科目一览表

顺序号	编号	会计科目名称	顺序号	编号	会计科目名称
一、资产类			27	2203	预收账款
1	1001	库存现金	28	2211	应付职工薪酬
2	1002	银行存款	29	2221	应缴税费
3	1012	其他货币资金	30	2231	应付利息
4	1121	应收票据	31	2232	应付股利
5	1121	应收账款	32	2241	其他应付款
6	1123	预付账款	33	2501	长期借款
7	1131	应收股利	34	2502	应付债券
8	1132	应收利息	35	2701	长期应付款
9	1221	其他应收款	三、所有者权益类		
10	1231	坏账准备	36	4001	实收资本
11	1403	原材料	37	4002	资本公积
12	1405	库存商品	38	4101	盈余公积
13	1411	周转材料	39	4103	本年利润
14	1601	固定资产	40	4104	利润分配
15	1602	累计折旧	四、损益类		
16	1604	在建工程	41	6001	主营业务收入
17	1605	工程物资	42	6051	其他业务收入
18	1606	固定资产清理	43	6301	营业外收入
19	1701	无形资产	44	6401	主营业务成本
20	1702	累计摊销	45	6402	其他业务成本
21	1703	无形资产减值准备	46	6403	税金及附加
22	1801	长期待摊费用	47	6601	销售费用
23	1901	待处理财产损溢	48	6602	管理费用
二、负债类			49	6603	财务费用
24	2001	短期借款	50	6711	营业外支出
25	2201	应付票据	51	6801	所得税费用
26	2202	应付账款	52	6901	以前年度损益调整

十、商业公司税务处理

（一）增值税

商业的增值税税率是13%，小规模增值税征收率是3%。

（二）企业所得税

根据《企业所得税法》，本企业按照查账征收，税率为25%，假设会计和税法在本单位业务没有差异，会计的利润总额等于企业所得税的应纳税所得额。

（三）印花税

印花税实行由纳税人根据规定自行计算应纳税额，购买并一次贴足印花税票（以下简称贴花）的缴纳办法。

为简化贴花手续，应纳税额较大或者贴花次数频繁的，纳税人可向税务机关提出申请，采取以缴款书代替贴花或者按期汇总缴纳的办法，见下表。

印花税税目税率表

序号	税目	范围	税率	纳税人
1	购销合同	供应、预购、采购、购销、结合及协作、调剂等合同	购销金额0.3‰	立合同人
2	加工承揽合同	加工、定作、修缮、修理、印刷广告、测绘、测试等合同	加工或承揽收0.5‰	
3	建设工程勘察设计	勘察、设计合同	收取费用0.5‰	
4	建筑安装工程承包	建筑、安装工程承包合同	承包金额0.3‰	
5	财产租赁合同	租赁房屋、船舶、飞机、机动车辆、机械、器具、设备等合同	租赁金额1‰，1元起	
6	货物运输合同	民用航空运输、铁路运输、海上运输、联运合同	运输费用0.5‰	
7	仓储保管合同	仓储、保管合同	仓储保管费用1‰	
8	借款合同	银行及其他金融组织和借款人	借款金额0.05‰	
9	财产保险合同	包括财产、责任、保证、信用等保险合同	保险费收入1‰	
10	技术合同	技术开发、转让、咨询、服务等合同	所载金额0.3‰	
11	产权转移书据	财产所有权、版权、商标专用权、专利权、专有技术使用权、土地使用权出让合同、商品房销售合同等	所载金额0.5‰	立据人
12	营业账簿	生产、经营用账册	实收资本和资本公积合计0.5‰	立账簿人

续表

序号	税目	范围	税率	纳税人
13	权利、许可证照	房屋产权证、工商营业执照、商标注册证、专利证、土地使用证	按件贴花5元	领受人

（四）附加税费

城市维护建设税按照7%，教育费附加3%，地方教育附加2%，计税依据为实际缴纳的增值税和消费税的合计金额。

（五）个人所得税

本企业按照《个人所得税法》规定预扣预缴员工的个人所得税。个人所得税预扣率表——综合所得如下：

个人所得税预扣率表——综合所得

级数	年累计预扣预缴应纳税所得额	预扣率（%）	速算扣除数
1	不超过36000元的部分	3	0
2	超过36000元至144000元的部分	10	2520
3	超过144000元至300000元的部分	20	16920
4	超过300000元至420000元的部分	25	31920
5	超过420000元至660000元的部分	30	52920
6	超过660000元至960000元的部分	35	85920
7	超过960000元的部分	45	181920

累计预扣法具体公式如下：

本期应预扣预缴税额＝（累计预缴应纳税所得额×预扣率－速算扣除数）－已预扣预缴税额－累计减免税额

累计预缴应纳税所得额＝累计收入－累计免税收入－累计基本减除费用－累计专项扣除－累计专项附加扣除－累计依法确定的其他扣除。

其中：累计基本减除费用，按照5000元/月乘以纳税人当年截至本月在单位的任职受雇月份数计算。

（六）相关税费的计提

（1）增值税：税率13%，月报。

（2）城市维护建设税：当期应缴增值税、消费税的7%，月报。

（3）教育费附加：当期应缴增值税、消费税的3%，月报。

（4）地方教育附加：当期应缴增值税、消费税的2%，月报。

（5）企业所得税：采取查账征收，按月申报，税率为25%。

（七）税收优惠政策

Ⅰ.关于“六税”“两费”优惠政策

财政部、税务总局（关于实施小微企业普惠性税收减免政策的通知）

财税〔2019〕13号

1. 对月销售额10万元以下（含本数）的增值税小规模纳税人，免征增值税。

2. 对小型微利企业年应纳税所得额不超过100万元的部分，减按25%计入应纳税所得额，按20%的税率缴纳企业所得税；对年应纳税所得额超过100万元但不超过300万元的部分，减按50%计入应纳税所得额，按20%的税率缴纳企业所得税。

3. 由省、自治区、直辖市人民政府根据本地区实际情况，以及宏观调控需要确定，对增值税小规模纳税人可以在50%的税额幅度内减征资源税、城市维护建设税、房产税、城镇土地使用税、印花税（不含证券交易印花税）、耕地占用税和教育费附加、地方教育附加。

4. 增值税小规模纳税人已依法享受资源税、城市维护建设税、房产税、城镇土地使用税、印花税、耕地占用税、教育费附加、地方教育附加其他优惠政策的，可叠加享受本通知第三条规定的优惠政策。

财税〔2019〕13号文件的执行期限：
2019年1月1日至2021年12月31日

Ⅱ.关于印花税

财政部、税务总局关于对营业账簿减免印花税的通知

财税〔2018〕50号

各省、自治区、直辖市、计划单列市财政厅（局）、国家税务局、地方税务局，新疆生产建设兵团财政局：

为减轻企业负担，鼓励投资创业，现就减免营业账簿印花税有关事项通知如下：

自2018年5月1日起，对按万分之五税率贴花的资金账簿减半征收印花税，对按件贴花五元的其他账簿免征印花税。

请遵照执行。

财政部　税务总局
2018年5月3日

十一、新设企业训战结合

◆业务 01 ◆　接受投资

11 月 3 日，接受投资 5000000.00 元，其中刘淑丽 3000000.00 元，曾静 2000000.00 元，投资款存入基本账户。

1–1

收　据　　教学专用

No 0654201

日期：2019-11-03

今收到　刘淑丽

人民币　叁佰万元整　¥3000000.00元

系　付　投资款　　银行收讫

单位盖章：北京市华服传承商贸有限公司 财务专用章　会计：曲玉洁　出纳：杨瑞　收款人：杨瑞

白存根　红收据　黄记账

1–2

中国工商银行　网上银行电子回单　　教学专用

电子回单号码：0012-6392-1582-1581　　打印日期：2019年11月03日

付款人	户名	刘淑丽	收款人	户名	北京市华服传承商贸有限公司
	账号	6234921998710743538		账号	0202011509102435425
	开户银行	工行北京雅宝路支行		开户银行	工行北京燕莎东支行
金　额		¥3000000.00	金额（大写）		人民币叁佰万元整
摘　要		投资款	业务（产品）种类		同城转账
用　途					
交易流水号		24849840	时间戳		2019-11-03-15.04.05.468628

中国工商银行 电子回单专用章

备注：投资款
附言：投资款 支付交易序号：47477833 报文种类：小额客户发起普通贷记业务 委托日期：2019-11-03
业务类型（种类）：普通汇兑

验证码：8ZJN246OP415LKCte

记账网点	00268	记账专员	00012	记账日期	2019年11月3日

1-3

教学专用

中国工商银行 网上银行电子回单

电子回单号码：0012-6392-1582-1581　　打印日期：2019年11月03日

付款人	户名	曾静	收款人	户名	北京市华服传承商贸有限公司
	账号	62342145632149511245		账号	0202011509102435425
	开户银行	工行北京建国路支行		开户银行	工行北京燕莎东支行
金额		¥2000000.00	金额（大写）		人民币 贰佰万元整
摘要		投资款	业务（产品）种类		同城转账
用途					
交易流水号		24849840	时间戳		2019-11-03-15.04.05.468628
中国工商银行 电子回单 专用章		备注：投资款 附言：投资款 支付交易序号：47477833 报文种类：小额客户发起普通贷记业务 委托日期：2019-11-03 业务类型（种类）：普通汇兑			
		验证码：8ZJN246OP415LKCte			
记账网点		00268	记账专员	00012	记账日期 2019年11月3日

1-4

教学专用

收　据

No 0654202

日期：2019-11-03

今收到 曾静

人民币 贰佰万元整　　¥2000000.00元

系 付 投资款　　银行收讫

单位盖章：（北京市华服传承商贸有限公司 财务专用章）　会计：曲玉洁　出纳：杨瑞　收款人：杨瑞

白存根　红收据　黄记账

◆业务 02◆　取备用金

11 月 3 日，从银行提取 20000.00 元用于备用金。

2–1

教学专用

中国工商银行
现金支票存根
30101001
60069104

附加信息

出票日期 2019年11月03

收款人：北京市华服传承限公司

金额：20000.00元

用途：备用金

单位主管 赵鑫　　会计 张晶

北京市华服传承……　财务专……

◆业务 03◆　缴纳印花税

11 月 3 日，按照实收资本的 0.5‰计算并上缴印花税，现金付讫。

3–1

北京市华服传承商贸有限公司

教学专用

费　用　报　销　单

2019年11月03日

报销部门	财务部	经办人	杨瑞	附单据 1 张	
事由用途	交印花税				
报销金额	陆佰贰拾伍元整	现金付讫		（小写）	¥625.00
领导意见	赵鑫	财务负责人审批意见	曲玉洁	费用归类项目	单据张数	金额
				印花税	1	¥625.00

部门负责人：曲玉洁　　财务审核：张晶　　出纳：杨瑞

3–2

中华人民共和国
税收完税证明

教学专用

NO. 341010519010003627l

填发日期：2019年11月03日 税务机关：国家税务总局北京市朝阳区税务局

纳税人识别号	911101050522857 9XQ		纳税人名称	北京市华服传承商贸有限公司		
原始证号	税种	品目名称	税款所属时期	入（退）库日期	实缴（退）金额	
32017020300008652	印花税	印花税	2019-11-01至2019-11-30止	2019-11-03	625.00	第一联：（收据）交纳税人作完税凭证
金额合计	（大写） 人民币陆佰贰拾伍元整				¥625.00	
税务机关（盖章）	填票人 郭蒙		备注			

妥善保管、手写无效

◆业务 04◆ 付办公室租金

11 月 10 日，付办公楼租金 120000.00 元（2019 年 11 月 1 日 ~2020 年 10 月 31 日）及押金 10000.00 元，共 130000.00 元，以转账支付。

4–1

资金使用申请单

教学专用

2019年11月10日 编号：000000001

申请付款部门：	行政部	申请人	赵鑫
付款原因：	办公楼租金及押金		
付款方式：	银行转账		
付款金额：	人民币壹拾叁万元整 银行付讫		¥130000.00
收款单位：	北京市富顿电子有限公司		
收款银行及账号：	中国建设银行北京建设路支行112357964215987532l4		

单位负责人：赵鑫 部门负责人：赵鑫 财务经理：曲玉洁 出纳：杨瑞

4–2

教学专用

中国工商银行 网上银行电子回单

电子回单号码：0012-6392-1582-1582　　打印日期：2019年11月10日

付款人	户名	北京市华服传承商贸有限公司	收款人	户名	北京市富顿电子有限公司
	账号	0202011509102435425		账号	1123547854612587542658
	开户银行	工行北京燕莎东支行		开户银行	建行北京建设路支行
金　额		¥120000.00	金额（大写）		人民币 壹拾贰万元整
摘　要		房租	业务（产品）种类		跨行收报
用　途					
交易流水号		24849840	时间戳		2019-11-10-15.04.05.468628
（中国工商银行 电子回单 专用章）		备注：房租 附言：房租 支付交易序号：47477833 报文种类： 小额客户发起普通贷记业务 委托日期：2019-11-10 业务类型（种类）：普通汇兑			
		验证码：8ZJN246OP415LKCte			
记账网点		00268	记账专员	00012	记账日期 2019年11月10日

4–3

教学专用

北京增值税普通发票

011001931304　　№ 18915986

发票联

机器编号：928805186958　　011001931304　18915986

开票日期：2019年11月10日

购买方	名　　称：北京市华服传承商贸有限公司 纳税人识别号：9111010505228579XQ 地 址、电 话：朝阳区亮马桥路甲40010-86898888 开户行及账号：工行北京燕莎东支行0202011509102435425
密码区	> * 06 04 / 52 / + 90 * + 80 99 > 3795 +* 039 > 7 / 1062 < > < * * 13 + 7> 71 *< 4 < / - 21 < + 82018 < 30031 - +55+ 7 >> * 69 > 90 / 04 / 52 / + 90 * + 1589 >3795

货物或应税劳务、服务名称	规格型号	单位	数量	单价	金额	税率	税额
*经营租赁*房屋租金					114285.71	5%	5714.29
合　计					¥114285.71		¥5714.29
价税合计（大写）	⊗ 壹拾贰万圆整				（小写）¥120000.00		

销售方	名　　称：北京市富顿电子有限公司 纳税人识别号：9111010412563451RF 地 址、电 话：北京市建设路170号010-86883471 开户行及账号：建行北京建设路支行1123579642159875 3214
备注	地址：北京市建设路[illegible]大厦16楼503 （北京市富顿电子有限公司 9111010412563451RF 发票专用章）

收款人：张阳　　复核：王亮　　开票人：张阳　　销售方：（章）

第二联：发票联　购买方记账凭证

4-4

收　据

教学专用

No　0743283

日期：2019-11-10

今收到　北京市华服传承商贸有限公司

人民币　壹万元整　¥10000.00元

系　付　办公楼押金

单位盖章：财务专用章　会计：刘芸芸　出纳：李美　收款人：李美

白存根　红收据　黄记账

北京市富顿电子有限公司 财务专用章

4-5

中国工商银行　网上银行电子回单

教学专用

电子回单号码：0012-6392-1582-1582　打印日期：2019年11月10日

付款人	户名	北京市华服传承商贸有限公司	收款人	户名	北京市富顿电子有限公司
	账号	0202011509102435425		账号	1123547854612587542658
	开户银行	工行北京市燕莎东支行		开户银行	建行北京市建设路支行
金　额		¥10000.00	金额（大写）		人民币 壹万元整
摘　要		租房押金	业务（产品）种类		跨行收报
用　途					
交易流水号		24849840	时间戳		2019-11-10-15.04.05.468628
中国工商银行 电子回单专用章		备注：租房押金 附言：租房押金 支付交易序号：47477833 报文种类： 小额客户发起普通贷记业务 委托日期：2019-11-10 业务类型（种类）：普通汇兑			
		验证码：8ZJN246OP415LKCte			
记账网点		00268	记账专员	记账日期	2019年11月10日

◆业务 05 ◆　报销打包用品

11 月 16 日，周发发报销购买仓库商品打包用品，经审批后，出纳以现金支付 1000.00 元。

5-1

北京市华服传承商贸有限公司

费　用　报　销　单

教学专用

2019年11月16日

报销部门	行政部	经办人	周发发	附单据 2 张	
事由用途	打包用品				
报销金额	壹仟元整　现金付讫			（小写）	¥1000.00
领导意见	赵鑫	财务负责人审批意见	曲玉洁		
			费用归类项目	单据张数	金额
			打包用品	2	¥1000.00

部门负责人：曲玉洁　　财务审核：张晶　　出纳：杨瑞

5-2

教学专用

011001921304　　北京增值税普通发票　　№ 12970251

发票联

011001921304
12970251

机器编号：928805753958

开票日期：2019年11月16日

购买方		密码区
名　　称：	北京市华服传承商贸有限公司	> * 06 04 / 52 / + 90 * + 80 99 > 3795 +*
纳税人识别号：	9111010505228579XQ	039 > 7 / 1062 < > < * * 13 + 7> 71 *<
地 址、电 话：	朝阳区亮马桥路甲40010-86898888	4 < / - 21 < + 82018 < 30031 - +55+ 7 >>
开户行及账号：	工行北京燕莎东支行0202011509102435425	* 69 > 90 / 04 / 52 / + 90 * + 1589 >3795

货物或应税劳务、服务名称	规格型号	单位	数量	单价	金额	税率	税额
*包装用织物制品*打包用品		卷	250	3.883480	970.87	3%	29.13
合　计					¥970.87		¥29.13
价税合计（大写）	⊗壹仟圆整				（小写）¥1000.00		

销售方		备注
名　　称：	北京市晨光商贸有限公司	校验码：10[illegible]5 21105 1923[illegible]9887
纳税人识别号：	911101051256DG3422	
地 址、电 话：	北京市交大路170号010-8688344	
开户行及账号：	建行北京交大路支行11860254545800001254	

收款人：张珍珍　　复核：王文　　开票人：张珍珍　　销售方：（章）

第二联：发票联　购买方记账凭证

北京市晨光商贸有限公司　911101051256DG3422　发票专用章

5–3

入　　库　　单

教学专用

NO：012359575

入库部门：仓库

供应商：

2019年11月16日

编号	品名	规格	单位	数量	单价	金额 百	十	万	千	百	十	元	角	分
	打包用品		件	250										
备注					合计									

②财务入账联

会计：张晶　　保管：周发发　　交货人：　　制单：周发发

◆业务 06◆　报销交通费及刻章费

11 月 19 日，杨瑞报销公司刻章的镌刻咨询服务费 800.00 元、交通费 60.00 元，共计 860.00 元，现金付讫。

6–1

北京市华服传承商贸有限公司

费　用　报　销　单

教学专用

2019年11月19日

报销部门	财务部	经办人	杨瑞	附单据 3张	
事由用途	刻章及交通费				
报销金额	捌佰陆拾元整　现金付讫			（小写）	¥860.00
领导意见	赵鑫	财务负责人审批意见	曲玉洁	费用归类项目	单据张数	金额
				刻章	1	¥800.00
				交通	2	¥60.00

部门负责人：曲玉洁　　财务审核：张晶　　出纳：杨瑞

6–2

教学专用

北京增值税普通发票

发 票 联

011001921304　　№ 54887496

011001921304
54887496

机器编号：925205152362　　开票日期：2019年11月19日

购买方	名　　称：北京市华服传承商贸有限公司 纳税人识别号：9111010505228579XQ 地 址、电 话：朝阳区亮马桥路甲40010-86898888 开户行及账号：工行北京燕莎东支行0202011509102435425			密码区	> * 06 04 / 52 / + 90 * + 80 98 > 3795 +* 039 > 7 / 1062 < > < * * 13 + 7> 71 *< 4 < / - 21 < + 82018 < 30031 - +55+ 7 >> * 69 > 90 / 04 / 52 / + 90 * + 80 99 >3795		
货物或应税劳务、服务名称	规格型号	单位	数量	单价	金额	税率	税额
*鉴证咨询服务*镌刻咨询服务费（公章）		个	1	194.17	194.17	3%	5.83
*鉴证咨询服务*镌刻咨询服务费（发票章）		个	1	194.17	194.17	3%	5.83
*鉴证咨询服务*镌刻咨询服务费（财务章）		个	1	194.17	194.17	3%	5.83
*鉴证咨询服务*镌刻咨询服务费（合同章）		个	1	194.17	194.17	3%	5.83
合　　计					¥776.68		¥23.32
价税合计（大写）	⊗ 捌佰圆整				（小写）¥800.00		
销售方	名　　称：北京市华丽刻章有限公司 纳税人识别号：911101051256364XC 地 址、电 话：北京市建设路31号010-4583471 开户行及账号：交行北京建设路支行11800021589753210002			备注	校验码 10295 21105 19235 69887		

收款人：李阳　　复核：胡军　　开票人：李阳　　销售方：（章）

第二联：发票联　购买方记账凭证

（印章：北京市华丽刻章有限公司 911101051256364XC 发票专用章）

6–3

教学专用　[redacted]

北京市出租汽车专用发票
BEIJING TAXE SPECLAL INVOLCE
发票联
INVOICE

1 1 1 0 0 1 4 8 1 0 0 4
8 3 1 7 5 2 0 6

单位 compang　0083
电话 Tel　63521822
[redacted] 车号 Taxl NO.　京 B-N3347
证号 Certificate NO.　452520
日期 Date　2019-11-19
时间 Time　07：43-08：34
单价 Price per km　3.5
里程 Distance　7.14
等候 Waiting time　00：04：48
状态 State　----
金额 Fare　¥25.00
卡号 Car No.　----
卡原额 Caed Original Sum　----
卡余额 Card Balance sun　----
密 码：[redacted]

机打发票手写无效

（印章：北京市出租汽车 91110114802659202W 发票专用）

教学专用　[redacted]

北京市出租汽车专用发票
BEIJING TAXE SPECLAL INVOLCE
发票联
INVOICE

1 1 1 0 0 1 4 8 1 0 0 4
8 3 1 7 5 2 0 6

单位 compang　0083
电话 Tel　83611888
[redacted] 车号 Taxl NO.　京 B--Q3856
证号 Certificate NO.　256902
日期 Date　2019-11-19
时间 Time　15：13-15：35
单价 Price per km　3.5
里程 Distance　10.00
等候 Waiting time　00：04：48
状态 State　----
金额 Fare　¥35.00
卡号 Car No.　----
卡原额 Caed Original Sum　----
卡余额 Card Balance sun　----
密 码：[redacted]

机打发票手写无效

（印章：北京市出租汽车 91110114802659202W 发票专用）

◆业务 07◆　购买 A4 纸

11 月 20 日，行政部周发发购买 A4 纸 10 包，共 160.00 元，以现金付讫。

7-1

北京市华服传承商贸有限公司

费　用　报　销　单

教学专用

2019年11月20日

报销部门	行政部	经办人		周发发	附单据 1 张	
事由用途	购A4纸					
报销金额	壹佰陆拾元整		现金付讫		（小写）	¥160.00
领导意见	赵鑫	财务负责人审批意见	曲玉洁	费用归类项目	单据张数	金额
				办公费	1	¥160.00

部门负责人：赵鑫　　财务审核：张晶　　出纳：杨瑞

7-2

011001921304　　**北京增值税普通发票**　　№ 12970854

教学专用

发　票　联

机器编号：928805753958　　011001921304　12970854

开票日期：2019年11月20日

购买方	名　　称：北京市华服传承商贸有限公司 纳税人识别号：9111010505228579XQ 地 址、电 话：朝阳区亮马桥路甲40010-86898888 开户行及账号：工行北京燕莎东支行0202011509102435425	密码区	> * 06 04 / 52 / + 90 * + 80 99 > 3795 +* 039 > 7 / 1062 < > < * * 13 + 7> 71 *< 4 < / - 21 < + 82018 < 30031 - +55+ 7 >> * 69 > 90 / 04 / 52 / + 90 * + 1589 >3795

货物或应税劳务、服务名称	规格型号	单位	数量	单价	金额	税率	税额
*纸制品*A4纸		包	10	15.534	155.34	3%	4.66
合　　计					¥155.34		¥4.66
价税合计（大写）	⊗ 壹佰陆拾圆整				（小写）¥160.00		

销售方	名　　称：北京市晨光商贸有限公司 纳税人识别号：911101051256DG3422 地 址、电 话：北京市交大路170号010-8688344 开户行及账号：建行北京交大路支行11860254545800001254	备注	校验码：10[illegible] 69887 北京市晨光商贸有限公司 911101051256DG3422 发票专用章

收款人：张珍珍　　复核：王文　　开票人：张珍珍　　销售方：（章）

第二联：发票联　购买方记账凭证

◆业务 08◆　购买固定电话

11 月 20 日，行政部赵鑫购买固定电话 3 部，每部 200.00 元，共 600.00 元，以现金付讫。

8–1

北京市华服传承商贸有限公司

费　用　报　销　单

教学专用

2019年11月20日

报销部门	行政部		经办人	赵鑫	附单据 1 张	
事由用途	购3台固定电话					
报销金额	陆佰元整				（小写）	¥600.00
领导意见	赵鑫	财务负责人审批意见	安玉洁	费用归类项目	单据张数	金额
			现金付讫	办公费	1	¥600.00

部门负责人：赵鑫　　财务审核：张晶　　出纳：杨瑞

8–2

011001931304　　**北京增值税普通发票**　　№ 18970288　　教学专用

发票联

011001931304
18970288

机器编号：928805753958　　开票日期：2019年11月20日

购买方	名称：北京市华服传承商贸有限公司 纳税人识别号：91110105052285579XQ 地址、电话：朝阳区亮马桥路甲40010-86898888 开户行及账号：工行北京燕莎东支行0202011509102435425	密码区	> * 06 04 / 52 / + 90 * + 80 99 > 3795 +* 039 > 7 / 1062 < > < * * 13 + 7> 71 *< 4 < / - 21 < + 82018 < 30031 - +55+ 7 >> * 69 > 90 / 04 / 52 / + 90 * + 1589 >3795

货物或应税劳务、服务名称	规格型号	单位	数量	单价	金额	税率	税额
*电话单机*固定电话		部	3	194.173333	582.52	3%	17.48
合　　计					¥582.52		¥17.48
价税合计（大写）	⊗ 陆佰圆整				（小写）¥600.00		

销售方	名称：北京市海林商贸有限公司 纳税人识别号：911101051521389X 地址、电话：北京市交大路170号010-86883222 开户行及账号：建行北京市交大路支行11860254545800001254	备注	校验码：10[illegible]5 21105 192[illegible] 6[illegible]887 北京市海林商贸有限公司 911101051521389X 发票专用章

收款人：陈航　　复核：陈鸣　　开票人：罗云　　销售方：（章）

第二联：发票联　购买方记账凭证

8-3

入　库　单　　教学专用

入库部门：仓库　　　　NO：012359576

供应商：　　2019年11月16日

编号	品名	规格	单位	数量	单价	金额（百十万千百十元角分）
	固定电话		件	3		
备注					合计	

会计：张晶　保管：周发发　交货人：　制单：周发发

②财务入账联

◆业务 09◆　租入专柜

11 月 20 日，从北京市宏图国贸有限公司租入零售专柜，半年期，每月租金 3000.00 元，押金 2000 元，从基本户转付。

9-1

资金使用申请单　　教学专用

2019年11月20日　　编号：000000002

申请付款部门：	行政部	申请人	赵鑫
付款原因：	专柜租金18000元及押金2000元		
付款方式：	银行转账		
付款金额：	人民币贰万元整　银行付讫		¥20000.00
收款单位：	北京市宏图国贸有限公司		
收款银行及账号：	中国建设银行北京长安路支行11021456987145654285		

单位负责人：赵鑫　部门负责人：赵鑫　财务经理：曲玉洁　出纳：杨瑞

9–2

011001931604　　**北京增值税普通发票**　　№ 12970845　　教学专用

发票联

011001931604
12970845

机器编号：928805253988　　开票日期：2019年11月20日

购买方	名称：北京市华服传承商贸有限公司 纳税人识别号：9111010505228579XQ 地址、电话：朝阳区亮马桥路甲40010-86898888 开户行及账号：工行北京燕莎东支行0202011509102435425			密码区	> * 06 04 / 52 / + 90 * + 80 99 > 3795 +* 039 > 7 / 1062 < > < * * 13 + 7> 71 *< 4 < / - 21 < + 82018 < 30031 - +55+ 7 >> * 69 > 90 / 04 / 52 / + 90 * + 1589 >3795		

货物或应税劳务、服务名称	规格型号	单位	数量	单价	金额	税率	税额
*经营租赁*专柜租金		平方	50	349.5145	17475.73	3%	524.27
合　　计					¥17475.73		¥524.27
价税合计（大写）	⊗ 壹万捌仟圆整				（小写）¥18000.00		

销售方	名称：北京市宏图国贸有限公司 纳税人识别号：91110104647330425FQ 地址、电话：北京市信息路170号010-86883444 开户行及账号：工行北京市长安路支行11021456987145654285	备注	校验码：1029[illegible]887 北京市信息路170号宏图国贸大厦[illegible]楼503

收款人：陈新　　复核：何红　　开票人：陈新　　销售方：（章）

第二联：发票联　购买方记账凭证

9–3

中国工商银行　网上银行电子回单

教学专用

电子回单号码：0012-6392-1582-1583　　打印日期：2019年11月20日

付款人	户名	北京市华服传承商贸有限公司	收款人	户名	北京市宏图国贸有限公司
	账号	0202011509102435425		账号	11021456987145654285
	开户银行	工行北京燕莎东支行		开户银行	工行北京长安路支行
金额		¥18000.00	金额（大写）		人民币 壹万捌仟元整
摘要		专柜租金	业务（产品）种类		同城转账
用途					
交易流水号		24849840	时间戳		2019-11-20-15.04.05.468628
中国工商银行 电子回单专用章		备注：专柜租金 附言：专柜租金 支付交易序号：47477833 报文种类：小额客户发起普通贷记业务 委托日期：2019-11-20 业务类型（种类）：普通汇兑			
		验证码：8ZJN246OP415LKCte			
记账网点		00268	记账专员	00012	记账日期 2019年11月20日

9–4

中国工商银行　网上银行电子回单　　教学专用

电子回单号码：0012-6392-1582-1583　　打印日期：2019年11月20日

付款人	户名	北京市华服传承商贸有限公司	收款人	户名	北京市宏图国贸有限公司
	账号	0202011509102435425		账号	11021456987145654285
	开户银行	工行北京燕莎东支行		开户银行	工行北京长安路支行
金额		￥2000.00	金额（大写）		人民币 贰仟元整
摘要		专柜押金	业务（产品）种类		同城转账
用途					
交易流水号		24849840	时间戳		2019-11-20-15.04.05.468628
中国工商银行 电子回单 专用章		备注：专柜押金 附言：专柜押金 支付交易序号：47477833 报文种类：小额客户发起普通贷记业务 委托日期：2019-11-20 业务类型（种类）：普通汇兑			
		验证码：8ZJN246OP415LKCte			
记账网点		00268	记账专员	00012	记账日期 2019年11月20日

9–5

收　据

教学专用

No 0753283

日期：2019-11-20

今收到 北京市华服传承商贸有限公司

人民币 贰仟元整　　￥2000.00元

系　付 专柜押金

单位盖章：（北京市宏图国贸有限公司 财务专用章）　会计：刘畅　出纳：林青　收款人：林青

白存根　红收据　黄记账

◆业务 10◆ 购入轿车

11 月 22 日，购奔驰轿车 1 辆，增值税普通发票注明：价税合计 501327.43 元，缴纳车辆购置税 48672.57 元。共 550000.00 元从基本账户付讫。折旧年限 4 年，残值率 5%。

10–1

资金使用申请单

教学专用

2019年11月22日　　编号：000000003

申请付款部门：	行政部	申请人	赵鑫
付款原因：	购轿车一辆及购置税		
付款方式：	银行转账		
付款金额：	人民币伍拾伍万元整		¥550000.00
收款单位：	北京市邓艺汽车贸易有限公司		
收款银行及账号：	建行北京市北路甲支行11563212365875465245		

银行付讫

单位负责人：赵鑫　部门负责人：赵鑫　财务经理：曲玉洁　出纳：杨瑞

10–2

机动车销售统一发票

发票联

教学专用

发票代码：141001920024
发票号码：01951913

开票日期：2019-11-22

机打代码	141001920024	税控码	02 * > * 4 + 7 3 - 6 + 2 7 1 > 9 5 4 - 8+ 5 3 3 9/—9 3 2 0 + */7		
机打号码	01951913		1 1 9 5 16 /> 5 4 8 + 4 6 <6> 4 /0 8 0 +<+3 3 -/6 4 4 2 -4 3 7 7		
机器编码	661515689706		8 5 7 7 0 /<> 2 +1 1 0 < 7 1 > -> 022 +< 5 2 9 1 * 3 < 2 <- -1>38 2 7 /<8 7 2 - 4 6 + - 2 <> 5 4 */ 8 5 6 2 8 1 0 1 7 6 6 5 2 6> -		
购买方名称及身份证号码	北京市华服传承商贸有限公司	纳税人识别号	9111010505228579XQ		
车辆类型	奔驰轿车	厂牌型号		产地	**
合格证号	WTRFYJ132979498	进口证明书号		商检单号	
发动机号码	LGTR8671468438479	车辆识别代码/车架号码	LGTRFYGU78F879863		
价税合计	伍拾万壹仟叁佰贰拾柒元肆角叁分		小写 ¥501,327.43		
销货单位名称	北京市邓艺汽车商贸有限公司	电话	010-67185705		
纳税人识别号	9111010441532415DB	账号	1156321236587545245		
地址	北京市	开户银行	中国工商银行北京北路甲支行		
增值税税率或征收率	3%	增值税税额	14601.77	主管税务机关及代码	国家税务总局北京市分局 1000078001
不含税价	486725.66	完税凭证号码		吨位	限乘人数 5

销货单位盖章　（北京市邓艺汽车商贸有限公司 9111010441532415DB 发票专用章）　开票人：陈静静　备注：一车一票

第一联发票联（购货单位付款凭证）（手开无效）

10–3

中国工商银行　网上银行电子回单　教学专用

电子回单号码：0012-6392-1582-1583　　打印日期：2019年11月22日

付款人	户名	北京市华服传承商贸有限公司	收款人	户名	北京市邓艺汽车贸易有限公司
	账号	0202011509102435425		账号	1156321236587545245
	开户银行	工行北京燕莎东支行		开户银行	建行北京北路甲支行
金 额		¥501327.43	金额（大写）		人民币伍拾万壹仟叁佰贰拾柒元肆角叁分
摘 要		购买轿车一辆	业务（产品）种类		跨行收报
用 途					
交易流水号		24849840	时间戳		2019-11-22-15.04.05.468628
中国工商银行 电子回单 专用章		备注： 购买轿车一辆 附言：购买轿车一辆 支付交易序号：47477833 报文种类： 小额客户发起普通贷记业务 委托日期：2019-11-22 业务类型（种类）：普通汇兑			
		验证码：8ZJN246OP415LKCte			
记账网点	00268	记账专员	00012	记账日期	2019年11月22日

10–4

中国工商银行　网上银行电子回单　教学专用

电子回单号码：0012-6392-1582-1583　　打印日期：2019年11月22日

付款人	户名	北京市华服传承商贸有限公司	收款人	户名	北京市邓艺汽车贸易有限公司
	账号	0202011509102435425		账号	1156321236587545245
	开户银行	工行北京燕莎东支行		开户银行	建行北京北路甲支行
金 额		¥48672.57	金额（大写）		人民币 肆万捌仟陆佰柒拾贰元伍角柒分
摘 要		代收车购税	业务（产品）种类		跨行收报
用 途					
交易流水号		24849840	时间戳		2019-11-22-15.04.05.468628
中国工商银行 电子回单 专用章		备注： 代收车购税 附言：代收车购税 支付交易序号：47477833 报文种类： 小额客户发起普通贷记业务 委托日期：2019-11-22 业务类型（种类）：普通汇兑			
		验证码：8ZJN246OP415LKCte			
记账网点	00268	记账专员	00012	记账日期	2019年11月22日

10-5

中华人民共和国
税收完税证明

教学专用

NO. 3410105190100036271

填发日期：2019年11月22日　　税务机关：国家税务总局北京市朝阳区税务局

纳税人识别号	911101050522 8579XQ		纳税人名称	北京市华服传承商贸有限公司	
原始证号	税种	品目名称	税款所属时期	入（退）库日期	实缴（退）金额
32017020300008652	车辆购置税	车辆购置税	2019-11-01至2019-11-30止	2019-11-22	48672.57
金额合计	（大写）人民币肆万捌仟陆佰柒拾贰元伍角柒分				¥48672.57
税务机关（盖章）	填票人 郭蒙		备注：正常申报 正税自行申报 主管税务所（科、分局）：国家税务总局北京市朝阳区税务所税源管理科 发票价格：501327.43，车辆厂牌：奔驰（Mercedes-Benz），发动机号码：LGTR8671468438479 车辆识别代号：LGTRFYGU78F879863			

妥善保管、手写无效

第一联：（收据）交纳税人作完税凭证

◆业务 11◆　报销人才招聘费用

11 月 22 日，行政部门周发发报销 58 同城招聘费用，3 个月共 1800 元，以现金支付。

11-1

北京市华服传承商贸有限公司

费用报销单

教学专用

2019年11月22日

报销部门	行政部	经办人	周发发	附单据 1 张	
事由用途	3个月网站招聘费				
报销金额	壹仟捌佰元整			（小写）	¥1800.00
领导意见	赵鑫	财务负责人审批意见	曲玉洁	费用归类项目	单据张数	金额
				招聘费用	1	¥1800.00

现金付讫

部门负责人：赵鑫　　财务审核：张晶　　出纳：杨瑞

11–2

教学专用

北京增值税普通发票

011001931304　　发 票 联　　№ 18970274

011001931304
18970274

机器编号：928805753958　　开票日期：2019年11月22日

购买方	名　　称：北京市华服传承商贸有限公司 纳税人识别号：9111010505228579XQ 地 址、电 话：朝阳区亮马桥路甲40010-86898888 开户行及账号：工行北京燕莎东支行0202011509102435425	密码区	> * 06 04 / 52 / + 90 * + 80 99 > 3795 +* 039 > 7 / 1062 < > < * * 13 + 7> 71 *< 4 < / - 21 < + 82018 < 30031 - +55+ 7 >> * 69 > 90 / 04 / 52 / + 90 * + 1589 >3795

货物或应税劳务、服务名称	规格型号	单位	数量	单价	金额	税率	税额
*人力资源服务*招聘服务					1747.57	3%	52.43
合　计					¥1747.57		¥52.43
价税合计（大写）	⊗壹仟捌佰元整				（小写）¥1800.00		

销售方	名　　称：北京五八信息技术有限公司 纳税人识别号：911000034153261550 地 址、电 话：北京市朝阳区北路甲16号010-32144567 开户行及账号：建行北京市北路甲支行11806578562210000258	备注	校验码：10265 21106 19235 60887

收款人：陈业　　复核：陈鸣　　开票人：张一鸣　　销售方：（章）

第二联：发票联　购买方记账凭证

◆业务 12◆　购买联想电脑

11月22日，购买联想电脑，取得增值税普通发票，价税合计49500.00元。以银行付款，折旧年限3年，残值率5%。转账支付。

12–1

教学专用

资金使用申请单

2019年11月22日　　编号：000000004

申请付款部门：	行政部	申请人	赵鑫
付款原因：	购联想电脑15台		
付款方式：	银行转账		
付款金额：	人民币肆万玖仟伍佰元整　银行付讫		¥49500.00
收款单位：	北京市浩信电脑科技有限公司		
收款银行及账号：	工行北京市建国路支行11086654851235786541		

单位负责人：赵鑫　　部门负责人：赵鑫　　财务经理：曲玉洁　　出纳：杨瑞

12-2

教学专用

北京增值税普通发票

011001932304　　发票联　　№ 58970251

011001932304
58970251

机器编号：928805186958　　开票日期：2019年11月22日

购买方	名　　称：北京市华服传承商贸有限公司 纳税人识别号：9111010505228579XQ 地 址、电 话：朝阳区亮马桥路甲40010-86898888 开户行及账号：工行北京燕莎东支行0202011509102435425	密码区	> * 06 04 / 52 / + 90 * + 80 99 > 3795 +* 039 > 7 / 1062 < > < * * 13 + 7> 71 *< 4 < / - 21 < + 82018 < 30031 - +55+ 7 >> * 69 > 90 / 04 / 52 / + 90 * + 1589 >3795

货物或应税劳务、服务名称	规格型号	单位	数量	单价	金额	税率	税额
*电子计算机整机*联想电脑		台	15	3203.883	48058.25	3%	1441.75
合　　计					¥48058.25		¥1441.75
价税合计（大写）	⊗ 肆万玖仟伍佰圆整				（小写）¥49500.00		

销售方	名　　称：北京市浩信电脑科技有限公司 纳税人识别号：9111010534159645X 地 址、电 话：北京朝阳区建国路93号01084631274 开户行及账号：工行北京市建国路支行11086654851235786541	备注	校验码：19[illegible] 21105 19235 [illegible]

收款人：张亮亮　　复核：王阳　　开票人：张凤　　销售方：（章）

第二联：发票联　购买方记账凭证

（印章：全国统一发票监制章 北京 国家税务总局监制）
（印章：北京市浩信电脑科技有限公司 9111010534159645X 发票专用章）

12-3

教学专用

中国工商银行　网上银行电子回单

电子回单号码：0012-6392-1582-1583　　打印日期：2019年11月22日

付款人	户名	北京市华服传承商贸有限公司	收款人	户名	北京市浩信电脑科技有限公司
	账号	0202011509102435425		账号	11086654851235786541
	开户银行	工行北京燕莎东支行		开户银行	工行北京建国路支行
金 额		¥49500.00	金额（大写）		人民币肆万玖仟伍佰元整
摘 要		购买联想电脑	业务（产品）种类		同城转账
用 途					
交易流水号		24849840	时间戳		2019-11-22-15.04.05.468628
（印章：中国工商银行 电子回单专用章）		备注：购买联想电脑 附言：购买联想电脑 支付交易序号：47477833 报文种类： 小额客户发起普通贷记业务 委托日期：2019-11-22 业务类型（种类）：普通汇兑			
		验证码：8ZJN246OP415LKCte			
记账网点		00268	记账专员 00012	记账日期	2019年11月22日

◆业务 13 ◆　购买服装销售软件

11 月 23 日，购进服装销售软件 48000.00 元，摊销年限 10 年，预计净残值 0，以银行转账支付。

13–1

资金使用申请单　　教学专用

2019年11月23日　　编号：000000005

申请付款部门：	行政部	申请人	赵鑫
付款原因：	购销售软件		
付款方式：	银行转账		
付款金额：	人民币肆万捌仟元整　银行付讫		¥48000.00
收款单位：	北京市智雅软件有限公司		
收款银行及账号：	工行北京市石景山路支行111625874521321		

单位负责人：赵鑫　部门负责人：赵鑫　财务经理：曲玉洁　出纳：杨瑞

13–2

北京增值税普通发票　　教学专用

011001936304　　№ 54852485

发票联

011001936304
54852485

机器编号：925205456362　　开票日期：2019年11月23日

购买方	名　　称：北京市华服传承商贸有限公司 纳税人识别号：9111010505228579XQ 地 址、电 话：朝阳区亮马桥路甲40010-86898888 开户行及账号：工行北京燕莎东支行0202011509102435425			密码区	> * 06 04 / 52 / + 90 * + 80 98 > 3795 +* 039 > 7 / 1062 < > < * * 13 + 7> 71 *< 4 < / - 21 < + 82018 < 30031 - +55+ 7 >> * 69 > 90 / 04 / 52 / + 90 * + 80 99 >3795		
货物或应税劳务、服务名称	规格型号	单位	数量	单价	金额	税率	税额
*软件*服装销售软件		套			46601.94	3%	1398.06
合　　计					¥46601.94		¥1398.06
价税合计（大写）	⊗ 肆万捌仟圆整				（小写）¥48000.00		
销售方	名　　称：北京市智雅软件有限公司 纳税人识别号：9111010523478596BC 地 址、电 话：北京市朝阳区石景山路16号010-321445451 开户行及账号：工行北京市石景山路支行111625874521321			备注	保单号：101270039001151376807		

第二联：发票联　购买方记账凭证

收款人：张盈　复核：陈亮　开票人：张红　销售方：（章）

（印章：北京市智雅软件有限公司 9111010523478596BC 发票专用章）

13–3

教学专用

中国工商银行　网上银行电子回单

电子回单号码：0012-6392-1582-1583　　打印日期：2019年11月23日

付款人	户名	北京市华服传承商贸有限公司	收款人	户名	北京市智雅软件有限公司
	账号	0202011509102435425		账号	111625874521321
	开户银行	工行北京燕莎东支行		开户银行	工行北京石景山路支行
金　额		¥48000.00	金额（大写）		人民币肆万捌仟元整
摘　要		购销售软件	业务（产品）种类		同城转账
用　途					
交易流水号		24849840	时间戳		2019-11-23-15.04.05.468628
中国工商银行 电子回单 专用章		备注：购销售软件 附言：购销售软件 支付交易序号：47477833 报文种类：小额客户发起普通贷记业务 委托日期：2019-11-23 业务类型（种类）：普通汇兑			
		验证码：8ZJN246OP415LKCte			
记账网点		00268	记账专员	00012	记账日期 2019年11月23日

◆业务 14◆　购买格力空调

11 月 24 日，购买格力空调，增值税普通发票注明：含税单价 3000.00 元，数量 3 台，价税合计 9000.00 元。以银行转账支付，折旧年限 5 年，残值率 5%。

14–1

教学专用

资金使用申请单

2019年11月24日　　编号：000000006

申请付款部门：	行政部	申请人	赵鑫
付款原因：	购买格力空调		
付款方式：	银行转账		
付款金额：	人民币玖仟元整	银行付讫	¥9000.00
收款单位：	北京格力电器有限公司		
收款银行及账号：	工行北京市四环北路支行111600261020153		

单位负责人：赵鑫　部门负责人：赵鑫　财务经理：曲玉洁　出纳：杨瑞

14–2

教学专用

北京增值税普通发票

发票联

011001911304　　№ 14852420

011001911304
14852420

机器编号：925205456362　　开票日期：2019年11月24日

购买方	名　　称：北京市华服传承商贸有限公司 纳税人识别号：9111010505228579XQ 地 址、电 话：朝阳区亮马桥路甲40010-86898888 开户行及账号：工行北京燕莎东支行0202011509102435425	密码区	> * 06 04 / 52 / + 90 * + 80 98 > 3795 +* 039 > 7 / 1062 < > < * * 13 + 7> 71 *< 4 < / - 21 < + 82018 < 30031 - +55+ 7 >> * 69 > 90 / 04 / 52 / + 90 * + 80 99 >3795

货物或应税劳务、服务名称	规格型号	单位	数量	单价	金额	税率	税额
*空调*格力空调		台	3.000	2912.62	8737.86	3%	262.14
合　　计					¥8737.86		¥262.14
价税合计（大写）	⊗ 玖仟圆整				（小写）¥9000.00		

销售方	名　　称：北京格力电器有限公司 纳税人识别号：9111010534142651CB 地 址、电 话：北京市朝阳区四环北路117号01032415647 开户行及账号：工行北京市四环北路支行111600261020153	备注	校验码：10295 12105 19235 69887

收款人：王珊　　复核：王菁　　开票人：马丽丽　　销售方：（章）

北京格力电器有限公司　9111010534142651CB　发票专用章

第二联：发票联　购买方记账凭证

14–3

教学专用

中国工商银行　网上银行电子回单

电子回单号码：0012-6392-1582-1583　　打印日期：2019年11月24日

付款人	户名	北京市华服传承商贸有限公司	收款人	户名	北京格力电器有限公司
	账号	0202011509102435425		账号	111600261020153
	开户银行	工行北京燕莎东支行		开户银行	工行北京四环北路支行
金　额		¥9000.00	金额（大写）		人民币玖仟元整
摘　要		购买格力空调	业务（产品）种类		同城转账
用　途					
交易流水号		24849840	时间戳		2019-11-24-15.04.05.468628
中国工商银行 电子回单 专用章		备注：购买格力空调 附言：购买格力空调 支付交易序号：47477833 报文种类：小额客户发起普通贷记业务 委托日期：2019-11-24 业务类型（种类）：普通汇兑			
		验证码：8ZJN246OP415LKCte			
记账网点		00268	记账专员	00012	记账日期　2019年11月24日

◆业务 15 ◆ 租入地下仓库

11 月 25 日，在北京市朝阳区亮马桥路 60 号租入约 200 平方米的地下仓库，每月租金 6600.00 元，共支付 12 个月租金及押金 5000.00 元，从基本户转付。

15–1

教学专用

资金使用申请单

2019年11月25日　　编号：000000007

申请付款部门：	行政部	申请人	赵鑫
付款原因：	支付仓库租金及押金		
付款方式：	银行转账		
付款金额：	人民币捌万肆仟贰佰元整　银行付讫		¥84200.00
收款单位：	北京市新观租赁有限公司		
收款银行及账号：	工行北京市陶然亭路支行11160026020112		

单位负责人：赵鑫　部门负责人：赵鑫　财务经理：曲玉洁　出纳：杨瑞

15–2

教学专用

011001911304　　北京增值税普通发票　　№ 14852485

发 票 联

机器编号：925205485462　　011001911304 14852485

开票日期：2019年11月25日

购买方	名　　称：北京市华服传承商贸有限公司 纳税人识别号：9111010505228579XQ 地 址、电 话：朝阳区亮马桥路甲40010-86898888 开户行及账号：工行北京燕莎东支行0202011509102435425	密码区	> * 06 04 / 52 / + 90 * + 80 98 > 3795 +* 039 > 7 / 1062 < > < * * 13 + 7> 71 *< 4 < / - 21 < + 82018 < 30031 - +55+ 7 >> * 69 > 90 / 04 / 52 / + 90 * + 80 99 >3795

货物或应税劳务、服务名称	规格型号	单位	数量	单价	金额	税率	税额
*经营租赁*仓库租金					75428.57	5%	3771.43
合　　计					¥75428.57		¥3771.43
价税合计（大写）	⊗ 柒万玖仟贰佰圆整				（小写）¥79200.00		

销售方	名　　称：北京市新观租赁有限公司 纳税人识别号：9111010583647338BC 地 址、电 话：北京市信息路170号010-868834658 开户行及账号：工行北京市陶然亭路支行111600261020112	备注	校验码：10235 21105 19233 60887 地址：北京市朝阳区亮马桥路60号

第二联：发票联　购买方记账凭证

收款人：罗盈　复核：张佳佳　开票人：李航　销售方：（章）

15–3

教学专用

中国工商银行 网上银行电子回单

电子回单号码：0012-6392-1582-1583　　　　打印日期：2019年11月25日

付款人	户名	北京市华服传承商贸有限公司	收款人	户名	北京市新观租赁有限公司
	账号	0202011509102435425		账号	111600261020112
	开户银行	工行北京燕莎东支行		开户银行	工行北京陶然亭路支行
金　额		￥79200.00	金额（大写）		人民币柒万玖仟贰佰元整
摘　要		支付仓库租金	业务（产品）种类		同城转账
用　途					
交易流水号		24849840	时间戳		2019-11-25-15.04.05.468628
中国工商银行 电子回单专用章		备注： 支付仓库租金 附言：支付仓库租金 支付交易序号：47477833 报文种类： 小额客户发起普通贷记业务 委托日期：2019-11-25 业务类型（种类）：普通汇兑			
		验证码：8ZJN246OP415LKCte			
记账网点		00268	记账专员	00012	记账日期 2019年11月25日

15–4

教学专用

中国工商银行 网上银行电子回单

电子回单号码：0012-6392-1582-1583　　　　打印日期：2019年11月25日

付款人	户名	北京市华服传承商贸有限公司	收款人	户名	北京市新观租赁有限公司
	账号	0202011509102435425		账号	111600261020112
	开户银行	工行北京燕莎东支行		开户银行	工行北京陶然亭路支行
金　额		￥5000.00	金额（大写）		人民币伍仟元整
摘　要		支付仓库押金	业务（产品）种类		同城转账
用　途					
交易流水号		24849840	时间戳		2019-11-25-15.04.05.468628
中国工商银行 电子回单专用章		备注： 支付仓库押金 附言：支付仓库押金 支付交易序号：47477833 报文种类： 小额客户发起普通贷记业务 委托日期：2019-11-25 业务类型（种类）：普通汇兑			
		验证码：8ZJN246OP415LKCte			
记账网点		00268	记账专员	00012	记账日期 2019年11月25日

15–5

收　据

教学专用

No　0745384

日期：2019-11-25

今收到　北京市华服传承商贸有限公司

人民币　伍仟元整　¥5000.00元

系　付　仓库押金

北京市[illegible]租赁有限公司 财务专用章

单位盖章：　会计：刘东　出纳：林小青　收款人：林小青

白存根　红收据　黄记账

◆业务 16◆　购买办公桌椅

11 月 25 日，购买办公桌 5 套，包括桌子和椅子，增值税普通发票注明：每套含税价 1500.00 元，价税合计共 7500.00 元，预计使用年限 5 年，预计净残值率为 5%。以银行转账支付。

16–1

教学专用

资金使用申请单

2019年11月25日　　编号：000000008

申请付款部门：	行政部	申请人	赵鑫
付款原因：	办公桌椅		
付款方式：	银行转账		
付款金额：	人民币柒仟伍佰元整	银行付讫	¥7500.00
收款单位：	北京市伯特利家具有限公司		
收款银行及账号：	工行北京市宗山路支行0202011209035678346		

单位负责人：赵鑫　部门负责人：赵鑫　财务经理：曲玉洁　出纳：杨瑞

16–2

教学专用

北京增值税普通发票

011011931304　　　　No 58456147

发 票 联

机器编号：925452152362　　　　011011931304　58456147

开票日期：2019年11月25日

购买方	名　　称：北京市华服传承商贸有限公司 纳税人识别号：9111010505228579XQ 地 址、电 话：朝阳区亮马桥路甲40010-86898888 开户行及账号：工行北京燕莎东支行0202011509102435425	密码区	> * 06 04 / 52 / + 90 * + 80 99 > 3795 +* 039 > 7 / 1062 < > < * * 13 + 7> 71 *< 4 < / - 21 < + 82018 < 30031 - +55+ 7 >> * 69 > 90 / 04 / 52 / + 90 * + 80 99 >3795

货物或应税劳务、服务名称	规格型号	单位	数量	单价	金额	税率	税额
*家具*办公桌椅		套	5	1456.31	7281.55	3%	218.45
合　计					¥7281.55		¥218.45
价税合计（大写）	⊗ 柒仟伍佰圆整				（小写）¥7500.00		

销售方	名　　称：北京市伯特利家具有限公司 纳税人识别号：911101057858962XC 地 址、电 话：北京市中关村科技园通州园010-32334560 开户行及账号：工行北京市宗山路支行0202011209035678346	备注	校验码：10295 [illegible] 69887

收款人：王丽娟　　复核：张亮　　开票人：李红　　销售方：（章）

第二联：发票联　购买方记账凭证

16–3

教学专用

中国工商银行　网上银行电子回单

电子回单号码：0012-6392-1582-1583　　　　打印日期：2019年11月25日

付款人	户名	北京市华服传承商贸有限公司	收款人	户名	北京市伯特利家具有限公司
	账号	0202011509102435425		账号	0202011209035678346
	开户银行	工行北京燕莎东支行		开户银行	工行北京宗山路支行
金 额		¥7500.00	金额（大写）		人民币柒仟伍佰元整
摘 要		购买办公桌椅	业务（产品）种类		同城转账
用 途					
交易流水号		24849840	时间戳		2019-11-25-15.04.05.468628
		备注：购买办公桌椅 附言：购买办公桌椅 支付交易序号：47477833 报文种类：小额客户发起普通贷记业务 委托日期：2019-11-25 业务类型（种类）：普通汇兑			
		验证码：8ZJN246OP415LKCte			
记账网点		00268	记账专员	00012	记账日期 2019年11月25日

◆业务 17 ◆　借支差旅费

11 月 25 日，市场部钱江参加服装展销会，借支现金 4000.00 元，现金付讫。

17-1

北京市华服传承商贸有限公司　　　　教学专用

借 款 单

所属部门	市场部	借款日期	2019年11月25日	借款人	钱江
借款理由	预支出差差旅费				
借款金额（大写）	（大写）肆仟元整			（小写）	¥4000.00
公司领导审批意见	同意 赵鑫	财务负责人审批意见	同意 曲玉洁	部门经理审批意见	同意 钱江

备注：

财务入账联

现金付讫

◆业务 18 ◆　初次购买防伪税控系统及专用设备

11 月 26 日，从北京金税科技有限公司购买金税盘及技术服务，开票用电脑及针式打印机，以银行转账支付。电脑及打印机折旧年限 3 年，预计净残值率为 5%。

18-1

北京市华服传承商贸有限公司　　　　教学专用

费　用　报　销　单

2019年11月26日

报销部门	财务部		经办人	杨瑞	附单据 3 张	
事由用途	购金税盘200技术费280. 电脑5300. 打印机2200.					
报销金额	柒仟玖佰捌拾元整				（小写）	¥7980.00
审核	张晶	财务负责人审批意见	曲玉洁	费用归类项目	单据张数	金额
				办公费	1	¥480.00
				开票设备	1	¥7500.00

部门负责人：曲玉洁　　财务审核：张晶　　报销人：杨瑞

银行付讫

18-2

教学专用

1100193130　　北京增值税专用发票　　№ 58970251

1100173130
58970251

发票联

机器编号：928805152362

开票日期：2019年11月26日

购买方	名　称：北京市华服传承商贸有限公司 纳税人识别号：911101050505228579XQ 地址、电话：朝阳区亮马桥路甲40号010-86898888 开户行及账号：工行北京燕莎东支行0202011509102435425	密码区	> * 06 04 / 52 / + 90 * + 80 99 > 3795 +* 67 039 > 7 / 1062 < > < * * 13 + 7> 71 *< *+32 4 < / - 21 < + 82018 < 30031 - +55+ 7 >> + * 69 > 90 / 04 / 52 / + 90 * + 80 99 >3795 >

货物或应税劳务、服务名称	规格型号	单位	数量	单价	金额	税率	税额
*税控设备*金税盘					176.99	13%	23.01
*软件维护服务*技术服务					264.15	6%	15.85
合　计					¥441.14		¥38.86
价税合计（大写）	⊗ 肆佰捌拾圆整				（小写）¥480.00		

销售方	名　称：北京市金税科技有限公司 纳税人识别号：91110105785831400B 地址、电话：北京市海淀区北清路74号010-32415612 开户行及账号：建行北京市北清路支行110864232100022568421	备注	

收款人：王明　　复核：王婷婷　　开票人：陈赫　　销售方：（章）

第三联：发票联　购买方记账凭证

18-3

教学专用

011001900104　　北京增值税普通发票　　№ 58970251

011001900104
58970251

发票联

机器编号：928805152362

开票日期：2019年11月26日

购买方	名　称：北京市华服传承商贸有限公司 纳税人识别号：911101050505228579XQ 地址、电话：朝阳区亮马桥路甲40号010-86898888 开户行及账号：工行北京燕莎东支行0202011509102435425	密码区	> * 06 04 / 52 / + 90 * + 80 99 > 3795 +* 67 039 > 7 / 1062 < > < * * 13 + 7> 71 *< *+32 4 < / - 21 < + 82018 < 30031 - +55+ 7 >> + * 69 > 90 / 04 / 52 / + 90 * + 80 99 >3795 >

货物或应税劳务、服务名称	规格型号	单位	数量	单价	金额	税率	税额
*电子计算机整机*航天电脑		台	1	4690.27	4690.27	13%	609.73
*输出设备及装置*航天针式打印机		台	1	1946.90	1946.90	13%	253.10
合　计					6637.17		862.83
价税合计（大写）	⊗ 柒仟伍佰圆整				（小写）¥7500.00		

销售方	名　称：北京市金税科技有限公司 纳税人识别号：91110105785831400B 地址、电话：北京市海淀区北清路74号010-32415612 开户行及账号：建行北京市北清路支行110864232100022568421	备注	校验码：10295 21105 19235 69887

收款人：王明　　复核：王婷婷　　开票人：陈赫　　销售方：（章）

第二联：发票联　购买方记账凭证

18–4

中国工商银行 网上银行电子回单

教学专用

电子回单号码：0012-6392-1582-1583　　打印日期：2019年11月26日

付款人	户名	北京市华服传承商贸有限公司	收款人	户名	北京市金锐科技有限公司
	账号	0202011509102435425		账号	110864232100022568421
	开户银行	工行北京燕莎东支行		开户银行	建行北京北清路支行
金额		¥7980.00	金额（大写）		人民币柒仟玖佰捌拾元整
摘要		购买税控设备	业务（产品）种类		跨行收报
用途					
交易流水号		24849840	时间戳		2019-11-26-15.04.05.468628
中国工商银行 电子回单 专用章		备注：购买税控设备 附言：购买税控设备 支付交易序号：47477833 报文种类：小额客户发起普通贷记业务 委托日期：2019-11-26 业务类型（种类）：普通汇兑			
		验证码：8ZJN246OP415LKCte			
记账网点		00268	记账专员	00012	记账日期 2019年11月26日

◆业务 19◆　购打印机

11 月 26 日，购打印机 1 台，2000.00 元，增值税普通发票显示：价税合计 2000.00 元，现金付讫。预计使用 3 年，净残值率 5%。立即投入使用。

19–1

北京市华服传承商贸有限公司

费 用 报 销 单

教学专用

2019年11月26日

报销部门	行政部	经办人	赵鑫	附单据 1 张	
事由用途	购打印机				
报销金额	贰仟元整	现金付讫		（小写）	¥2000.00
领导意见	赵鑫	财务负责人审批意见	曲玉洁	费用归类项目	单据张数 / 金额
				打印机	1 / ¥2000.00

部门负责人：赵鑫　　财务审核：张晶　　出纳：杨瑞

19–2

教学专用

北京增值税普通发票

发票联

011001911304　　№ 12970255

011001911304
12970255

机器编号：928852152362　　开票日期：2019年11月26日

购买方	名　称：北京市华服传承商贸有限公司 纳税人识别号：91110105052285 79XQ 地址、电话：朝阳区亮马桥路甲40010-86898888 开户行及账号：工行北京燕莎东支行0202011509102435425			密码区	> * 06 04 / 52 / + 90 * + 80 99 > 3795 +* 039 > 7 / 1062 < > < * * 13 + 7> 71 *< 4 < / - 21 < + 82018 < 30031 - +55+ 7 > > * 69 > 90 / 04 / 52 / + 90 * + 80 99 >3795		
货物或应税劳务、服务名称	规格型号	单位	数量	单价	金额	税率	税额
*计算机外部设备*打印机		台	1	1941.75	1941.75	3%	58.25
合　计					¥1941.75		¥58.25
价税合计（大写）	⊗ 贰仟元整				（小写）¥2000.00		
销售方	名　称：北京市大江商贸有限公司 纳税人识别号：91110105345612 47XB 地址、电话：北京中关村科技园通州园010-32337960 开户行及账号：中行北京东交民巷支行80012357896001			备注	校验码：1029[illegible] 5610[illegible] [illegible]23[illegible] 69887		

收款人：张田　　复核：王强　　开票人：李华　　销售方：（章）

第二联：发票联　购买方记账凭证

◆业务 20 ◆　支付广告费

11 月 26 日，请北京市卓越广告有限公司为本公司做大型户外广告牌，其中广告制作费 10000.00 元，设计费 5000.00 元，银行转账支付。

20–1

教学专用

资金使用申请单

2019年11月26日　　编号：000000009

申请付款部门：	行政部	申请人	赵鑫
付款原因：	支付广告设计费		
付款方式：	银行转账		
付款金额：	人民币壹万伍仟元整		¥15000.00
收款单位：	北京市卓越广告有限公司　银行付讫		
收款银行及账号：	工行北京市文化路支行111600261020793		

单位负责人：赵鑫　部门负责人：赵鑫　财务经理：曲玉洁　出纳：杨瑞

20–2

教学专用

北京增值税普通发票

发票联

011001985304　　№ 12852147

011001985304
12852147

机器编号：985272152362

开票日期：2019年11月26日

购买方	名　　称：北京市华服传承商贸有限公司 纳税人识别号：9111010505228579XQ 地 址、电 话：朝阳区亮马桥路甲40010-86898888 开户行及账号：工行北京燕莎东支行0202011509102435425	密码区	> * 06 04 / 52 / + 90 * + 80 99 > 3795 +* 039 > 7 / 1062 < > < * * 13 + 7> 71 *< 4 < / - 21 < + 82018 < 30031 - +55+ 7 >> * 69 > 90 / 04 / 52 / + 90 * + 80 99 >3795

货物或应税劳务、服务名称	规格型号	单位	数量	单价	金额	税率	税额
*广告服务*广告制作					9708.74	3%	291.26
*设计服务*广告设计					4854.37	3%	145.63
合　　计					¥14563.11		¥436.89
价税合计（大写）	⊗ 壹万伍仟圆整				（小写）¥15000.00		

销售方	名　　称：北京市卓越广告有限公司 纳税人识别号：91110105345612 47SB 地 址、电 话：北京市中关村科技园通州园010-32337960 开户行及账号：工行北京市文化北路支行111600261020793	备注	校验码：1020[illegible]56105 19235 6[illegible]87 北京市卓越广告有限公司 91110105345612 47SB 发票专用章

收款人：梁碧　　复核：郑丽　　开票人：张凤　　销售方：（章）

第二联：发票联　购买方记账凭证

20–3

教学专用

中国工商银行　网上银行电子回单

电子回单号码：0012-6392-1582-1583　　打印日期：2019年11月26日

付款人	户名	北京市华服传承商贸有限公司	收款人	户名	北京市卓越广告有限公司
	账号	0202011509102435425		账号	111600261020793
	开户银行	工行北京燕莎东支行		开户银行	工行北京文化路支行
金 额		￥15000.00	金额（大写）		人民币壹万伍仟元整
摘 要		广告设计费	业务（产品）种类		同城转账
用 途					
交易流水号		24849840	时间戳		2019-11-26-15.04.05.468628
中国工商银行 电子回单 专用章		备注：广告设计费 附言：广告设计费支付交易序号：47477833 报文种类： 小额客户发起普通贷记业务 委托日期：2019-11-26 业务类型（种类）：普通汇兑			
		验证码：8ZJN246OP415LKCte			
记账网点		00268	记账专员	00012	记账日期 2019年11月26日

◆业务 21◆ 报销专柜装修费用

11 月 26 日，市场部主管王新明报销专柜装修费用，共 5200.00 元，以银行转账支付。

21–1

北京市华服传承商贸有限公司

费 用 报 销 单

教学专用

2019年11月26日

报销部门	市场部	经办人		王明新	附单据 1 张	
事由用途	专柜装修费					
报销金额	伍仟贰佰元整			银行付讫	（小写）	¥5200.00
领导意见	赵鑫	财务负责人审批意见	曲玉洁	费用归类项目	单据张数	金额
				装修费	1	¥5200.00

部门负责人：沈江 财务审核：张晶 出纳：杨瑞

21–2

教学专用

011001931404 北京增值税普通发票 № 54878796

发票联

011001931404
54878796

机器编号：925205152362 开票日期：2019年11月26日

购买方	名称：北京市华服传承商贸有限公司 纳税人识别号：9111010505228579XQ 地址、电话：朝阳区亮马桥路甲40010-86898888 开户行及账号：工行北京燕莎东支行0202011509102435425	密码区	> * 06 04 / 52 / + 90 * + 80 99 > 3795 +* 039 > 7 / 1062 < > < * * 13 + 7> 71 *< 4 < / - 21 < + 82018 < 30031 - +55+ 7 >> * 69 > 90 / 04 / 52 / + 90 * + 80 99 >3795

货物或应税劳务、服务名称	规格型号	单位	数量	单价	金额	税率	税额
*建筑服务*装修费					5048.54	3%	151.46
合 计					¥5048.54		151.46
价税合计（大写）	⊗ 伍仟贰佰圆整				（小写）¥5200.00		

销售方	名称：北京市港都装饰工程有限公司 纳税人识别号：9111010531042758XV 地址、电话：北京市装园路45号010-32337960 开户行及账号：工行北京市阜成路支行1101611261020794	备注	校验码：05065 … 57378 项目地址：北京市丰台区樊家村 项目名称：北京市丰台区樊家村派出所装修改造工

收款人：王丽娟 复核：王菁 开票人：李青 销售方：（章）

第二联：发票联 购买方记账凭证

21–3

中国工商银行　网上银行电子回单　　教学专用

电子回单号码：0012-6392-1582-1583　　打印日期：2019年11月26日

付款人	户名	北京市华服传承商贸有限公司	收款人	户名	北京市港都装饰工程有限公司
	账号	0202011509102435425		账号	1101611261020794
	开户银行	工行北京燕莎东支行		开户银行	工行北京阜成路支行
金额		￥5200.00	金额（大写）		人民币伍仟贰佰元元整
摘要		专柜装修费	业务（产品）种类		同城转账
用途					
交易流水号		24849840	时间戳		2019-11-26-15.04.05.468628
中国工商银行 电子回单 专用章		备注：专柜装修费 附言：专柜装修费 支付交易序号：47477833 报文种类：小额客户发起普通贷记业务 委托日期：2019-11-26 业务类型（种类）：普通汇兑			
		验证码：8ZJN246OP415LKCte			
记账网点		00268	记账专员	00012	记账日期 2019年11月26日

◆业务 22◆　报销差旅费

11月27日，市场部钱江出差回来，报销差旅费2532.00元，交回库存现金1468.00元，结清预借款。

22–1

差旅费报销单　　教学专用

2019年11月27日

所属部门				市场部	姓名 钱江	出差事由	服装展销会	
出发		到达		起止地点	交通费	住宿费	伙食费	其他
月	日	月	日					
11	25	11	25	北京—广州	1150.00			
11	26	11	26	广州	120.00	200.00	200.00	
11	26	11	27	广州—北京	862.00			
合计	小写金额：￥2532.00				预支旅费	4000.00	退回金额	￥1468.00
	大写金额：贰仟伍佰叁拾贰元整						补付金额	

现金收讫

财务经理：曲玉洁　会计：张晶　出纳：杨瑞　部门经理：钱江　报销人：钱江

22-2

教学专用 [redacted]

广州市出租汽车专用发票
BEIJING TAXI SPECIAL INVOICE
发票联
INVOICE

4 4 8 5 9 6 7 4 1 2 3
8 3 1 7 5 2 0 6

单位 company	0083
电话 Tel	643521822
[redacted] 车号 Taxi NO.	B-N3647
证号 Certificate NO.	452520
日期 Date	2019-11-26
时间 Time	15：43-16：34
单价 Price per km	4.5
里程 Distance	11.11
等候 Waiting time	00：04：48
状态 State	----
金额 Fare	¥50.00
卡号 Car No.	----
卡原额 Caed Original Sum	----
卡余额 Card Balance sun	----

密 码：[redacted]

机打发票手写无效

广州市出租汽车 91110114802659202W 发票专用

教学专用 [redacted]

广州市出租汽车专用发票
BEIJING TAXI SPECIAL INVOICE
发票联
INVOICE

4 4 8 5 9 6 7 4 1 2 3
8 3 1 7 5 2 0 6

单位 company	0083
电话 Tel	643521822
[redacted] 车号 Taxi NO.	B-N3347
证号 Certificate NO.	452520
日期 Date	2019-11-26
时间 Time	08：43-09：34
单价 Price per km	4.5
里程 Distance	15.56
等候 Waiting time	00：04：48
状态 State	----
金额 Fare	¥70.00
卡号 Car No.	----
卡原额 Caed Original Sum	----
卡余额 Card Balance sun	----

密 码：[redacted]

机打发票手写无效

广州市出租汽车 91110114802659202W 发票专用

22-3

航空运输电子客票行程单 ITINERARY/RECEIPT OF E-TICKET FOR AIR TRANSPORT　印刷序号：100000000000 SERIAL NUMBER:　教学专用

旅客姓名 NAME OF PASSENGER	有效证件号码 ID. NO.	签注 ENDORSEMENTS/RESTRICTIONS
[illegible]	41272*********	

	承运人 CARREER	航班号 FLIGHT	座位等级 CLASS	日期 DATA	时间 TIME	客票级别/客票类别 FARE BASIS	客票生效日期 NOTVALD BEFORE	有效截止日期 FARE BASIS	免费行李 ALLOW
自 FROM 北京	[illegible]	75555	B	23DEC	23:10	B			
至 To 广州									
至 to VOID									
至 TO									
至 TO									

票价 FARE	机场建设费 AIRPORT TAX	燃油附加费 FUEL SURCHARGE	其他税费 OTHER TAXES	合计 TOTAL
1050.00CN	100.00CN	00.00		CNY1150.00

电子客票号码 E-TICKET NO. 7000000000　验证码 CK. 08085　提示信息 INFORMATION　保险费 INSURANCE XXX

销售单位代码 AGENT CODE XMN002 2222　填开单位 ISSUED BY 燕京市机票　填开日期 DATE OF ISSUE 2019-1[illegible]-25

验真网址：WWW.TRAVELSKY.COM　服务热线：400-815-8888　短信验真：[illegible]

中国民航电子客票行程单 发票专用章

22–4

18539S433 教学专用

广州南 站 Z1563 北京西 站

GuangZhouNan → BeiJingXi

2019年 11月 26日 15:41开 12车05号

¥ 862.0元 网 新空调直达商务

限乘当日当次车

41272*********32156钱江

买票请到12306 发货请到95306

中国铁路祝您旅途愉快

39837682182329539S433 广州南售

22–5

收 据

教学专用

No 0743283

日期：2019-11-27

今收到 钱江

人民币 壹仟肆佰陆拾捌元整 ¥1468.00

系 付 多余差旅费退回 现金收讫

单位盖章：北京市XX传承商贸有限公司 财务专用章 会计：曲玉洁 出纳：杨瑞 收款人：杨瑞

白存根 红收据 黄记账

22-6

教学专用

广东增值税普通发票

044001956304　　№ 58970581

发票联

044001956304
58970581

机器编号：928523692362　　开票日期：2019年11月26日

购买方	名称：北京市华服传承商贸有限公司 纳税人识别号：9111010505228579XQ 地址、电话：朝阳区亮马桥路甲40010-86898888 开户行及账号：工行北京燕莎东支行0202011509102435425	密码区	>*06 04/52/+90*+80 99>3795+* 039>7/1062<><**13+7>71*< 4</-21<+82018<30031-+55+7>> *69>90/04/52/+90*+80 99>3795

货物或应税劳务、服务名称	规格型号	单位	数量	单价	金额	税率	税额
*餐饮服务*餐饮费					194.17	3%	5.83
合计					¥194.17		¥5.83
价税合计（大写）	⊗贰佰圆整				（小写）¥200.00		

销售方	名称：广州市贝拉若餐饮有限公司 纳税人识别号：9144010152634178XV 地址、电话：广州建设路020-32337960 开户行及账号：工行广州文化北路支行44024562500002452186	备注	校验码：10205 … 69887

收款人：张丽　　复核：王强　　开票人：李华　　销售方：（章）

第二联：发票联　购买方记账凭证

22-7

教学专用

广东增值税普通发票

044001979304　　№ 58970258

发票联

044001979304
58970258

机器编号：928523692362　　开票日期：2019年11月26日

购买方	名称：北京市华服传承商贸有限公司 纳税人识别号：9111010505228579XQ 地址、电话：朝阳区亮马桥路甲40010-86898888 开户行及账号：工行北京燕莎东支行0202011509102435425	密码区	>*06 04/52/+90*+80 99>3795+* 039>7/1062<><**13+7>71*< 4</-21<+5879<30031-+55+7>> *69>90/04/52/+90*+80 99>3795

货物或应税劳务、服务名称	规格型号	单位	数量	单价	金额	税率	税额
*住宿服务*住宿费					194.17	3%	5.83
合计					¥194.17		¥5.83
价税合计（大写）	⊗贰佰圆整				（小写）¥200.00		

销售方	名称：广州市贝拉若餐饮有限公司 纳税人识别号：9144010152634178XV 地址、电话：广州建设路020-32337960 开户行及账号：工行广州文化北路支行44024562500002452186	备注	校验码：10205 … 69887

收款人：张丽　　复核：王强　　开票人：李华　　销售方：（章）

第二联：发票联　购买方记账凭证

◆业务 23◆ 购进风衣，未收到发票

11 月 28 日，从天津晶晶制衣有限公司购进风衣 500 件，商品已验收入库，但发票尚未达到，每件含税价 90.00 元，款项未付。

23-1

采 购 订 单 教学专用

NO：010000001

供应商：天津晶晶制衣有限公司　　2019年11月26日

编号	品名	规格	单位	数量	单价	金额 百	十	万	千	百	十	元	角	分
1002	风衣		件	500	90.00		¥	4	5	0	0	0	0	0
备注					合计		¥	4	5	0	0	0	0	0

②财务入账联

会计：张晶　　保管：周发发　　交货人：　　制单：钱江

23-2

入 库 单 教学专用

NO：012359501

入库部门：仓库

供应商：天津晶晶制衣有限公司　　2019年11月28日

编号	品名	规格	单位	数量	单价	金额 百	十	万	千	百	十	元	角	分
1002	风衣		件	500										
备注					合计									

②财务入账联

会计：张晶　　保管：周发发　　交货人：　　制单：周发发

◆业务 24◆ 支付电费及水费

11 月 30 日，支付公司电费 900 元、水费 150 元，现金付讫。

24–1

北京市华服传承商贸有限公司

费 用 报 销 单

教学专用

2019年11月30日

报销部门	行政部		经办人	赵鑫	附单据 2 张	
事由用途	交水电费					
报销金额	壹仟零伍拾元整 现金付讫				（小写）	¥1050.00
领导意见	赵鑫	财务负责人审批意见	曲玉洁	费用归类项目	单据张数	金额
				水电费	2	¥1050.00

部门负责人：赵鑫　　财务审核：张晶　　出纳：杨瑞

24–2

教学专用

011001978304　　北京增值税普通发票　　№ 58975358

011001978304
58975358

发 票 联

机器编号：
954254692362

开票日期：2019年11月30日

购买方	名　　称：北京市华服传承商贸有限公司 纳税人识别号：9111010505228579XQ 地 址、电 话：朝阳区亮马桥路甲40010-86898888 开户行及账号：工行北京燕莎东支行0202011509102435425			密码区	> * 06 04 / 52 / + 90 * + 80 99 > 3795 +* 039 > 7 / 1062 < > < * * 13 + 7> 71 *< 4 < / - 21 < + 5879 < 30031 - +55+ 7 >> * 69 > 90 / 04 / 52 / + 70 * + 80 99 >3795		
货物或应税劳务、服务名称	规格型号	单位	数量	单价	金额	税率	税额
*供电*电费		度	1053.74	0.829227	873.79	3%	26.21
合　　计					¥873.79		¥26.21
价税合计（大写）	⊗ 玖佰圆整				（小写）¥900.00		
销售方	名　　称：北京电网公司朝阳供电局 纳税人识别号：91010007189145654C 地 址、电 话：北京市科学路10号010-8688457 开户行及账号：建行北京市科学路支行11000235687453200004			备注	校验码 [illegible]295 56105 19[illegible]5 [illegible]9887		

第二联：发票联　购买方记账凭证

收款人：李子娇　　复核：张佳佳　　开票人：张昊　　销售方：（章）

24–3

教学专用

北京增值税普通发票

011001936304　　№ 54878796

发票联

011001936304
54878796

机器编号：925205152362　　开票日期：2019年11月30日

购买方	名　　称：北京市华服传承商贸有限公司 纳税人识别号：9111010505228579XQ 地 址、电 话：朝阳区亮马桥路甲40010-86898888 开户行及账号：工行北京燕莎东支行0202011509102435425	密码区	> * 06 04 / 52 / + 90 * + 80 99 > 3795 +* 039 > 7 / 1062 < > < * * 13 + 7> 71 *< 4 < / - 21 < + 82018 < 30031 - +55+ 7 >> * 69 > 90 / 04 / 52 / + 90 * + 80 99 >3795

货物或应税劳务、服务名称	规格型号	单位	数量	单价	金额	税率	税额
*水冰雪*水费		吨	44.5	3.272584	145.63	3%	4.37
合　　计					¥145.63		¥4.37
价税合计（大写）	⊗ 壹佰伍拾圆整				（小写）¥150.00		

销售方	名　　称：北京市自来水有限公司 纳税人识别号：9110000789134565AH 地 址、电 话：北京市水工路10号010-8688783 开户行及账号：建行北京市水工路支行11020235789520003258	备注	校验码：10[illegible]5 56105 192[illegible] 6[illegible]887

收款人：李田　　复核：张艳艳　　开票人：王晓华　　销售方：（章）

（印章：北京市自来水有限公司 9110000789134565AH 发票专用章）

第二联：发票联　购买方记账凭证

◆业务 25◆　销售风衣，未收到款项

11 月 30 日，销售风衣 300 件，商品已发货，发票随货发出，每件含税价 220.00 元，价税合计 66000.00 元，尚未收到款项。

25–1

教学专用

销　售　单

NO：45639701

购买方：北京市玲珑服饰有限公司　　2019年11月30日

领料用途：

编号	品名	规格	单位	请领数量	实发数量	单价	金额 百	十	万	千	百	十	元	角	分
1002	风衣		件	300	300	220.00			6	6	0	0	0	0	0
备注						合计		¥	6	6	0	0	0	0	0

会计：张晶　　发货：钱江　　审核：钱江　　制单：王明新

②财务入账联

25-2

教学专用

011001900104　　北京增值税普通发票　　№ 51025791

011001900104
51025791

机器编号：928805152362

开票日期：2019年11月30日

购买方		密码区	
名　　称：	北京市玲珑服饰有限公司		* 69 > 90 / 04 / 52 / + 90 * + 80 99 >3795
纳税人识别号：	9111010256123415GQ		4 < / - 21 < + 82018 < 30031 - +55+ 7> >
地 址、电 话：	朝阳区东三环国际港C座1733 010-33254671		039 > 7 / 1062 < > < * * 13 + 7> 71 *< *+3
开户行及账号：	工行东三环支行0203011256987412586		> * 06 04 / 52 / + 90 * + 80 99 > 3795 +* 6

货物或应税劳务、服务名称	规格型号	单位	数量	单价	金额	税率	税额
*服装*风衣		件	300	213.592233	64077.67	3%	1922.33
合　　计					¥64077.67		¥1922.33
价税合计（大写）	⊗ 陆万陆仟圆整				（小写） ¥66000.00		

销售方		备注
名　　称：	北京市华服传承商贸有限公司	校验码：10295 21105 19235 69887
纳税人识别号：	9111010505228579XQ	
地 址、电 话：	朝阳区亮马桥路甲40010-86898888	
开户行及账号：	工行北京燕莎东支行0202011509102435425	

收款人：杨瑞　　复核：张晶　　开票人：杨瑞　　销售方：（章）

第一联：记账联　销售方记账凭证

25-3

出　库　单

教学专用

NO：012359501

客户：北京市玲珑服饰有限公司　　2019年11月30日

编号	品名	规格	单位	数量	单价	金额（百十万千百十元角分）
1002	风衣		件	300		
备注					合计	

会计：张晶　　保管：周发发　　交货人：　　制单：周发发

②财务入账联

◆业务 26◆　计提本月无形资产摊销额

11 月 30 日，计提本月无形资产摊销额。

26-1

无形资产摊销表

教学专用

编制单位：北京市华服传承商贸有限公司　　单位：元

项目	摊销时段	摊销期间数	原值	月摊销金额	本月摊销额	累计摊销	净值
服务销售管理软件	2019.11-2029.10	120	48000.00	400.00	400.00	400.00	47600.00
合计				400.00	400.00	400.00	47600.00

制表时间：2019年11月30日

◆业务 27◆　计提本月工资

11 月 30 日，计提本月工资。

27-1

工资计提表

教学专用

日期：2019.11.30

所属部门	姓名	工资项目				
		基本工资	岗位工资	工龄工资	绩效考核	应发合计
财务部	曲玉洁	2500.00	500.00	0.00	200.00	3200.00
	张晶	2200.00	100.00	0.00	100.00	2400.00
	杨瑞	1500.00	200.00	0.00	100.00	1800.00
行政部	赵鑫	2700.00	120.00	0.00	100.00	2920.00
	周发发	2350.00	120.00	0.00	100.00	2570.00
小计		11250.00	1040.00	0.00	600.00	12890.00
市场部	钱江	3200.00	150.00	0.00	300.00	3450.00
	王明新	2600.00	150.00	0.00	300.00	3250.00
小计		5800.00	300.00	0.00	600.00	6700.00
合计		17050.00	1340.00	0.00	1200.00	19590.00

◆业务 28 ◆ 分摊房屋租金

11 月 30 日，月末分摊属于本期的房屋租金（租金按月摊销）。

28–1

租金月摊销表

教学专用

编制单位：北京市华服传承商贸有限公司　　单位：元

项目	摊销时段	摊销期间数	预付账款	月摊销金额	本月摊销额	累计摊销	净值
办公室租金	2019.11-2020.10	12	120000.00	10000.00	10000.00	10000.00	110000.00
专柜租金	2019.11-2020.4	6	18000.00	3000.00	3000.00	3000.00	15000.00
仓库租金	2019.11-2020.10	12	79200.00	6600.00	6600.00	6600.00	72600.00
合计					19600.00	19600.00	197600.00

制表时间：2019年11月30日

◆业务 29 ◆ 结转本月销售成本

11 月 30 日，结转本月销售成本。

29–1

教学专用

2019年11月份销售成本结转表

编制单位：北京市华服传承商贸有限公司

商品编码	商品	期初		本月购进		月末一次加权平均	本月销售出库		期末结余	
	名称	数量	金额	数量	金额		数量	金额	数量	金额
1001	风衣	0	0	500	45000	90	300	27000	200	18000

2019年11月30日

◆业务 30◆　计提本月相关税费

结转本月应缴增值税，计提本月应缴附加税，计提本月印花税。

30–1

2019年11月份附加税费、印花税计提

教学专用

编制单位：北京市华服传承商贸有限公司　　　　单位：元

税目	计税依据	计税基数	税率	税额
城市维护建设税	增值税		7%	
教育费附加	增值税		3%	
地方教育费附加	增值税		2%	
印花税	购销合同		万分之三	
印花税	建筑安装工程承包		万分之三	
印花税	加工承揽		万分之五	
印花税	租赁合同		千分之一	

◆业务 31◆　结转本月损益

11 月 30 日，结转本月损益。

31–1

教学专用

损益类账户发生额汇总表

编制单位：北京市华服传承商贸有限公司　　　　单位：元

科目		本月发生额
当期收益	主营业务收入	
	其他业务收入	
	营业外收入	
当期费用	主营业务成本	
	税金及附加	
	其他业务支出	
	营业外支出	
	管理费用	
	销售费用	
	财务费用	
当期损益（利润为正，亏损为负）		

制表时间：2019年11月30日

◆业务 32◆ 计提本月所得税费用

11 月 30 日，计提本月所得税费用。

◆业务 33◆ 结转本月所得税费用

11 月 30 日，结转本月所得税费用。